DELIUS KLASING

ROB MUNDLE

Hölle auf hoher See

10 Kapitäne berichten

Delius Klasing Verlag

Für all die, die dem Ruf des Abenteuers folgen, und jene,
die es gern möchten.

Copyright © by Rob Mundle Promotions Pty Ltd 2009
Die englische Originalausgabe mit dem Titel
»Hell on High Seas – Amazing stories of survival against the odds« erschien
2009 bei HarperCollins Publishers Australia Pty Limited, Sydney, Australia.
This German edition published by arrangement with
HarperCollins Publishers Australia Pty Limited.

Bibliografische Information der Deutschen Nationalbibliothek
Die Deutsche Nationalbibliothek verzeichnet diese Publikation
in der Deutschen Nationalbibliografie; detaillierte bibliografische
Daten sind im Internet über http://dnb.d-nb.de abrufbar.

1. Auflage
ISBN 978-3-7688-3572-5
Die Rechte für die deutsche Ausgabe liegen beim Verlag
Delius, Klasing & Co. KG, Bielefeld

Aus dem Englischen von Elisabeth Szilagyi-Westphal
Lektorat: Birgit Radebold, Christiane Corssen
Titelfoto: © John Lund / Super Stock / Corbis
Schutzumschlaggestaltung: Buchholz.Grafiker, Hamburg
Satz: Axel Gerber
Druck: CPI – Clausen & Bosse, Leck
Printed in Germany 2013

Delius Klasing Verlag, Siekerwall 21, D-33602 Bielefeld
Tel.: 0521/559-0, Fax: 0521/559-115
E-Mail: info@delius-klasing.de
www.delius-klasing.de

Inhalt

Einleitung

Es traf mich wie ein Blitz. Mit der Geschwindigkeit einer zubeißenden Giftschlange schlang sich der schwere Draht um meine Beine und riss mich mit ungeheurer Kraft von den Füßen. Ich wurde nach oben geschleudert und flog mit dem Kopf nach unten durch die Luft. Der Zug war so gewaltig, dass mein Kopf nicht einmal das Deck berührte.

Mein Körper sauste völlig ungehindert durch die pechschwarze Nacht, und ich hatte nur einen Gedanken: »So wirst du also sterben ... Das ist dein Tod!« Ich war eine menschliche Rakete, die über einer rauen und entsetzlich unwirtlichen See abgeschossen worden war, und wusste mit Sicherheit, dass es kein Zurück mehr geben würde.

Die einzige Erinnerung, die sich mir unauslöschlich von den darauffolgenden etwa 30 Sekunden ins Gedächtnis brannte, ist der kurze Blick auf das von den Lichtern am Mast beleuchtete Deck der Yacht. Ich flog kopfunter durch die Luft und die Yacht lag erschreckend tief unter mir. Ich wurde herumgeschleudert wie ein Stofftier im Maul eines wild spielenden Hundes – eines Hundes in Gestalt eines 460 m² großen, heftig schlagenden Spinnakers, der im Topp eines 30 Meter hohen Mastes angeschlagen war. Bei einer dieser heftigen Spinnakerbewegungen löste sich der Draht plötzlich von meinen Beinen, aber ich hing noch immer am Segel, denn ich klammerte mich mit dem Todesgriff, meiner einzigen Rettungschance, fest. Wie ein Schraubstock umschlossen meine Hände die Schot, die am Liek des Segels angebracht war. Ich würde nicht loslassen.

Das Ganze geschah um 22.00 Uhr in einer sehr windigen Nacht, 20 Meilen vor Cabo Maisi, dem östlichsten Punkt Kubas, in einem Gebiet, das als »Windward Passage« bekannt ist. Man schrieb das Jahr 1971, und ich befand mich an Bord einer der großartigen Maxi-Rennyachten der damaligen Zeit, der ONDINE II des Amerikaners Huey Long. Unser Ziel war Montego Bay,

Jamaica, und wir lagen im Finish der 811-Meilen-Regatta, die vor etwa 48 Stunden in Miami gestartet war.

Die ONDINE II hatte eine eindrucksvolle Liste von Erfolgen bei vielen großen Ozeanregatten aufzuweisen. So hatte sie beispielsweise mehrmals als Erste die Ziellinie überquert, einmal bei der Sydney–Hobart-Regatta im Jahre 1968 und zweimal bei der Newport–Bermuda-Regatta. Doch so großartig diese 79 Fuß lange Ketsch mit ihrem fast 50 Tonnen schweren Aluminiumrumpf normalerweise war, so unberechenbar reagierte sie, wenn sie bei starken Winden unter Spinnaker fuhr. Und genau das hatten wir fast die ganze Zeit seit unserem Aufbruch von Florida getan. Die ONDINE hatte ihren eigenen Kopf, wenn sie die von dem mit 25 Knoten wehenden tropischen Passat angeschobenen großen Wellen herunterschoss. Jedes Mal, wenn sie auf ihre Art eine Welle hinunterpflügte, hatte auch der erfahrenste Steuermann alle Hände voll zu tun, sie unter Kontrolle zu halten. Wenn sie ihren Bug in die Welle vor sich eintauchte, konnte man nie voraussehen, in welche Richtung sie vom Kurs abweichen würde, ob nach Back- oder Steuerbord. Genau bei einer dieser unvorhersehbaren Drehbewegungen geriet das ganze Rigg unter solche Belastung, dass der starke Draht, der den Spinnakerbaum hielt, der großen Kraft nicht mehr standhalten konnte und mit einem Schlag riss. PENG! Sofort tobte das Segel los wie ein wilder Stier.

Damals war ich ein fitter junger Mann von 25 Jahren und bei diesem Rennen Teil des Vordeckteams. Wir jungen Leute machten die harte Arbeit. Zu unseren Aufgaben gehörte das Setzen der riesigen, sperrigen, 150 kg schweren Focksegel und der Spinnaker.

Als der Draht riss und der Ruf ertönte: »Alle Mann an Deck«, rannten alle, die keine Wache hatten, den Niedergang hinauf an Deck, um nachzusehen, warum die Yacht so heftig schlingerte und was zu tun sei, um dieses Schlingern zu stoppen. Jedes Mal, wenn das Segel im starken Wind herumschlug, krachte der Spinnakerbaum gegen das Vorstag am Bug. Es musste gebändigt werden.

Die Deckslichter waren an und ich sah einen Teil der Mannschaft auf der Leeseite des Mastes an einem Fall und einem Draht ziehen. Sie versuchten das Schothorn des Segels zum Deck herunterzuholen, um den daran angeschlagenen Ersatzdraht lösen zu können. Offensichtlich sollte dieser Draht zur Luvseite der Yacht hinüber und dort an den Spinnakerbaum angeschlagen werden. Dann sollten Baum und Segel wieder so in Position getrimmt werden, dass wir das Rennen fortsetzen könnten.

Barfuß stolperte ich nach vorn, um zu helfen. Und während ich mich dem Gedränge näherte, wurde mir klar, dass ich, wenn ich mich auf die Schultern eines anderen stellte, den herumschießenden Beschlag erwischen, ihn öffnen und damit den Draht von der Ecke des Segels lösen könnte.

Super Idee – schlechtes Timing!

Ich sprang mit dem richtigen Vorsatz auf mein Ziel zu, aber genau in diesem Augenblick rollte die Yacht nach Luv, und der Spinnaker füllte sich so mit Wind, als sei er vom Rückstrahl eines Düsenjets getroffen. Es war unmöglich, den Spinnaker zu halten. Er öffnete sich, als ob jemand die Aufziehleine eines Fallschirms gerissen hätte, und ich musste mit!

Die in das Segel greifende Kraft war weitaus größer als die der Leute, die es an Deck zu ziehen versuchten. Also ließen meine Kameraden vernünftigerweise los. Ich aber hatte angenommen, dass jemand das lose Ende des Drahts festgemacht hatte, damit das Segel in einer solchen Situation gebändigt werden konnte. Leider hatte ich mich geirrt.

Als sich der Spinnaker explosionsartig aufblähte, wickelte sich der auf dem Deck herumliegende lose Draht irgendwie fast wie eine Bärenfalle um meine Beine. Es war wie Bungeejumping ohne Bungee. Ich glaubte auf Nimmerwiedersehen durch die Luft und ins Wasser zu fliegen. Und sobald ich im Wasser wäre ... – nun ja. Ich hätte genauso gut durch die Falltür eines Galgens fallen können. Es wäre ein Wunder des Himmels, wenn es der Mannschaft gelänge, die Yacht völlig unter ihre Kontrolle zu bringen, sie zu wenden und dann einen Kurs von etwa fünf Meilen in der Dunkelheit dorthin zurückzusteuern, wo ich zum

»Mann über Bord« geworden war. Keine Chance, mich lebend zu finden!

Es ist einem anderen Wunder zu verdanken, dass ich heute hier sitze und dieses Buch schreibe: dem Todesgriff! Ich hatte schon davon gehört, aber nicht daran geglaubt.

Irgendwie ist es mir in den ersten wenigen Sekunden nach meinem gewaltsamen Abflug vom Vordeck der ONDINE II gelungen, mit beiden Händen die Spinnakerschot zu greifen – jene Schot, die am Schothorn des Segels angeschlagen ist, um die Form des gesetzten Spinnakers zu steuern. In diesem Bruchteil einer Sekunde, in dem mir bewusst wurde, dass ich mich in einer lebensbedrohlichen Situation befand, schickte mein Unterbewusstsein eine dringende Botschaft an meine Hände: »Wenn ihr diese Schot loslasst, sind wir gemeinsam unterwegs zu unserem Schöpfer.«

Das war nicht eigentlich mein Wunsch, also klammerte ich mich mit aller Kraft fest.

Und noch etwas fügte sich zu meinen Gunsten – das Kaliber der Mannschaft, insbesondere das des inzwischen verstorbenen Cy Gilette aus Hawaii, einer Legende unter den Blauwasserseglern, der damals am Steuerruder war, und Sam Field, der sich mit mir auf dem Vordeck befunden hatte. Als Cy merkte, dass ich immer noch am Segel hing, wusste er, dass es nur eine Möglichkeit gab: Er musste die Yacht sofort und ganz scharf nach Lee herumreißen, damit der Spinnaker im Windschatten des Großsegels in sich zusammenfallen würde. Wenn das gelänge, würde ich auf dem Deck landen wie ein Vogel ohne Flügel – etwas angeschlagen, aber gerettet. Es war die einzige Hoffnung und Cy meisterte das Manöver beinahe perfekt. Aber, anstatt eine Bruchlandung auf dem Deck zu machen, verfehlte ich mein Ziel dort unten um etwa einen Meter und steuerte außerhalb der Yacht auf das Wasser zu – damit wären meine Chancen ziemlich bescheiden, mich weiter an der Schot festhalten zu können, wenn ich erst mit 15 Knoten durch das Wasser geschleift würde.

Unglaublicherweise war Sam, der mich vom Himmel herabschießen sah, so geistesgegenwärtig, auf meine Seite der Yacht zu rennen, sich am Oberwant festzuhalten, sich hinauszulehnen und mich irgendwie auf wundersame Weise zu greifen. Das reichte, um meinen Fall abzubremsen, sodass andere Kameraden mich an Armen, Beinen und Kleidung packen und mich festhalten konnten. Zwar bekam ich mit, dass sie mich anschrien, die Spinnakerschot loszulassen, und dass sie mich fest hätten, und ich war mir klar, dass sie versuchten, meine Finger gewaltsam von der Schot zu lösen, aber mein Gehirn wollte einfach keinen Loslassbefehl an meine Hände schicken. Der Adrenalinstoß, der den Todesgriff verursacht hatte, war noch nicht abgeflaut. Und weil die Crew befürchtete, dass der Wind das Segel wieder füllen und mich mitreißen könnte, löste ihr Eifer, mich an Deck zu bekommen, das Problem: Sie zogen mich mit den Füßen voran herein; dabei geriet der 10 cm dicke stählerne Schutz um das Seitenstag zwischen meine Beine. Und dieser Aufprall meines besten Stücks zeitigte den sofortigen Erfolg: Tränen schossen mir in die Augen, ich spürte einen höllischen Schmerz, mein Hals schwoll seitlich an – und schon ließ ich die Schot fahren.

Adrenalin spielt beim Überleben eine ganz besondere Rolle. Sobald mir klar war, dass ich mich an Deck und in sicheren Händen befand, stand ich auf, ging zum Cockpit zurück und nach unten, als ob nichts geschehen sei. Aber in dem Augenblick, als ich mich auf das Sofa in der Hauptkajüte legte, verpuffte das Adrenalin augenblicklich und der Schock traf mich wie ein Schlag. Ich erinnere mich, dass Jim Pugh, heute ein sehr erfolgreicher Yachtdesigner, dort stand und mich anstarrte, während man mich mit einer Handvoll Medikamenten aus der Bordapotheke fütterte. Mit Unglauben im Blick sagte er: »Du kannst nicht da sein. Du bist tot.«

Das ist mein eigenes Wunder aus meinem Leben als Hochseesegler, aber es ist nichts im Vergleich zu dem großen Spektrum der unglaublichen Überlebensgeschichten, die aus allen Ozeanen der Welt erzählt werden. Einige sind schlichtweg erstaunlich und fast unbegreiflich, während andere nur auf Wunder zurückzuführen sind. Alle aber haben sich auf dem Meer zugetragen.

In *Hölle auf hoher See* sind nur einige der besten dieser Geschichten enthalten.

Rob Mundle

1

119 Tage kopfunter auf der ROSE-NOËLLE

Das Grauen hat einen Klang: Es ist ein Dröhnen, wie tiefes Donnergrollen. John Glennie hörte es kommen, direkt vor Sonnenaufgang, als die Wasserwand einer riesigen Monsterwelle, mehr als 16 Meter hoch, auf seine kleine Yacht zuraste – die blanke Hölle.

Binnen weniger Sekunden war die Welle aufgetaucht und sie verfuhr mit der Yacht gleich einem riesigen Tsunami, der über eine flache Insel walzt und alles, was ihm in die Quere kommt, erbarmungslos beiseite räumt. Drei Tage hatte Glennie mit seiner Dreiercrew diesem wilden Sturm vor der Ostküste Neuseelands getrotzt, und jetzt, mit einem Schlag, machte diese Monsterwelle ihre schlimmsten Befürchtungen wahr. Der 12,65 Meter lange Trimaran ROSE-NOËLLE hatte beigedreht zu den Wellen gelegen, bis ihn die Wand aus weißem Wasser packte, ihn um 90 Grad kippte und dann kentern ließ.

In ihrem Inneren glich die Yacht einem Haus, das von einem Erdbeben auf den Kopf gedreht worden war. Dort versuchte die Mannschaft im Dunkeln schreiend und rufend sich von dem auf sie heruntergefallenen Durcheinander zu befreien. Ihre Welt hatte sich innerhalb weniger Minuten verkehrt: Der Fußboden war zur Kajütdecke geworden, und alles, was sich vorher unten befunden hatte, war nun über ihren Köpfen. Und der kalte Ozean bemächtigte sich gurgelnd ihres Lebensraums. Wann würde das Wasser aufhören einzudringen? Würden sie untergehen?

Als die Lage sich schließlich beruhigt hatte, herrschte nur noch Dunkelheit und fast völlige Stille. Kopfunter zu sein bedeutet, nichts mehr vom Heulen des draußen wütenden Sturms zu hören. In der Tat hörte das Wasser auch bald auf zu steigen. Noch schwammen sie und so würde es bleiben ... bis wann?

19 Jahre hatte Glennie von dieser Fahrt geträumt: von seinem Geburtsland Neuseeland nach Tonga und weiter zu anderen zauberhaften Inseln im Südpazifik. Er war ein sehr erfahrener Hochseesegler mit mehr als 40 000, auch in den »Roaring Forties«, zurückgelegten Seemeilen auf dem Buckel. Auf der Grundlage dieser Erfahrung hatte er wenige Jahre zuvor in Sydney die ROSE-NOËLLE entworfen und gebaut. Namensgeberin war Rose-Noëlle Coguiec, eine 1973 im Alter von 19 Jahren tragisch ums Leben gekommene Franko-Polynesierin aus Tonga. In Glennies Augen, der sie bei einer früheren Fahrt zu der Insel kennengelernt hatte, war sie die Verkörperung der Südseeprinzessin schlechthin.

Im Jahre 1989 wollte er der Unbill des schlimmsten Teils des neuseeländischen Winters entfliehen. Aber je näher das Datum der Abfahrt heranrückte, desto unzufriedener wurde er mit der Zusammensetzung der Mannschaft und der allgemeinen Vorbereitung der Yacht. Ursprünglich hatte er geplant, mit Freunden in See zu stechen, aber als diese Freunde, die alle gute Segler waren, im letzten Moment absagten, entschied er sich für drei Personen, die er kaum kannte und die wenig oder gar keine Erfahrung im Segeln hatten. Der Erste, den er anheuerte, war der 41 Jahre alte Phil Hofman, der ganz wild darauf war, einmal Hochseesegeln zu erfahren. Erstaunlicherweise hatte Phil sich nie von Neuseeland weggewagt, obwohl er an Bord seiner Yacht in Picton lebte. Als Nächster stieß ein weiterer Neuseeländer zu ihnen, Rick Hellreigel, 31, der gehört hatte, dass Glennie eine Crew suchte. Er wollte mit einem neuerlichen Hochseetörn die Erinnerung an eine schreckliche Fahrt nach Fidschi tilgen, die er vor einigen Jahren erlebt hatte, und es noch einmal mit dem Hochseesegeln versuchen. Jim Nalepka, 38, ein amerikanischer Koch, war der Dritte, der sich der Mannschaft anschloss. Obwohl Jim noch nie gesegelt hatte, ergriff er ganz spontan diese Gelegenheit, nachdem ihm Rick, der ein enger Freund von ihm war, gesagt hatte, dass er den Törn mitmachen werde, und ihm vorgeschlagen hatte mitzukommen.

All dies war nur wenige Tage vor der geplanten Abfahrt geschehen, und Glennie war so beunruhigt, dass er sich sogar noch am Tag vor dem Ablegen fragte, ob er wirklich in See stechen solle. Seine Zweifel verstärkten sich zusätzlich durch eine stabile ungünstige Wetterlage östlich von Neuseeland. Doch eine Last-Minute-Analyse der Wetterbedingungen überzeugte ihn, dass es zwar am Anfang der Überfahrt unbequem werden würde, man aber dennoch sicher auslaufen könne.

Alles war bereit, die Crew an Bord und die Vorräte verstaut, also warf er den Außenbordmotor am Heck an und steuerte seine leuchtend gelbe Yacht vom Liegeplatz weg, während Familie und Freunde winkten, in Gedanken etwas neidisch auf die tropischen Abenteuer, die die vier Männer erwarteten.

Als er seine Geschichte in dem Buch *The Spirit of Rose-Noëlle –
119 Days Adrift: A Survival Story* (das er gemeinsam mit Jane Phare schrieb) und in einem später gegebenen Interview erzählte, betonte Glennie, dass für ihn das Erreichen der Inseln weit wichtiger sei als die eigentliche Fahrt: »Der Aufbruch zu einer Fahrt und die Ankunft in einem neuen Hafen oder auf einer Insel ist für mich das Beste am Segeln. Ehrlich gesagt, segle ich eigentlich nicht gern. Es langweilt mich ohne Ende. Ich glaube, dass viele Hochseesegler bei genauerer Befragung zugeben würden, dass es auch ihnen manchmal so geht. Über einen Ozean zu segeln, einen Monat ohne Landsicht, ist faszinierend – am Anfang. Aber bald verliert sich der Reiz des Neuen. Und genauso ist es mit der Aussicht, Stunde um Stunde am Ruder zu stehen, bei schlechtem Wetter seekrank zu werden, Segel zu wechseln, von unfreundlichen Wellen durchweicht zu werden und in der Nacht Wache zu gehen. Ein Törn ist ein Leben zwischen Extremen, doch ohne die Tiefen weiß man die Höhen nicht zu schätzen. So setzt man im Kampf mit den Elementen zuweilen sein Leben aufs Spiel. Doch für mich war es die einzige Möglichkeit, die Welt zu sehen und mein Zuhause mitzunehmen. Und diese allein am Ruder verbrachten Stunden ließen mir Zeit zum Nachdenken, Zeit, um neue Träume zu ersinnen. Zwar baute ich die

ROSE-NOËLLE nicht, um meine Sehnsucht nach der See zu befriedigen, aber ich genoss es, den Trimarans zu steuern, weil er sich unter Segeln einfach wunderbar verhielt!«

Am späten Nachmittag kreuzte die ROSE-NOËLLE die Marlborough Sounds hinunter, und während die Crew die letzten Vorbereitungen vor dem Einfahren in die Cook Strait, die Meerenge zwischen der Nordinsel und der Südinsel Neuseelands, traf, genoss sie die überwältigende Schönheit der Landschaft. Dann ging es hinaus nach Osten. Auch Glennie dachte mit Vorfreude an das exotische tropische Leben, das sie in etwa zehn Tagen bei ihrer Ankunft in Tonga erwarten würde.

Um 16.15 Uhr meldete sich Glennie über Funk bei einem Freund und gab durch, dass sie gut vorankämen. Das sollte, kaum zu glauben, für 119 Tage ihr letzter Kontakt mit der Außenwelt sein.

In der Cook Strait wehte ein günstiger Wind, und bald flog die ROSE-NOËLLE mit einer Geschwindigkeit von bis zu 16 Knoten dahin, eine Geschwindigkeit, die alle an Bord beeindruckte. Bei einbrechender Dunkelheit nahm der Wind zu und die Wellen wurden entsprechend höher. Schnell deutete sich an, dass eine lange Nacht bevorstand, in der Glennie die ganze Zeit würde wach bleiben müssen, ganz einfach deswegen, weil seine Crew keine Erfahrung hatte. Eine Chance auf eine Trainingsphase bei relativ ruhigem Wetter würde es nicht geben. Dennoch stellte er einen Wachplan auf, nach dem jeder zwei Stunden an Deck sein musste und vier Stunden unter Deck bleiben durfte.

Der Wind hatte die ganze Nacht stark aus nördlichen Richtungen geweht. Deshalb steuerte Glennie weiterhin einen Kurs von der Küste weg, den er weitere 24 Stunden beibehielt. Er beobachtete, dass das Barometer fiel, ein Zeichen für sich verschlechterndes Wetter.

»Mit dem Voranschreiten des Tages wurde der Wind stärker und auch die Besorgnis der Crew stieg. Ich reffte ein weiteres Mal und holte schließlich das Großsegel ganz herunter. Inzwischen lief die ROSE-NOËLLE vor dem Wind und mit den Wellen unter einem teilweise gerefften Vorsegel, aber noch surfte sie nicht. Für mich war nichts Ungewöhnliches an dieser Lage. Ich hatte sie in der Vergangenheit schon oft bewältigt. Aber Phil war am Ruder und er hatte Schwierigkeiten mit dem Steuern. Es schien, als würden die Stärke des Windes und unsere Geschwindigkeit ihm Angst machen. Dabei war er von den dreien der Crew derjenige, der die meiste Erfahrung als Segler hatte. Also übernahm ich das Steuer und hatte keinerlei Probleme. Aber Phil hatte mit seiner Angst die anderen in Unruhe versetzt.«

Rick und Phil beschworen Glennie, vom Heck einen kleinen Treibanker ins Wasser zu lassen, um die Geschwindigkeit zu verringern. Doch Glennie war der Ansicht, dass es dazu keine Veranlassung gäbe: »Es war der Beginn einer Entwicklung, die ich hätte besser steuern sollen. Immerhin war es mein Boot und ich war die weitaus erfahrenste Person an Bord.«

Während Glennie von ihrer Sicherheit überzeugt war, äußerte die Crew ihre Besorgnis immer lauter. Schließlich beugte er sich ihren Wünschen. Beim Setzen des Treibankers waren sie 140 Meilen von der Küste entfernt und noch immer südlich des 40. Breitengrades. Sie befanden sich in den »Roaring Forties«, dort, wo sich einige der schlimmstmöglichen Stürme zusammenbrauen.

Von diesem Augenblick an begann eines zum anderen zu kommen. Der stürmische Wind nahm zu und die Brecher wuchsen in erschreckende Höhe. Genug, dachte Glennie. Er hielt es für an der Zeit, alle Segel herunterzunehmen und den großen Fallschirm-Treibanker zu setzen, den er für eine solche Situation gekauft hatte. Der würde den Bug der Yacht beim Abreiten des Sturms in den Wellen halten.

Nachdem das erledigt war, konnte die Crew nach unten in die Kabine gehen, sich in die Kojen legen und abwarten. Mehr blieb ihnen nicht zu tun.

Am frühen Abend spürte Glennie, dass sich die Bewegungen der Yacht verändert hatten, und das beunruhigte ihn. Er legte einen Sicherheitsgurt an, kletterte an Deck und bemerkte sofort, dass der Fallschirm-Treibanker versagt hatte. Die ROSE-NOËLLE

17

lag beigedreht zu den Wellen. Das war die schlechtest mögliche Position, aber Glennie war zuversichtlich, dass die ROSE-NOËLLE nie kentern würde. Tatsächlich war er beim Bau des Trimarans so überzeugt von dessen Stabilität gewesen, dass er keine Notluken in den Hauptrumpf eingebaut hatte, durch die die Crew im Falle eines Kenterns hätte herauskommen können.

Unterdessen lag die Crew in ihren Kojen und lauschte dem draußen wütenden Sturm. Die Windstöße kamen mit einer Geschwindigkeit von 50 bis 60 Knoten, und wenn die drei Rümpfe einen Wellenkamm überquerten, wurde die Yacht jedes Mal heftig von der einen auf die andere Seite geworfen. In der Kabine herrschte eine ängstlich angespannte Stimmung. Deshalb versuchte Glennie die Situation dadurch zu entspannen, dass er das Radio andrehte und beruhigende Musik einstellte. Phil aber gelang es nicht, sich zu entspannen. »Er steigerte sich immer weiter in eine Panik hinein. Nichts, was Rick, Jim oder ich sagten oder taten, konnte ihn beruhigen. Er war davon überzeugt, dass das Boot kentern würde. Seine Angst war so groß, dass sie zuweilen fast an Hysterie grenzte. Kaum hatte er einige Minuten in seiner Koje gelegen, sprang er wieder auf, schaute aus dem Fenster und schrie: ›Wir kentern. Wir kentern.‹«

Dann, am 4. Juni zwischen 04.00 Uhr und 06.00 Uhr morgens, begann der Wind abzuflauen. Die Crew war davon überzeugt, dass dies das Ende des Sturms sei, aber Glennie wusste es besser. Ein schnelles Abflauen des Windes ist keine Garantie dafür, dass auch die Wellen niedriger werden. Kurze Zeit später zeigte sich, dass er recht hatte. Er hörte das Grollen dessen, was ihre letzte Welle sein sollte ...

»Das Schicksal der ROSE-NOËLLE war schnell besiegelt. Wie ein Güterzug, der aus der Dunkelheit auf sie zuraste, traf sie die Welle. Wir vor Schreck erstarrten Männer waren im Inneren des Trimarans gefangen. Wir konnten nirgends hin und auch nichts tun. Uns blieben nur zwei oder drei Sekunden der Angst, die alles in uns verknotete, dann raste ohne Warnung, jedes andere Geräusch übertönend, aus der Dunkelheit die Riesenwand aus Wasser auf uns zu. Ihr Donnern war so gewaltig, dass man weder den Windgenerator draußen hören konnte noch das Heulen des Windes oder das Brechen der Wellen an den Rümpfen und Decks des Trimarans, auch nicht das Radio in der Kajüte. Das gewaltige Grollen verschluckte sogar das Klopfen unseres Herzschlags im Kopf.

Blitzschnell traf die Welle die ROSE-NOËLLE quer. Das sechseinhalb Tonnen schwere Boot wurde über die Seite gekippt, wie ein Spielzeug, das von Kinderhand aus der Badewanne gehoben und ohne große Umstände auf den Kopf gedreht wird. Das Ganze geschah am 4. Juni 1989 um 06.00 Uhr morgens, mitten im neuseeländischen Winter, als es draußen noch dunkel war.

Beim Kentern wurde ich an die Kabinendecke über der Essecke geschleudert, wo ich unter einer Decke zusammengerollt gelegen und in den Sturm gelauscht hatte. Rick und Jim hatten in ihren Schlafsäcken in der gegenüberliegenden Doppelkoje an Steuerbord geruht. Als die Welle zuschlug, flogen sie in die Luft und prallten auf den Esstisch, um schließlich übereinander und angeschrammt innen auf der Oberlichtluke der Decke zu landen. Ich kroch über die Kajütdecke, die sich jetzt in den Fußboden verwandelt hatte, zu ihnen hinüber. Wasser umspülte unsere Beine.«

Aus der Dunkelheit drangen Panikschreie, die zeigten, dass Phil in Bedrängnis war, denn er lag mit seinem Schlafsack in seiner sargähnlichen Einzelkoje gefangen, mit dem Gesicht nach unten. Das Wasser strömte über ihn herein und wegen der Trümmer konnte er nicht heraus. Doch der Adrenalinstoß, den die Todesangst in Kombination mit seinen Vorahnungen verursachte, gab ihm so viel Kraft, dass er sich befreien und in die Mitte des Bootes kriechen konnte, wo seine Kameraden bereits auf der Kajütdecke standen. Obwohl das Wasser schnell in die gekenterte Yacht hineinströmte, war Glennie sicher, dass bald das hydrostatische Gleichgewicht erreicht sein und es nicht weiter ansteigen würde. Ein Sinken würde durch den Auftrieb der Seitenrümpfe und die durch die Bauart bedingte Schwimmfähigkeit der Yacht verhindert werden. Doch Phils Panik steigerte sich ins Unermessliche: Er war davon überzeugt, dass sie die

Kajüte verlassen müssten, um sich zu retten. Also rannte er zu den Niedergangstüren am hinteren Ende der Kajüte und trat sie gewaltsam ein. Ein ebenso verhängnisvoller wie weitreichender Fehler, denn sofort riss das hüfthoch einströmende Wasser vieles für das Überleben Notwendige auf Nimmerwiedersehen aus der Kajüte, darunter Seenotfeuerwerk und Lebensmittel.

Als Glennie erkannte, dass alles, was sich im Boot losgerissen hatte, den selben Weg gehen könnte, wies er die Crew an, alles in ihrer Reichweite zu schnappen und zu verstauen. Gleichzeitig mussten sich alle vier damit abfinden, dass sie möglicherweise in einem nassen Grab gefangen waren, und wenn nicht dieses, dann würde ihnen das Boot für unbestimmte Zeit als Rettungsfloß dienen – vielleicht für Tage, Wochen oder gar Monate. Ohnehin würden Suchmannschaften, sollten denn jemals welche aufbrechen, nicht wissen, wo sie anfangen sollten, weil es vor dem Kentern keinen Funkkontakt mit der Außenwelt gegeben hatte. Es könnte überall zwischen der Cook Strait und Tonga sein.

Innerhalb weniger Stunden hatten sich alle vier mit der Misslichkeit ihrer Lage abgefunden, einschließlich den beiden einzig möglichen Enden – Leben oder Tod. Aber, während Glennie von Anfang an davon überzeugt war, dass sie das Ganze, egal wie lange es dauern sollte, irgendwie überleben würden, waren die drei Segelneulinge vom Gegenteil überzeugt. Glennie berichtete, dass Phil sich immer mehr darauf versteifte, dass sie zum Sterben verurteilt seien. Deshalb hatte Phil auch nur wenig Lust, den anderen zu helfen und zu ihrer aller Überleben beizutragen. (Jim, der später seinen eigenen Bericht unter dem Titel *Capsized: the True Story of Four Men Adrift for 119 Days* veröffentlichte, lieferte eine andere, positivere Sicht auf Phils Beitrag.)

Durch die Kopflage der Yacht hatte sich die hintere Kajüte, so klein sie auch war, in ihren Hauptaufenthaltsraum verwandelt. Dort war es auch, wo sich die vier über dem Wasserspiegel eine Plattform bauen mussten, auf der sie schlafen konnten. Zwar hatten sie in dieser Höhle so wenig Platz wie in einem Hundezwinger, aber sie hatten einfach keine andere Möglichkeit.

Die Naturgewalten, die das Kentern verursacht hatten, und das unaufhörliche Eindringen von Wasser in den Rumpf schufen ein in jeder Hinsicht höllisches Umfeld für sie: »Das in die Hauptkajüte nach dem Kentern eingedrungene Wasser hatte sich rasch in eine trübe Brühe verwandelt. Ein großer Müslikarton war aufgerissen und verbreitete seinen Inhalt, ebenso wie ein Fünf-Kilo-Sack mit Vollkornmehl, der aus einem Spind unter der Bank am Esstisch herausgefallen war. Irgendwann sah Phil seine Kamera samt Tasche vorbeitreiben und durch den Niedergang entschwinden. Sehr viel später sollte er sich dafür verfluchen, dass er sie sich nicht geschnappt hatte, denn in der Hülle befanden sich nicht nur 400 Dollar in bar, sondern auch sein neuer Pass.

Not macht bekanntlich erfinderisch. Das bewiesen auch die vier gekenterten Segler, indem sie ihre neue Unterkunft aus Decken, Schlechtwetterzeug, Stiefeln, Kleidern, Schranktüren und sogar zwei Dutzend Rollen Klopapier bauten und eine ganz besondere Art von Inselbett über dem Wasserspiegel entstehen ließen. Als es schließlich fertig war, krochen sie einer nach dem anderen durch die 60 x 60 cm große Öffnung und legten sich in die winzige Höhle. »Alles, einschließlich unserer Kleidung, war völlig durchweicht. Wir quetschten uns aneinander wie Sardinen in einer Dose, auf einem Raum, so klein wie ein schmales Doppelbett. Wie die Löffel mussten wir uns aneinander schmiegen (nasse Löffel in einem Besteckfach) und in dieser Haltung liegen bleiben. Über uns befanden sich nur 20 cm Luft. Es war wie in einer dunklen, nassen Höhle gefangen zu sein. Plötzlich erinnerte ich mich an die Worte einer Wahrsagerin, die ich kurz vor dem Aufbruch aufgesucht hatte: ›Sie werden ein Abenteuer in einer unterirdischen Höhle erleben.‹ Ob sie wohl dies gemeint hatte?«

Als Nächstes mussten alle Lebensmittel im Boot zusammengesucht und sichergestellt, dann die EPIRB-Notfunkbake aktiviert werden. Und innerhalb kürzester Zeit befanden sich einige Lebensmitteldosen, ein Drei-Liter-Behälter Orangensaft und etwas Limonade in ihrem Lager. Zudem bewies Rick taucherisches Geschick, indem er sich zum im Wasser versunkenen Kühlschrank durchschlug und einen großen Klumpen Käse, etwas Butter, zwei Liter Milch und zwei ganze Räucherschinken mitbrachte.

Über ihre erste Mahlzeit nach 24 Stunden meinte Glennie: »Es war ein bizarres Mahl. Wir aßen im Liegen, waren bis auf die Haut durchnässt, während der Übelkeit erregende Geruch von Batteriesäure noch immer in der Luft lag, und dabei lauschten wir dem Wüten des Sturms. Mit meinem Anglermesser schnitten wir uns Scheiben vom Schinken ab, die wir mit Käse und englischem Senf aßen.«

So unglaublich es auch scheint, die Vorstellung, dass sie mit ihren Vorräten haushalten sollten, kam ihnen nicht im Entferntesten in den Sinn, denn sie waren fest davon überzeugt, dass sie bald gerettet werden würden. Um dies zu gewährleisten, wateten Phil und Glennie in die geflutete vordere Kajüte, wo sie mit allem möglichen Werkzeug ein Loch in die Seite des Schiffskörpers hackten. Diese Öffnung führte unter das Zwischendeck, das sich zwischen Mittelrumpf und äußerem Schwimmer befand. »Dabei war uns die Toilette im Weg. Aber was sollten wir mit einer kopfunter hängenden Porzellanschüssel, also schlugen wir sie mit dem Hammer heraus.«

Sie aktivierten die an der Seite des Schiffskörpers angebrachte EPIRB, deren Antenne nach außen ragte, und zu ihrer großen Freude blinkte das rote Licht, was anzeigte, dass der Notruf an die Außenwelt weitergegeben wurde. Es wäre also nur eine Frage der Zeit, bis ein Passagierflugzeug sie überfliegen und das Signal auffangen würde. So dachten sie jedenfalls.

Schon bald wünschte Glennie, er hätte seine Abfahrt verschoben, damit seine ursprüngliche Crew, die aus Freunden bestand, mitgekommen wäre. »Es fiel mir schwer, mit drei Fremden über private und persönliche Dinge meines Lebens zu sprechen. Also hielt ich mich zurück. Wir würden ohnehin im Laufe der Zeit vertrauter miteinander werden. Rick und Jim, die bereits Freunde waren, wurden noch vertrauter und schlossen Phil und mich nahezu aus.«

Der Sturm, der die ROSE-NOËLLE hatte kentern lassen, hielt noch weitere vier Tage an, bevor er abflaute. In dieser Zeit verursachte der Stress beträchtliche Spannungen unter den vier sorgenvollen Menschen, die sich in einer so lebensbedrohlichen Lage befanden. Glücklicherweise beruhigte sich das Wetter am sechsten Tag, dem 9. Juni, so sehr, dass das Zwischendeck neben dem Luk nicht mehr überspült wurde. Nun konnten die eingeschlossenen Segler zum ersten Mal ihrer klaustrophobisch engen und sehr nassen Unterkunft entfliehen und frische Luft atmen. Als sie mit den Augen den Horizont absuchten, wurde ihnen klar, wie fernab sie waren und wie klein ihre Welt geworden war.

Jetzt konnten sie auch zum ersten Mal ihre nasse Kleidung abstreifen. Dabei stellten sie fest, dass durch das Salzwasser ihre Wunden bereits angefangen hatten zu eitern. Wie gut, dass es Glennie gelungen war, den Erste-Hilfe-Kasten aus der vorderen Kajüte zu retten, bevor dieser aus dem Boot herausgespült werden konnte. So war ihnen die für ihre Wunden notwendige antiseptische Salbe geblieben.

Weil die See inzwischen ruhig war, beschlossen sie, ein Wachsystem aufzustellen. So konnten sie rund um die Uhr nach möglichen Rettern Ausschau halten. Aber schon der nächste Sturm zeigte ihnen, dass es keinen Sinn hatte, sich so lange den Elementen auszusetzen, weil es sie unnötig Energie kosten würde.

Tagsüber beschäftigten sie sich damit, sich in ihrer Umgebung einzurichten. Nun bauten sie auch ihr Bett neu und dehnten ihre Suche nach allem aus, was ihnen während ihres Dahintreibens ins Unbekannte von Nutzen sein könnte. Während dieser Suche fielen Glennie irgendwann eine Maske und ein Schnorchel in die Hände. Flugs zog er sich aus und durchsuchte unter Wasser die Hauptkajüte. Bei einer dieser Aktionen stieß er auf einen 20-Liter-Behälter mit Wasser. Ein extrem wertvoller Fund, weil sich die drei Haupt-Wassertanks beim Kentern über ihre Entlüftungsschläuche vollständig geleert hatten, was die Männer stark demoralisiert hatte.

Am achten Tag sank ihr Mut noch weiter, als die EPIRB wegen zu schwacher Batterieleistung den Geist aufgab und nicht mehr funkte. Nun waren sie auf sich allein gestellt und der Willkür der Natur völlig ausgeliefert. Weil sie nicht wussten, was vor ihnen lag, beschlossen sie zum ersten Mal, die Lebensmittel zu rationieren. Und sofort entbrannte unter den vier Seglern ein Psychokampf um das Essen. Obwohl Phil sich weiterhin in der Vorstellung vergrub, dass sie verloren seien, blieb sein Interesse an Essen ungeschmälert: »Hätten wir ihm das Rationieren überlassen, wären unsere Vorräte rasch dahingeschmolzen. Wir schienen immer zu streiten, was und wie viel wir essen wollten. Also blieb uns nur, darüber abzustimmen. Deshalb entwickelten wir nach und nach ein praktikables und demokratisches System, bei dem jeder vor der Abstimmung zu Wort kam. Aber immer, wenn es um Essen ging und ob wir etwas zu uns nehmen sollten oder nicht, sagte Phil: »Mich braucht ihr nicht zu fragen. Meine Meinung kennt ihr ja.« Zwar konnten diese Diskussionen sehr hitzig werden und zuweilen wurde auch gestritten, aber immerhin vertrieben sie uns die Zeit. Jim, der ein sehr nachdenklicher Mensch war und langsam und wohlüberlegt sprach, entschied sich oft fürs Aufbewahren. Rick und ich lagen irgendwo in der Mitte, obwohl Rick manchmal zur einen oder anderen Seite wechselte, indem er an einem Tag dafür stimmte, ein bestimmtes Lebensmittel zu essen und am nächsten Tag für ein anderes. Aus irgendeinem Grund kam es beim Für und Wider selten zu Stimmengleichheit, und wenn es doch einmal der Fall war, dann war es eine Entscheidung fürs Aufbewahren.«

Bis die EPIRB den Geist aufgab, hatten sie sich jeweils eine Dose Lebensmittel geteilt. Danach aber musste diese Dose für vier Mahlzeiten reichen, was so viel war wie gerade mal zwei oder drei Löffel für jeden.

In diesem Stadium war das einzig sichere Wissen, das Glennie kundtun konnte, dass sie ziellos Richtung Osten trieben, weg von Neuseeland, mit 12 bis 15 Meilen pro Tag, und dass sie nichts daran ändern konnten.

Während die Zeit verging, beschäftigten sich die vier damit, Lebensmittel aus den Spinden unter Wasser zu retten. Alles Aufhebenswerte wurde in einem kleinen Kabuff in der ursprünglichen Bilge des Bootes verstaut, welches, als das Schiff noch richtig herum schwamm, als Stauraum gedient hatte. Jetzt aber befand es sich über ihren Köpfen, in jener Höhle, die nun ihr Schlafzimmer, ihr Wohnzimmer, ihre Küche und, bei schlechtem Wetter, ihre Toilette war. Ihr Proviant war zwar sehr dürftig, aber es fanden sich weitere Dosen mit Cornedbeef, Makrele, Baked Beans, Roten Beten, Maiskolben, Obst, Kondensmilch, kondensierter Sahne und Kokosmilch. Doch einer der besten Funde waren die fünf Steigen mit Kiwifrüchten, auf die Glennie gestoßen war. Sie lagerten sie in einem dunklen Spind und teilten sich in den nächsten hundert Tagen jeweils eine Frucht pro Tag, die sie mit dem dringend benötigten Vitamin C versorgte.

Nachdem sie im Laufe von 14 Tagen kein Anzeichen von Rettung gesehen hatten, beschloss Glennie, einen Mast auf dem kieloben treibenden Hauptrumpf aufzustellen und alle vorhandenen Flaggentücher daran zu hängen, in der Hoffnung, dass man sie so leichter vom Wasser und aus der Luft erkennen würde, sollte je nach ihnen gesucht werden. Während dieser Beschäftigung merkten sie, dass die Arbeit sie auf bessere Gedanken brachte und ihre Stimmung hob.

Dennoch waren ihre Lebensmittel- und Wasservorräte nach zwei weiteren Wochen ziemlich geplündert: »Wir begannen unsere Lebensmittel noch mehr zu rationieren. Zum ersten Mal in unserem Leben lernten wir echten Hunger kennen: Das Krampfen des leeren Magens, das Gefühl von Lethargie und endlose Träume von Essen – in großen Mengen. In den Nächten war es am schlimmsten, insbesondere, wenn wir nicht schlafen konnten.

Nagender aber als der Hunger war der überwältigende Wunsch, frisches kaltes Wasser trinken zu können. Als wir feststellten, dass unser Wasservorrat zur Neige gegangen war, begannen wir den Verbrauch unsere (anderen) Flüssigkeiten so sehr herunterzufahren, dass wir pro Person und Tag nur (sorgfältig mit einem Gewürzglas abgemessene) 100 Milliliter zu uns nahmen. Für gewöhnlich tranken wir sie in der Nacht, und manchmal stimmten wir darüber ab, ob wir es diesmal nicht lassen könnten. Dort unten, in der Stickigkeit der Achterkajüte, wurde uns der Mund unerträglich trocken. Zum Glück entdeckte ich die Beutel mit Bonbons, die ich für die langen, langweiligen Wachen während der Fahrt an Bord gebracht hatte. Jetzt konnte jeder von uns ein Fruchtbonbon oder ein Gummibärchen lutschen, um über die Nacht zu kommen. Zuweilen leisteten wir uns den Luxus, uns eine saftige Kiwi zu teilen, eine Apfelscheibe oder einen Löffel Orangensaft in Pulverform, den wir in unseren ausgetrockneten Mündern auflösten.

Das Frühstück wurde zu einem ganz besonderen Ritual. Jeden Morgen vermischten wir in einer Schale Kleie, Haferflocken, Weizenkeime, Sultaninen, Nüsse und fügten zuweilen einen Löffel Marmelade oder Honig hinzu. Dann würfelten wir einen Apfel und mischten ihn darunter. Diese Schale wurde herumgereicht, und jeder von uns aß einen Kaffeelöffel voll daraus. Es galt, sich so viel wie möglich auf den Löffel zu laden und in den Mund zu schieben, bevor etwas von dem Müsli herunterfallen konnte. Rick beschwerte sich regelmäßig über dieses Vorgehen. Dabei behauptete er, wir hätten größere Münder und er bekomme nicht den ihm zustehenden Anteil.

Als weitere Tage vergingen, begannen wir sowohl die Müslimenge zu reduzieren als auch den Apfel zu rationieren, von dem wir jeden Morgen nur noch ein Viertel verbrauchten. Schließlich tauchte ich zu den Küchenschränken hinunter und holte einen Satz Nachtischteller. Auf ihnen ließen sich gleich große Portionen anrichten. Und weil wir mit Teelöffeln aßen, hatten wir das Gefühl, mehr zu essen, als tatsächlich vorhanden war. Zudem mussten wir nun nicht mehr wie die Wölfe schlingen. Jetzt konnte sich jeder Zeit lassen und jeden Mundvoll genießen.«

Ihre Lebenslage verschlechterte sich unaufhaltsam weiter, besonders wenn es stürmte. Dann spülte das im Inneren der Yacht ansteigende Wasser alles, was nicht festgemacht war, durch die zertrümmerten Niedergangstüren hinaus. Und weil sie sich mehr und mehr dessen bewusst waren, dass sie wahrscheinlich ziemlich lange ins Ungewisse treiben würden, beschlossen sie, das Wachsystem bei gutem Wetter wieder aufzunehmen, für den Fall, dass ein Schiff ihren Weg kreuzen sollte. Jede Wache sollte eine Stunde dauern, was dank Glennies Armbanduhr, dem einzig verbliebenen Zeitmesser, genau eingehalten werden konnte, bis auch die vom durchflutenden Wasser mitgerissen wurde.

Nach 40 Tagen des Albtraums überlebten die vier noch immer mithilfe der Lebensmittel, die sie sich regelmäßig aus den Spinden unter Wasser herausholten. Und ihr emotionales Gleichgewicht behielten sie, weil sie sich daran klammerten, dass sie jederzeit gerettet werden könnten, indes Phil weiterhin auf seinen Zweifeln beharrte.

Trotz ihrer Überzeugung schlugen die drei Männer der Crew Glennie vor, dass sie ein Behelfsrigg auf dem Hauptrumpf der gekenterten Yacht errichten sollten, um zum Land zurücksegeln zu können: »Wir stritten uns einige Male darüber, weil ich davon überzeugt war, dass unsere Priorität woanders läge. Wir sollten uns aufs Überleben konzentrieren und alle Ressourcen an Bord darauf verwenden, unsere Sicherheit und Gesundheit zu bewahren, bis wir von einem Schiff gesichtet würden. Das bedeutete, dass wir ein verlässliches Wasserauffangsystem bauen und regelmäßig Fisch fangen mussten, was uns bislang nicht gelungen war. In meinen Augen war das Wasserauffangsystem absolut vorrangig, weil unsere kostbaren Vorräte an Erfrischungsgetränken zur Neige gingen und wir damit zu kämpfen hatten, mit unseren 100 Millilitern Flüssigkeitszufuhr pro Tag zu überleben.«

Der erste ergiebige Regen war während der ersten drei Wochen ihrer Tortur gefallen, und sie hatten ein wenig Wasser in einer Plastikplane auffangen und von dort in einen Topf leiten können, von wo sie es dann in leere Limonadeflaschen füllten. Leider war es das einzige Mal während ihres gesamten Dahintreibens, dass solch starker Regen fiel. Mittlerweile war Glennie klar geworden, dass er eine Möglichkeit finden musste, um bei jedem Regen auch den letzten Wassertropfen auffangen zu können: »Ich begann wach zu liegen und über das Problem nachzudenken. Dabei versuchte ich mich zu erinnern, was wir an

Material an Bord hatten und wie ich es einsetzen konnte, damit wir Wasser auffangen könnten, ohne jedes Mal, wenn es regnete, schnell hinauf an Deck zu müssen. Schließlich erinnerte ich mich, dass ich beim Tauchen in den Schwimmern einige Längen Plastikrohr gesehen hatte.«

Doch der von ihm ausgearbeitet kluge Plan erhielt einen schweren Dämpfer, als er sich auf die Suche nach den zu seiner Verwirklichung notwendigen Plastikrohren machte, denn die meisten dieser Rohre waren davongespült worden, und so fand er nur noch wenige Längen. Aber die, die er noch retten konnte, schnitten er und Phil längs auseinander und bauten daraus ein vertikales Auffangsystem, um das Wasser in ein darunter aufgespanntes Segel zu leiten. Gleichzeitig brachten Rick und Jim vorn und hinten am Rumpf Holzleisten an, die sie mit im Inneren des Boots gefundenem Epoxidkleber und Nägeln befestigten. Ihr Plan war, das Wasser, das an den Seiten des gekenterten Rumpfes wie an einem Dachgiebel herablief, aufzufangen und es zu einem Auffangbereich zu führen, von wo es in den Rohren bis in die Hauptkajüte geleitet werden würde. Allerdings brächte es dieses System mit sich, dass derjenige, der ganz vorn in der »Höhle« lag, nach einer Flasche greifen und sie unter die Rohre halten müsste, um das Regenwasser aufzufangen. Aber so könnten sie immerhin ihre Wasservorräte aufstocken, ohne jedes Mal an Deck zu müssen, wenn es regnete.

Glennies feste Überzeugung, dass zumindest er diese Tortur überleben würde, erhielt einigen Auftrieb, als es einen Tag nach Fertigstellung des Wasserauffangsystems tatsächlich regnete: »Ich begann an unsere Fähigkeit zu glauben, Wunder wahr werden zu lassen. Als wir dringend ein Zeichen brauchten, dass jemand seine schützende Hand über uns hält, bekamen wir es. Und auch Jim begann es allmählich zu glauben.

Von jenem Tag an wurde unser Leben etwas erträglicher. Denn jetzt konnten wir uns kalte Getränke aus Wasser, Milo (einem Pulver aus gemälzter Gerste) und Kaffeepulver zusammenrühren, und Saft aus Wasser und Orangenpulver herstellen. Welch ein Luxus nach 40 Tagen streng rationierter Flüssigkeit!«

Noch immer herrschte Winter, und die heftigen Stürme, für die dieser Teil der Erde berüchtigt ist, traten in fast regelmäßigen Abständen auf. Einer dieser Stürme machte Glennie besonders deutlich, wie ungeheuer groß ihre Notlage war und wie vorsichtig sie sein mussten, wenn sie überleben wollten. Diese Erkenntnis kam ihm, als er sich aufmachte, hinauszukriechen und auf dem gekenterten Hauptrumpf herumzukrabbeln, um zusätzliches Regenwasser aus dem anderen Auffangsystem herüberzuleiten.

»In diesem Moment traf mich die Erkenntnis, was mit uns geschehen war, zum ersten Mal in voller Wucht. Hier kroch ich also über den Kiel meines schönen, perfekten Bootes, das kopfunter in einem heulenden Sturm ziellos vor sich hin trieb und riskierte mein Leben – wobei ich mich elend fühlte und Angst hatte –, um zwei Flaschen mit Wasser zu füllen. Doch als mich beinahe eine Welle mitriss, verwandelte sich die Besorgnis von eben schlagartig in Wut und Ärger.«

Zudem bekam Glennie Bedenken, ob die giftige Antifoulingbeschichtung des Rumpfes nicht möglicherweise ihr aufgefangenes Regenwasser verseuchte. Deshalb verbrachten er und Phil die ganze Zeit des sich dazu anbietenden nächsten Gutwettertages an Deck damit, die erst vor wenigen Wochen aufgebrachte Beschichtung wieder abzukratzen.

Kurz nach ihrem Kentern hatte Glennie sich eigentlich vorgenommen, ein Logbuch zu führen und jeden Tag Eintragungen zu machen. Rick aber hatte ihm das ausgeredet, weil er meinte, das berge schlechtes Karma. Er wollte es einfach nicht hinnehmen, dass sie möglicherweise lange treiben würden. Doch eines Tages, etwa sechs Wochen nach ihrem Kentern, gelang es Glennie, Blöcke und Schreibzeug aus dem Rumpf zu bergen, und er machte sich an seine Aufzeichnungen: »Ich begann alles niederzuschreiben, was wir im Lauf des Tages machten: Was wir aßen und wie viel, wie wir mit der Situation klarkamen, und ich beschrieb unsere verschiedenen Erfindungen. Um mich während der langen Stunden in der Achterkabine zu beschäftigen, begann ich Artikel über das Kentern zu verfassen, die ich in

Multihull-Zeitschriften veröffentlichen wollte. Ich schrieb auf, wie wir umgekippt waren und was ich das nächste Mal anders machen würde, gab Überlebenstipps, beschrieb unsere Fehler und die Lehren, die wir daraus gezogen hatten, welche Ausrüstung sich für uns als nützlich erwiesen hatte und wie wir improvisierten. Auch an Familie und Freunde fing ich an zu schreiben. Es war so tröstlich, sich in sich selbst zurückziehen zu können und stumm mit seinen Liebsten zu kommunizieren.«

Paradoxerweise beschloss auch Rick bald, ein Tagebuch zu führen sei gar nicht so schlecht. Er nahm sich eines der von Glennie geborgenen Schreibhefte und schrieb Briefe an seine Frau Heather. Es tröstete ihn, ihr mitzuteilen, dass sie noch immer am Leben waren.

Weil es nicht garantiert war, dass die geretteten Lebensmittel für ihre ganze Odyssee reichen würden, wandten sie schließlich ihre Aufmerksamkeit der Suche nach anderen Nahrungsquellen zu – vornehmlich dem Fisch. »Aus meiner langen Erfahrung als Segler wusste ich, dass wir nur in der Nähe der Küste, eines Riffs oder einer Insel erwarten konnten, auf Fisch zu stoßen – zumindest im Südpazifik. Aber zwei Tage nach unserem Kentern schwamm ein großer Zackenbarsch gemächlich durch den Niedergang in die Hauptkabine. Wir sahen ihn neugierig in die offenen Spinde hineinstochern, bevor er wieder langsam verschwand.«

Vier Wochen später machte sich Jim daran, einen weiteren offensichtlich neugierigen Fisch zu fangen, der sich in die Kabine verirrt hatte. Ein paar Tage zuvor hatten sie eine Angelleine geborgen. Als Köder steckte er einige Maiskörner aus der Dose auf den Haken: »Wir lagen ruhig und sahen zu. Plötzlich ruckte Jim an der Leine, der Fisch war am Haken. Er zog ihn geradewegs aus dem Wasser und warf ihn auf unser Bett. Jim jauchzte vor Vergnügen, und er strahlte über das ganze Gesicht. Noch nie hatte ich ihn so glücklich gesehen. Wir waren so aufgeregt und so gierig nach dem Geschmack von frischem Fisch, dass wir uns auf der Stelle auf ihn stürzten. Jim säuberte ihn, und ich übernahm das Filetieren in der Kajüte. Blut, Fischschuppen und Gräten spritzten wild umher, und wir waren kurz davor, das Fleisch des Fisches roh zu verzehren. Zum Glück hatte ich vorn 10 Liter Essig gelagert. In ihm marinierte ich den Fisch 20 Minuten, bevor wir uns die köstlichen Fleischstücke in den Mund schoben.«

Sofort wurde das Angeln nach allem, was ins Innere des Bootes schwamm, ebenso zum Sport wie zu einer Überlebensnotwendigkeit. Dennoch gelang es dem neugierigen Zackenbarsch, den sie Harry tauften und der sie regelmäßig besuchte, trotz ihrer größten Anstrengungen immer wieder zu entkommen. Aber die lange Zeit, die ihr Boot nun schon kopfunter trieb, hatte auch positive Auswirkungen, denn weil Außendeck und Kajütaufbau der Yacht unter Wasser waren, konnten sich dort winzige Mollusken und Entenmuscheln ansiedeln. Und je besser dieses marine Wachstum gedieh, desto mehr Fische wurden von diesem künstlichen Riff angezogen.

»Sie kamen, um sich von uns zu ernähren, und wir hatten dasselbe mit ihnen vor«, sagte Glennie.

Wann immer es das Wetter erlaubte, gingen sie zum Fischen ins Freie: »Wir verbrachten Stunden mit Angelhaken und Ködern, aber die Fische bissen nicht an. Zwar hatten wir gelegentlich Glück und fingen ein Exemplar, aber unsere Fischmahlzeiten waren enttäuschend rar, und so wurden wir immer magerer und hungriger. Wir mussten unsere Angeltaktik unbedingt überdenken. Phil trug dazu bei, den Prozess zu beschleunigen, indem er eines Tages die Angel verlor. Inzwischen waren wir so vorsichtig geworden, dass wir, sowohl außerhalb wie innerhalb des Boots, alles festbanden – jeder, nur nicht Phil. Entweder war er von Natur aus ungeschickt, oder es kümmerte ihn nicht. Immer schien er etwas zu verlieren, und wir drei ermahnten ihn ständig, nicht so achtlos zu sein.

Eines Tages, als ich an Deck war, hörte ich Phil fluchen. Er hatte ein Buch lesen wollen und die Angelrute, ohne sie festzuzurren, im Cockpit verklemmt. Da zog etwas an der Leine, und die Angelrute verschwand über die Bordwand. Obwohl wir nicht viel Erfolg beim Fischen hatten, war die Angelrute ein Mittel, um an Nahrung zu gelangen und somit einer der wertvollsten Gegenstände an Bord.«

Also machten sich Rick und Jim daran, ein neues Angelgerät zu basteln, ein Gaff, das aus einer Holzleiste bestand, an deren Ende ein 10 cm großer Haken befestigt war. Zusätzlich erhöhten sie ihre Erfolgschancen, indem sie ein Netz fertigten, bestehend aus einem Holzrahmen und einer Art Krabbennetz. Damit würden sie den Fisch aus dem Wasser holen können.

»Bei einem der ersten Male, als Rick das Netz benutzte, brodelte es an der Wasseroberfläche vor dem Zwischendeck nur so von Fischen. Er machte einen Satz nach vorn, tauchte den Netzkescher ein und fing mit einer einzigen Bewegung vier Königsdorsche. Ein Rekord, den er nie wieder erreichen sollte.«

Auch Harry, der Zackenbarsch, blieb in ihrem Visier, denn er wurde immer unvorsichtiger. Eines Morgens erspähte Jim ihn, wie er gemächlich in die Hauptkajüte schwamm, und bevor Harry wusste, wie ihm geschah, hatte Jim ihn mit dem Netz herausgeholt – ›und Harry war Geschichte‹. Er schlug und zappelte nach Leibeskräften auf unserem Bett, aber schon bald hatte ich ihn in große Filets geschnitten. Harry reichte uns für einige königliche Mahlzeiten ...«

Während das Fischen für ihren Überlebenswillen von unschätzbarem Wert war, blieb Phil weiterhin meist eine psychische Belastung für die Männer.

»Wir begannen, uns für den Fischfang mehr und mehr auf das Gaff zu verlassen. Es wurde im Laufe der Zeit nicht nur zu unserem Hauptangelgerät, nein, es änderte auch Phils pessimistische Einstellung hinsichtlich unserer Überlebenschancen. Was Phil anbelangte, schwankten Jim, Rick und ich zwischen Mitleid und Sorge einerseits und Ärger, ja sogar manchmal Wut andererseits. Bereits vom ersten Tag an, als er die Niedergangstüren aufgebrochen und den Verlust wertvoller Ausrüstung verursacht hatte, war er eine Belastung. Ständig verlor er unersetzbare Dinge und es schien ihn nicht zu kümmern. Er war mit den Gedanken woanders. Wir konnten Phil nicht davon überzeugen, dass wir kämpfend eine Chance hatten. Stundenlang saß er nur da und starrte hinaus auf die See. Dabei dachte er an seine Familie und ans Sterben. An einem Punkt überlegte er, ob er sich nicht den Ehering an den Hals binden und einen Abschiedsbrief an seine Frau Karen schreiben sollte, für den Fall, dass er nur noch als Skelett gefunden würde.«

Das erinnerte Glennie an eine Erkenntnis, zu der Dr. Alain Bombard in seinem Buch *The Bombard Story* gelangt war. Dieser Bombard hatte 1952 in einer aufsehenerregenden Aktion mit 27 Jahren in einem kleinen Schlauchboot erfolgreich den Atlantik überquert und geschrieben:

»In dem Maße, wie Trinken wichtiger als Essen ist, ist das Aufrechterhalten von Hoffnung wichtiger als das Trinken. Durst tötet zwar schneller als Hunger, dennoch ist die Verzweiflung eine größere Gefahr als der Durst. Ein Schiffbrüchiger, dem nichts geblieben ist, darf niemals die Hoffnung verlieren, denn er hat nur die eiskalte Wahl zwischen Tod und Leben. Deshalb muss er sich mit allen Mitteln an der Hoffnung festklammern und dem Leben vertrauen, damit die Verzweiflung ihn nicht packen kann.«

Nach drei Monaten des Dahintreibens wurde die Sorge immer größer, dass Phil ins Wasser springen und sich, fortschwimmend, das Leben nehmen könnte. Rick, Jim und Glennie sprachen ihn offen darauf an und beschworen ihn eindringlich, seine Einstellung zu ändern und zum Teamplayer zu werden. Vergebens! Er versteifte sich in seiner Haltung, bis sein Ego durch die Erkenntnis, dass er ein besonderes Händchen für das Gaff-Fischen hatte und zunehmend erfolgreich wurde, Auftrieb erhielt.

»Plötzlich hatte er eine Aufgabe an Bord: Er war der Ernährer. Je mehr Fische er fing, desto mehr Aufhebens machten wir um ihn. Er verbrachte mehr Zeit mit dem Angeln als jeder andere von uns. Das Angeln wurde für ihn geradezu zur Besessenheit.«

Dann aber kam es zu einem größeren Rückschlag, als während eines Sturms der Behälter mit allem Angelzeug davongespült wurde. Dummerweise waren auch die Ersatzhaken für das Gaff darin.

Zwar versuchten sie weiterhin, die vielen Königsdorsche, die sich unter dem Boot sammelten, mit Ködern zu fangen, aber obwohl die Fische durchaus Interesse an den bunten Dingern zeigten, weigerten sie sich anzubeißen, sobald der Köder an die Wasseroberfläche gezogen wurde.

»Mit der Zeit verbesserten wir nicht nur unsere Geschicklichkeit, wir wurden auch zu einem effizienten Team. Jim ließ den Köder geschickt von einer Schnur baumeln und lockte den Königsdorsch damit an die Oberfläche. Dort lauerte Phil bereits mit dem verbliebenen Gaff, die Augen weit aufgerissen und völlig konzentriert. Kaum hatte er zugeschlagen, stand Rick mit dem selbst gebauten Kescher bereit. Wenn es unserer Beute dennoch irgendwie gelang, sich vom Gaff loszuwinden, bevor Ricks Kescher erfolgreich in Aktion getreten war, hatten wir keine Chance, den davonglitschenden, schlagenden Dorsch auf elegante Weise im Boot zu landen. Dann stürzten wir uns verzweifelt auf die entgleitende Beute, nach ihr grapschend, sie mit den Füßen tretend, nur um sie daran zu hindern, über die Bordwand zu verschwinden.

Im letzten Monat hatten wir zunehmend oft gutes Wetter, und das Fischen wurde immer besser. An erfolgreichen Fangtagen vergaßen wir sogar, nach Schiffen Ausschau zu halten. Auch stritten wir uns nicht, noch grübelten wir über unsere Liebsten nach und ob wir sie je wiedersehen würden. Das Einzige, woran wir dachten, war Fische und noch mehr Fische zu fangen.«

Immer, wenn ein Sturm anrollte, wurde das Angelzeug verstaut und die vier Segler zogen sich in ihre klaustrophobisch enge Kajüte im Inneren des Boots zurück. Sie glichen Winterschlaf haltenden Bären, denn oft wurden sie von den Stürmen bis zu fünf Tage eingesperrt. Das einzig Gute daran war, dass sie in dieser Zeit Schlaf nachholen konnten, denn bei günstigem Wetter verbrachten sie ihre Tage mit dem Fischfang und die Nächte mit dem Ausschauhalten nach Schiffen.

Wenn sie nach Tagen wieder an Deck kamen, war das wie ein Öffnen der Tür nach Einzelhaft. Ihnen schmerzten die Körper wegen des Bewegungsmangels und der stickigen Luft, und psychisch fühlten sie sich matt und deprimiert: »Wenn wir dicht aneinandergedrängt lagen und wenn alles zu viel wurde, weil wir nicht aufstehen und weggehen konnten, dann sank die Stimmung. Wir beteten um gutes Wetter ... und um mehr Fisch.«

Während es keinen Mangel an Fisch gab und ihre Fangquote stieg, sahen sie sonst wenig tierisches Leben. Zuweilen erblickten sie einen Seevogel, aber nur einmal während ihrer gesamten Zeit trafen sie auf einen Hai.

Trotz der Fische, die sie fingen, rationierten sie auch weiterhin ihre Lebensmittel. Das hatte auch etwas Gutes, denn dadurch konnte Jim seine Fähigkeiten als Chefkoch unter Beweis stellen: »Wir alle bewunderten sein Geschick, uns mit wenigen Zutaten glauben zu lassen, gerade ein üppiges Mahl genossen zu haben. Zwar waren wir auf wenige Löffel Lebensmittel pro Tag beschränkt, aber Jim bereitete und servierte sie wie ein Kunstwerk. Um unsere Nahrung mit einem oder zwei Teelöffeln Kohlenhydraten anzureichern, weichte er etwas Reis 24 Stunden lang in Wasser ein. Und er gab sich große Mühe, damit das, was zum Reis serviert wurde, abwechslungsreich und interessant war. Wir blieben unglaublich lange bei den Mahlzeiten liegen und genossen jeden Mundvoll davon.«

Eine von Jims Spezialitäten war, mit Seewasser vollgesogene Äpfel zu zermusen und diese Masse mit Essig und dem nach dem Kentern geretteten Zucker aufzupeppen. Als der Reis zu modern begann, wurde er auf etwa drei Teelöffel pro Tag rationiert. Damit er besser schmeckte, reicherte ihn Jim mit einer Spur Suppenpaste, Marmelade oder selbst eingelegtem Gemüse an.

»Ich glaube, dass Jims Kochkünste in diesen 119 Tagen mehr als alles andere zur Aufrechterhaltung der Stimmung beigetragen haben. Aber egal, wie sehr man sich bemüht, das Ganze zu kaschieren, kaltes Essen bleibt nun einmal kaltes Essen, noch dazu mitten im Winter und in einer durchweichten, feuchten

Kajüte. Das kann sehr deprimierend sein. Jim brummte oft vor sich hin: ›Wenn wir nur etwas zum Warmmachen hätten.‹«

Plötzlich hatte Glennie eine Erleuchtung. Ihm fiel ein, dass im Backbordschwimmer ein Edelstahlgrill verstaut war, und im Handumdrehen gab es für alle vier durchnässten Segler die Aussicht auf Nahrungsumstellung. Es würde warmes Essen geben, denn Holz, Petroleum und Streichhölzer hatten sie schon, und nun auch noch den Grill. Mehr brauchten sie nicht. Sie beschlossen, Brot zu backen, weil sie alles Nötige zum Herstellen eines Teigs hatten. Und weil das Wetter draußen zu rau war, um Feuer zu machen, stellten sie in ihrer Begeisterung den Grill in der Kajüte auf.

»Während wir uns alle in die Kajüte kauerten und Jim dabei zusahen, wie er Öl in eine große Bratpfanne goss, lief uns in Erwartung dessen, was kommen sollte, das Wasser im Mund zusammen.

Beim Erhitzen spritzte das Öl, und in die vier Nasen, die diesen Duft so lange vermisst hatten, drang ein ersehnter Wohlgeruch. Das Brutzeln, als Jim den ersten der Teigklumpen in die Pfanne fallen ließ, war eines der köstlichsten Geräusche, das ich je gehört habe. Kaum hatte Jim einen Fladen fertig, zerrissen wir vier das heiße Brot in Stücke und schlangen es hinunter. Der Teig füllte unsere Münder und verbrannte unsere Kehlen. Wir konzentrierten uns einzig auf den Geschmack und darauf, wann das nächste Stück gebratener Teig aus der Pfanne kommen würde.«

Ihre Euphorie beim Essen dieser Delikatesse schlug sie so sehr in den Bann, dass sie nicht merkten, wie das Öl in der Pfanne immer heißer wurde und schwarzer, beißender Rauch die Kajüte füllte. Innerhalb weniger Augenblicke begannen sie zu würgen und zu husten. Ihre Augen begannen zu brennen. Fast 50 Tage lang hatten sie alles, was sich ihnen entgegengestellt hatte, überlebt, einschließlich der Prügel durch die Stürme, und nun hatte ihr unstillbares Verlangen nach warmem Essen sie an den Rand des Todes durch Einatmen von Rauch oder schwere, von einem unkontrolliert brennenden Grill verursachte Verbrennungen gebracht. Danach entzündeten sie den Grill nur noch an Deck – und das auch nur bei ruhigem Wetter.

Etwa zur Halbzeit ihres Abenteuers erfuhr ihr Speiseplan eine neue interessante Wendung, als Jim mit seiner Angelleine einen großen Seevogel fing. Dieser wurde schnell enthäutet und entbeint. Diesmal marinierte Jim das Fleisch in Sojasoße, Essig, Wasser und chinesischer Barbecuesoße, bevor er es auf den Grill legte.

Glennie hatte die ganze Zeit gewusst, dass sich im Cockpit der Yacht, das jetzt unter Wasser und deshalb schwer zugänglich war, zwei große Gasflaschen befanden. Aber erst an ihrem 90. Tag auf See ließ ihn ihre sich verschlechternde Lage überlegen, wie sie eine Art Gasbrenner zusammenbasteln könnten, der von der Gasleitung aus zu betreiben wäre, die zum Herd in der Kajüte führte. Es gelang ihnen mit Einfallsreichtum und Entschlossenheit, und bald durften die vier erleben, welch ungeheure Freude aus dem Erhitzen von Wasser und einer Tasse Tee entstehen kann. Zudem hatten sie sich damit eine weit effektivere Kochmöglichkeit erschlossen: »Sobald wir regelmäßig kochen konnten, fanden wir heraus, dass die schmackhaftesten Teile des Fisches die waren, die wir normalerweise wegwarfen – nämlich Kopf und Eingeweide. Dazu briet Jim die Eingeweide leicht in wenig Öl an, manchmal würzte er mit chinesischer Barbecuesoße oder fügte einige geschälte Muscheln hinzu, um ihnen zusätzlich Geschmack zu verleihen. Diese sautierten Fischeingeweide aßen wir nun zum Frühstück oder als besondere Vorspeise zu einer Fischmahlzeit. Sie hatten das beste Aroma, das ich je geschmeckt habe – dort draußen waren sie wie Kaviar.

Die Fischköpfe kochten wir nur wenige Minuten und verspeisten sie ratzeputz, mitsamt der Augen, Knochenteile und sogar der Kiemen, die uns am besten schmeckten. Eine weitere Delikatesse war die sämige Fischsuppe, bestehend aus Fischköpfen und -schwänzen.«

Und das war noch nicht das Ende der kulinarischen Vielfalt: »Eines Tages erinnerte ich mich an einen Behälter mit Burleigh, einem Gemisch aus durchweichtem Kakao und Keksen. Es roch wirklich und wahrhaftig nicht genießbar, aber wir wollten es nicht wegwerfen. Deshalb ließen wir das Seewasser abtropfen und gaben frisches Süßwasser dazu, was weder das Aussehen noch den Geruch des Matsches änderte. Schließlich vermischte Jim ihn mit Mehl und briet daraus in der Bratpfanne kleine Küchlein, die er mit Marmelade bestrich. Vorsichtig bissen wir in das erste siedend heiße Exemplar ... Es schmeckte einfach wunderbar oder wie Rick zu sagen pflegte: ›Exquisit!‹«

Obwohl die ROSE-NOËLLE bereits am 1. Juni gestartet war, regte sich in Picton der erste leise Verdacht, dass mit der Yacht und ihrer Besatzung vielleicht etwas nicht stimmte, erst etwa drei Wochen nach ihrer Abfahrt. Jim Bramwell, der mit Glennie eine lose Vereinbarung hatte, eine Art Funkverbindung aufrecht zu halten, hatte nichts von ihnen gehört. Eines Nachts fing er eine verstümmelte Nachricht auf, von der er glaubte, dass sie von der ROSE-NOËLLE stammte. Die Länge und Breite, die er sich aus dieser Nachricht notierte, sollte später die Such- und Rettungsaktion fehlleiten, denn die Position, wo die ROSE-NOËLLE tatsächlich gekentert war, lag 360 Seemeilen weiter südlich.

Vor ihrer Abfahrt hatte Glennie ein offizielles Formular ausgefüllt, in dem er den 15. Juni als das erwartete Ankunftsdatum in Tonga angab. Freunden und der Familie gegenüber hatte er sich aber nicht so eindeutig geäußert: »Wenn man mit der Angabe des Ankunftsdatums zu optimistisch ist, fangen die Daheimgebliebenen zu schnell an, sich Sorgen zu machen. Dabei könnten doch leicht eine Flaute oder andere Widrigkeiten die Ankunft verzögern.«

Anrufe am 18. Juni in Tonga bestätigten, dass die Yacht dort nicht gesichtet worden war. Deshalb führte am 20. Juni der wachsende Verdacht, dass die Yacht etwas zugestoßen sei, dazu, die Such- und Rettungsbehörden in Neuseeland zu benachrichtigen. Und dennoch dauerte es weitere zehn Tage, bis ein Orion-Flugzeug der Luftwaffe losgeschickt wurde, um 20 000 Quadratmeilen Seegebiet südlich der Kermadec-Inseln abzusuchen, jenes Gebiet, in dem die vermeintlich von Glennie stammende verzerrte Funknachricht die Yacht vermuten ließ. In Wirklichkeit befand sich die ROSE-NOËLLE zu dieser Zeit rund 600 Seemeilen südlich des Suchgebiets. Als die Suche erfolglos blieb, wurde die ROSE-NOËLLE am 1. Juli offiziell für verschollen erklärt.

Enge Freunde, die Glennie kannten, weigerten sich daran zu glauben, dass er und seine Crew zu Schaden gekommen waren. Deshalb versammelte sich am 6. Juli eine große Gruppe in Picton, um zu beraten, was zu tun sei. Sie wollten die Behörden davon überzeugen, dass die Suche fortgesetzt werden sollte. Das hätte Glennie unglaublich geärgert, weil er der festen Überzeugung war, dass man sich auf See mit eigener Kraft aus einer selbst verschuldeten Lage zu bringen habe.

Weil man aber kein genaues Suchgebiet festlegen konnte, beschieden die Behörden, dass ein weiterer Versuch, die ROSE-NOËLLE zu finden, wenig erfolgversprechend und damit eine Geldverschwendung sei. Eine Entscheidung, der auch Glennie später zustimmen sollte.

Dann erwog man, einen Gedenkgottesdienst abzuhalten, nachdem im August die Besatzung von der neuseeländischen Seenotrettung für tot erklärt wurde. Sie wurden als irgendwo in der Nähe der Kermadec-Inseln ertrunken aufgelistet.

Doch hunderte Meilen von diesen Inseln entfernt, etwas südlicher und weit östlich von Neuseeland, mäanderte die gekenterte ROSE-NOËLLE weiter vor sich hin nach den Launen von Wind, Wellen und Strömung. Den vier auf dieser winzigen, von Menschenhand gefertigten Insel ausgesetzten Seglern blieb nichts anderes übrig, als ihren Kampf ums Überleben fortzuführen und sich zu fragen, wann das Ende, wie auch immer es aussehen mochte, kommen würde.

Glennies ungebrochen positive Haltung, dass sie irgendwann entweder gerettet oder sicher an Land gelangen würden, hatte bei den anderen nicht Fuß fassen können: »Ich hatte unsere Lage mehr oder weniger sofort akzeptiert. Keiner von uns konnte etwas daran ändern. Es war zwecklos, damit zu hadern oder zu bedauern, jemals einen Fuß auf die ROSE-NOËLLE gesetzt zu haben. Und doch glaube ich, dass die anderen drei das taten.

Meine Einstellung war, dass das Ganze in einer Tragödie enden würde, wenn wir nichts daraus lernten. Und damit meine ich keine Sicherheitsmaßnahmen oder Überlebenstechniken, sondern dass jeder für sich als Person etwas ableiten sollte aus dieser erzwungenen Zeit des Dahintreibens, aus all diesen Stunden, die wir zum Nachdenken und Überlegen hatten. Und weil keine Hilfe in Sicht war, mussten unsere Hoffnung und unser Glauben von innen kommen. Es blieb uns nichts anderes, als mit einer aus eigenem Vertrauen geschöpften Kraft unser Glück und unsere Zukunft zu schaffen.

Eigenartigerweise wollte ich irgendwie nicht zu früh gerettet werden, denn meine Mutter hatte immer gesagt: ›Wenn etwas wert ist, dass man es tut, dann sollte man es gut machen.‹ Wenn wir nach dem Kentern innerhalb nur einer Woche gefunden worden wären, dann hätte ich wirklich alles verloren. Die ROSE-NOËLLE wäre zerstört gewesen, wir hätten zusammengedrängt eine unbequeme Woche verbracht und keiner von uns hätte irgendetwas gelernt. So aber entwickelten wir mit jedem verstreichenden Tag neues Können oder erfanden etwas, das uns das Überleben etwas erleichterte. Kurz, wir machten Erfahrungen, die uns niemand jemals wieder nehmen konnte.«

Glennie spürte, dass Rick und Jim davon überzeugt waren, dass die Zeit, die sie mit dem Dahintreiben im Ozean verbrachten, eine verlorene sei – dass das Leben an ihnen vorüberging. Rick verbrachte sehr viel Zeit damit, seiner Frau zu schreiben, und versuchte dadurch seine eigene psychische Belastung zu verringern. Phil hingegen zeigte selten seine Gefühle, obwohl er nicht daran zweifelte, dass sie verloren waren. Die anderen drei bemühten sich ständig, ihn vom Gegenteil zu überzeugen, und dass sie als Team zusammenhalten müssten, wenn sie ihre Lieben jemals wiedersehen wollten.

Unterdessen begann auch die Toleranz unter den vieren zu bröckeln – was zwangsläufig ein Tribut an die Zeit war. Sogar zwischen den engen Freunden Rick und Jim kam es zunehmend zu heftigen Auseinandersetzungen.

»Des Nachts, wenn, wie es schien, die schlimmsten Stürme auftraten und die Dunkelheit nie enden wollte, wurde am heftigsten gestritten. Anlass waren meist Klagen wegen der einzigen Decke, die nie für alle vier zu reichen schien, oder weil einer zu wenig Platz hatte.« Wir mussten uns wie ein Puzzle aneinanderfügen. So konnten wir uns in den ersten Wochen warmhalten. Dazu mussten wir uns hin und her schieben, bis wir so aneinander passten, dass unsere Hüften nicht mehr aneinanderstießen oder die Schultern eingeklemmt waren. Wenn auch nur einer von uns sich um ein Winziges bewegte, brachte dies die ganze Ordnung durcheinander und irgendeiner maulte: »Hey, rück' ein Stück weg. Ich habe hier keinen Platz!«

Es dauerte unendlich lange, bis wir uns wieder zurechtgeruckelt hatten. Bei kaltem Wetter dachte ich oft darüber nach, welches Glück wir doch hatten, dass wir zu viert waren. Wären wir zu fünft gewesen, hätten wir uns nicht gemeinsam in der Heckkajüte aufhalten können. Und zu dritt hätten wir viel mehr gefroren.

Mittlerweile begannen wir untereinander auf unsere kleinen Angewohnheiten und Eigenarten gereizt zu reagieren. Ich zum Beispiel wischte zuweilen die Schälchen mit dem Finger aus, was Rick nervte. Und natürlich ist mir klar, dass meine gelassene Einstellung zu unserer misslichen Lage allen auf die Nerven ging. Auch Phil hatte ganz am Anfang einige wirklich abstoßende Gewohnheiten. Dazu gehörte, dass er immer laut rülpste oder aufseufzte, nachdem er seine Flüssigkeitsration getrunken hatte. Des Weiteren hatte Phil zwar eine Glatze, aber aus seinem Hinterkopf sprießten lange, dünne Haare. Unglücklicherweise konnte er nie stillhalten, wenn wir uns nachts aneinander schmiegten, denn er hatte die Gewohnheit, den Kopf ruckartig nach oben zu bewegen. Dabei kitzelten seine langen Haare immer denjenigen im Gesicht, der direkt hinter ihm lag. Für gewöhnlich war ich das, und schließlich riss mir die Geduld. Ich packte seine Haare und zog daran, damit er endlich still lag.

An Ricks Geburtstag, dem 19. August, stand Glennie an Deck und beobachtete einen weiteren spektakulären Sonnenaufgang, als sein Blick plötzlich an einem weißen Dreieck am Horizont hängen blieb. Ein Segel! Er brüllte zu den Männern hinunter, die blitzschnell wie die Hasen aus ihrem Bau heraufkamen, und auch sie sahen es. Sofort machten sie sich hektisch daran, den Grill anzuzünden, in der Hoffnung, dass der aufsteigende Rauch entdeckt würde und damit auch sie. Der anfängliche Rauch wurde »verbessert«, indem sie einen Gummischlappen und etwas Epoxid in die Flammen warfen. Aber, das bisschen Hoffnung auf Rettung, das sie an diesem Tag gehabt hatten, verpuffte schnell, als eine Brise sich erhob und den Rauch seitlich wegtrieb. So mussten sie schweren Herzens zusehen, wie das weiße Segel hinter dem Horizont verschwand.

Inzwischen stieg die Temperatur, und die Stürme, die sie so lange und heftig geplagt hatten, wurden weniger – ein erstes Zeichen, dass sie auf wärmere Gewässer zutrieben. Dennoch wurden die Zeiten, die sie bei schlechtem Wetter unter Deck verbringen mussten, psychisch noch anstrengender, weil ihr körperlicher Zustand sich zunehmend verschlechterte. Hinzu kam, dass Phil bei den anderen ständig durchblicken ließ, dass er sich bei der Verteilung der verbliebenen geringen Essensrationen benachteiligt fühlte. Sein Vorschlag, den Rest des Essensvorrats in vier gleiche Portionen zu teilen, wurde jedoch von den anderen umgehend abgelehnt, weil sie vermuteten, er würde seinen Anteil schnell in der Erwartung verzehren, dass sie dann ihre Rationen mit ihm teilten. Bald verschärfte sich ihre angespannte Stimmung noch mehr, als sie feststellten, dass es eine »Ratte« an Bord gab. Jemand stahl Essen aus dem Speiseschrank. Danach vereinbarten sie, dass keiner mehr allein in den Raum gehen durfte, in der das Essen aufbewahrt wurde.

Für jeden Tag ihres Dahintreibens hatten sie eine Kerbe in die Seitenwand der Heckkajüte geritzt. Der 11. September war für sie ein besonderer Tag: Es war der 100. seit ihrem Kentern, und sie alle meinten, dass die Zeit schneller als erwartet vergangen sei.

»Wir hatten alle viel Gewicht verloren, Rick und ich aber waren besonders dünn. Phil war seinen dicken Bauch losgeworden, an dessen Stelle hingen nun Hautlappen herunter. Mit seinen langen Haaren, dem Bart, der schlaffen Haut und dem eintätowierten Namen seiner Frau Karen auf der Schulter bot er einen ganz besonderen Anblick, wenn er sich auszog, um seine Kleider zu trocknen.

Aber insgesamt gesehen hatten wir während unseres Dahintreibens großes Glück mit unserer Gesundheit. Obwohl wir zu Anfang die meiste Zeit froren und nass waren, hatte sich keiner eine Erkältung zugezogen. Sogar Ricks Asthma blieb aus, mitsamt der pfeifenden Atemgeräusche. Kein Wunder, dass es ihn ärgerte, nach bereits einer Woche an Land wieder seinen Inhalator zu brauchen. Phil, der ganz zu Anfang wegen seiner Herzerkrankung Medikamente eingenommen hatte, ließ dies schließlich ganz bleiben. Vielleicht hatte er sie mehr aus Gewohnheit denn aus Notwendigkeit genommen.«

Trotz der langen leidvollen Zeit und der stickigen Unterkunft, in der sie lebten, bestand ihr einzig echtes medizinisches Problem aus gelegentlicher Verstopfung. Erstaunlicherweise merkten sie erst nach dem 100. Tag, dass ihre Energie zunehmend schnell schwand. Ihr Muskeltonus ließ nach, und wegen ihrer eingefallenen Züge, ihres langen und ungekämmten Haars und der struppigen Bärte sahen sie schrecklich verwahrlost aus. Der Einzige mit einem echten Problem war Glennie, und daran war er selbst schuld, denn er hatte sich die Ohren mit Wattestäbchen gereinigt. Dabei hatte sich ein Wattestopfen gelöst und war im Ohrgang steckengeblieben. Drei Tage lang versuchten sie vergebens, die Watte herauszubekommen. Mittlerweile hatte bereits eine Entzündung eingesetzt, und sie hatten nichts an Bord, um sie zu stoppen. In seiner Verzweiflung nahm Glennie ein Stück Kupferdraht, formte ein Ende zu einem winzigen Haken und ließ Rick so lange in seinem Ohr herumstochern, bis der störende Wattestopfen endlich herauskam.

Anfangs war es nur Phil gewesen, der im Inneren des Boots an Klaustrophobie litt, aber gegen Ende war es Glennie. »Ich glaube, es lag am scharfen Essen, denn Jim war im Umgang mit den Gewürzen so experimentierfreudig geworden, dass er alles zusammenmischte, ob Tandoori, Chili, Pfeffer oder Curry. Manchmal wachte ich in der Nacht panikartig auf, mit Brennen am ganzen Körper und meinte zu ersticken. Ich strampelte schnellstens über die anderen hinweg – nichts wie an Deck! Dort riss ich mir alle Kleider vom Leib und wartete, bis meine Körpertemperatur sank und ich zu frieren anfing.«

Im Gegensatz zur Crew bereitete sich Glennie mental darauf vor, möglicherweise weitere 100 Tage auf See verbringen zu müssen. Deshalb bestand er darauf, alles daranzusetzen, Regenwasser aufzufangen und als Trinkwasservorrat zu sammeln.

Inzwischen begannen sie unter dem Schwinden ihres Lebensmittelvorrats so sehr zu leiden, dass sie zuweilen sogar leicht angegangenen Fisch essen mussten, nur um etwas Energie in den Körper zu bekommen. Zudem versuchten sie, wenn möglich, filetierte Fischstücke in der Sonne zu trocknen, um ihre Speisekammer zu füllen und Essen vorrätig zu haben, wenn sie wegen schlechten Wetters im Inneren des Rumpfes bleiben mussten. Aber die mageren Portionen, die sie sich genehmigten, und der Stress, der vom Eingesperrtsein in ihrer »Zelle« rührte, fing an, sie langsam psychisch zu zermürben.

»Jim und mir begann aufzufallen, dass Rick und Phil bei den Mahlzeiten ein merkwürdiges Verhalten an den Tag legten. Jim nannte es ›Fischfieber‹. Wir beide amüsierten uns darüber und fingen an, es genau zu beobachten. Jim war fasziniert von der Geistesverfassung, die diese klassischen Goldfiebersymptome hervorrief. Wie eigenartig, selbst unberührt, dieses Verhalten bei Rick und Phil zu beobachten.

Jim und ich wollten nur wie gehabt das Essen zubereiten. Aber die beiden anderen bestanden strikt darauf, dass der Fisch bis zur letzten Faser genauestens aufgeteilt werden müsse. Ich bin sicher, hätten wir die Filets abwiegen können, sie hätten genau gleich viel gewogen. Aber nein, jedes musste sorgfältig auf seine Größe untersucht werden. Rick und Phil verlangten, dass wir uns abwechselnd aussuchen konnten, welches Stück wir haben wollten. Dazu schnitt Phil ein Stück Trockenfisch in unterschiedliche Längen, und wir mussten feierlich eines davon aus seiner Faust ziehen. Das ganze Theater wurde ziemlich lächerlich.«

Am 116. Tag schrieb Glennie in sein Logbuch: »Jetzt sind schon 116 Tage vergangen. Reicht das? Darf ich jetzt nach Hause?« – Ein Eintrag, der sich auf Maurice und Maralyn Bailey bezog, die 1973 ihre Yacht im Pazifik verloren hatten und die nach 116 Tagen gerettet wurden, nachdem sie in einem Rettungsfloß und einem Gummidinghi überlebt hatten. »Meiner Meinung nach hatten wir uns gut geschlagen. Wir hatten den anfänglichen Schock des Kenterns überwunden. Wir hatten die Probleme gemeistert, wie sie kamen. Und wir hatten uns zu einem Team zusammengerauft. Jeder von uns hatte während des Dahintreibens sehr viel nachgedacht, und ich wusste, dass mich diese Erfahrung zu einem besseren Menschen gemacht hatte. Keiner von uns würde mehr der alte sein.«

Inzwischen entdeckten sie im Wasser Portugiesische Galeeren, sie fingen andere Fischarten und sichteten an Land lebende Seevögel, was sie vermuten ließ, dass Land in der Nähe sei. Diese Annahme verstärkte sich bei Glennie, als sie eines Nachts in der Ferne zwei Schiffe sahen, wenige Tage zuvor hatten sie eine Yacht am Horizont gesehen. Aber es waren die Flugzeuge, die über sie hinwegzogen und ihm die größte Hoffnung einflößten. Denn eines besonderen Tages sahen sie zwei Flugzeuge, die nach ihrer Berechnung nach Nordosten flogen, was bedeutete, dass die ROSE-NOËLLE direkt unter eine Flugroute getrieben war. Leider hatten sie keine Ahnung, von welchem Flughafen die Maschinen gestartet waren.

»Dann sahen wir eines Tages direkt über uns einen Kondensstreifen, und ich konnte damit mit dem Peilkompass die magnetische Nordrichtung bestimmen. Daraus ergab sich, dass wir irgendwo nördlich von Neuseeland sein mussten, denn die internationalen Flughäfen von Christchurch, Wellington und

Auckland liegen alle in etwa auf einer Linie, und die Maschine flog nach Norden. Am Nachmittag des 116. Tages ... schaute ich in den Himmel und sah ein Flugzeug über uns hinwegziehen. Es war nicht nur nahe genug, um es zu sehen, sondern auch zu hören. Wir schätzten es in einer Höhe von etwa 15000 Fuß, und es befand sich im Steigflug. Als es direkt über unseren Köpfen hinweg zog, bestimmte ich die Richtung – es flog direkt nach Norden.«

Danach verbrachten die vier verlassenen Seelen Stunden damit, zu erwägen, wie viel Strecke ein Flugzeug wohl zurücklegen müsse, um eine Höhe von 15 000 Fuß zu erreichen, und sie kamen auf 80 Meilen. Deshalb waren sie überzeugt, dass die Maschine weder in Wellington noch in Christchurch gestartet sein konnte. Auf der Grundlage dieser Erkenntnis und der Richtung ihrer Drift bestimmten sie ihre Position auf einer kleinen Seekarte, die sie gerettet hatten, und stellten fest, dass sie auf den Hauraki-Golf zutrieben, einem Gewässer vor dem Hafen von Auckland.

So unglaublich es auch erscheinen mag – diese »Vermutungsbestimmung« war fast auf den Punkt genau, weil sie am 28. September Land sichteten. Rick, der ganz oben auf dem gekenterten Rumpf thronte, hatte eine dunkle Wolkenformation im Visier, die sich weder bewegte noch auflöste. Bald danach hockte sich Jim neben ihn und auch er sah, ohne einen Hinweis von Rick, ganz tief am Horizont dieses landartige Gebilde. Als Glennie heraufkam, fragte Rick so nebenbei: »Kannst du etwas da draußen sehen?«, und deutete in die allgemeine Richtung des Gesehenen.

»Der Umriss fiel mir sofort ins Auge. Es war ein dunkler Schatten innerhalb der Wolke, und ich wusste, was Rick und Jim dachten. ›Das sieht mit Sicherheit aus wie Land‹, sagte ich. ›Lasst uns in zehn Minuten nochmal hinschauen, ob es seine Form verändert hat.‹ Das Ding veränderte sich nicht, und Rick und Jim berichteten mir, dass sie es schon eine Weile beobachtet hatten. Als Phil an Deck heraufkam, stellte er sich hin, blickte um sich herum und schrie: ›Land, das ist Land!‹«

Eigenartigerweise hüpften die vier zerzausten Segler nicht freudig auf und ab, obwohl sie in ihrer kopfunter schwimmenden Unterkunft mehr als 100 Tage eingepfercht gewesen waren. Im Gegenteil. Sie reagierten besonnen, ja fast gelangweilt. Die Schwierigkeiten, die sie bislang erduldet hatten, ließen sie daran zweifeln, dass ihre Füße bald festen Grund betreten würden, obwohl sie das Land sehen konnten. Sogar noch während sie das Land ganz langsam näher kommen sahen, wollten sie ganz sicher gehen, dass ihnen ihre Wahrnehmung keinen Streich spielte, und fingen vorsichtshalber weiter Fische.

Ihre Lage war irgendwie surreal, und Glennies Fantasie begann zu arbeiten: »Das Ganze glich einem Drehbuch für ein B-Movie. Es war irgendwie absurd, und ich kicherte in mich hinein bei der Vorstellung, wir würden in den Hafen von Auckland hineintreiben und vor den Augen einer erstaunten Herde von Wochenendbummlern an Land gehen. Aber vielleicht würde uns auch ein heimischer Fischer entdecken, uns in Schlepp nehmen, kalte Getränke anbieten und dabei Fotos schießen.«

Zwei Tage später wateten bei Sonnenaufgang alle vier aus ihrem Schlafquartier durch das hüfttiefe Wasser, das noch immer ihre Hauptkabine füllte, und stiegen zur Außenwelt hinauf. Sofort verfielen sie in große Aufregung, denn inzwischen traten die Umrisse des Landes sehr deutlich hervor und man konnte sogar schon dunkle Grünschattierungen sehen. Sie trieben eindeutig einem Ufer entgegen. Mit dem Fortschreiten des Tages wuchs Ricks und Phils Überzeugung, dass es sich bei dem vor ihnen liegenden bergigen Umriss um die Great-Barrier-Insel handelte, die gerade einmal 53 Meilen nordöstlich von Auckland liegt. Während der ganzen Zeit klammerte sich Glennie an die Hoffnung, dass irgendein Boot sie sehen und in Schlepp nehmen würde. Er wollte unbedingt alles retten, was von seiner Yacht geblieben war. Doch diese Hoffnung zerschlug sich, als nach Sonnenuntergang einige Meilen entfernt ein großes Schiff vorbeizog, dessen Crew nichts bemerkend an einer der bemerkenswertesten Überlebensgeschichten der Welt vorbeifuhr.

Diese Nacht war die letzte, die sie an Bord der ROSE-NOËLLE verbrachten: »Wir schliefen nur mit Unterbrechungen. Die Atmosphäre unter Deck war angespannt, weil wir uns fragten, was der nächste Morgen wohl bringen würde. Und dann bot sich ein willkommener Blick auf saftig grünes Buschwerk und auf die weißen Konturen von brechenden Wellen an der Küste des Great Barrier. Ein nordöstlicher Wind trieb uns stetig auf die Insel zu. Es war klar, dass wir an diesem Tag auf Land treffen würden, und ich suchte unruhig den Horizont nach Fischern oder Freizeitskippern in der Umgebung ab.

Weil wir wussten, dass wir unsere Vorräte nicht weiter einzuteilen brauchten, aßen wir an diesem Tag gut. Jim fing mit unserem Kescher einen Fisch und verbog dabei das Griffstück. Aber das war jetzt egal. Ich kochte aus den Resten eine Fischsuppe und wir aßen Jims frischen Fang als Bratfisch. Die Mahlzeit stärkte uns für das, was vor uns lag.

Wir litten Folterqualen, als bald nach Mittag ein Leichtflugzeug auftauchte, dessen Pilot neugierig über uns kreiste, in der Meinung, er habe einen richtig herum liegenden gelben Trimaran unterwegs zu einer Tagesfahrt zum Fischen gesehen. Die Crew winkte wie wahnsinnig, als sie das Flugzeug sah, aber leider war es zu hoch oben, als dass der Pilot den Ernst der Lage hätte erkennen können. Und so trieb die ROSE-NOËLLE weiter auf ihrem Kurs dahin, der sie und ihre Insassen auf die Felsen prallen lassen würde.

Nervös betrachtete ich die drohend vor uns liegende wilde, zerklüftete Küstenlinie, und ich suchte den Horizont nach einem Seenot-Rettungsboot ab. Falls Hilfe unterwegs war, würde sie sich beeilen müssen.

Eineinhalb Stunden nachdem das Flugzeug über uns gekreist war, mussten wir einsehen, dass wir wieder einmal auf uns selbst gestellt waren und dass wir auf dem Great Barrier auftreffen würden – vermutlich an einer unwirtlichen Stelle. Weiter draußen hatten wir lange, weiße Strände gesehen. Aber als sich die ROSE-NOËLLE dem Ufer näherte, gab es nichts als Klippen und Felsen.

Hoch über uns, auf einem Kamm über dem Tal, konnte ich das spitze Dach und die Fernsehantenne eines massiv gebauten Hauses erkennen. Es war das erste Zeichen von Leben. Ich beschloss, dass wir nach unserer Landung dorthin gehen sollten. Vor uns lag eine winzige Bucht mit einem Strandstreifen, und wir hofften, mit Glück dort anzutreiben. Aber der Wind schob uns daran vorbei in eine benachbarte, viel wildere Bucht, der ein Riff in einer Entfernung von 75 Meter vorgelagert war.

Trotz der relativ ruhigen See vor der Küste wurden die Wellen immer stärker und heftiger, je mehr wir uns dem Land näherten. Sie packten die ROSE-NOËLLE und schoben sie auf die Felsen zu. Mit festem Griff hoben sie sie auf das Riff und ließen sie dort mit widerwärtigem Krachen aufschlagen. Jetzt drückte das ganze Gewicht des gekenterten Rumpfes auf die Reste ihres Masts und des Riggs und zermalmte sie. Phil sah mich an und sagte ruhig, ›Es tut mir leid wegen deines Bootes, John.‹ In den Wochen nach unserem Kentern hatte sich Phil unverblümt und heftig gegen Mehrrumpfschiffe ausgesprochen. Im Laufe der Zeit aber wandelte sich seine Sicht. Gegen Ende hatte er sogar von der Möglichkeit gesprochen, die Reste der ROSE-NOËLLE zu kaufen, sollte sie geborgen werden.

Ich schüttelte den Kopf und sagte, dass das unwichtig sei. Ich hatte die ROSE-NOËLLE nach den höchsten Festigkeitsstandards entworfen und gebaut und die ganze Zeit gewusst, dass sie durchhalten würde, bis wir auf Land stoßen oder gerettet würden. Sie hatte uns sicher nach Hause getragen, und das war alles, was ich erwartet hatte. Sollten wir unser Leben retten können, dann hatte uns der Geist der Rose-Noëlle Cogniec bis zum Ende beschützt.«

Die ROSE-NOËLLE starb qualvoll, wie in Zeitlupe, und die Crew war nie sicher, ob sie das felsige Ufer sicher erreichen würde.

Mittlerweile lag die Insel zwar in verlockender Nähe und der sichere Hort, den sie versprach, sehnlich nah. Doch Glennie war felsenfest davon überzeugt, dass ihre Überlebenschancen besser wären, wenn sie bis zum letzten Augenblick auf der Yacht blieben. Es war ja durchaus möglich, dass das Boot doch noch vom Riff heruntergespült und auf den Felsen am Fuße der Klippen auftreffen würde.

Länger als eine Stunde wühlte sich die ROSE-NOËLLE über das Riff. Jede Welle hob sie hoch und ließ sie wieder hart fallen, was weitere Schäden an Deck und Rumpf verursachte. Die Crew hatte mittlerweile Rettungswesten übergezogen, hielt aber weiterhin Ausschau nach einer neuerlichen Riesenwelle, die sie vielleicht in die stürmische und bedrohliche See zurückziehen könnte. Wie tragisch, wenn sie am Schluss eines solch kräftezehrenden und außergewöhnlichen Kampfes ums Überleben als bitteres Ende doch noch sterben sollten!

Als die Dunkelheit einzusetzen begann, wurde der Crew klar, dass ihnen bald keine andere Wahl bliebe, als ihr Schicksal erneut herauszufordern: Wenn sie die Insel erreichen wollten, würden sie um ihr Leben schwimmen müssen. Doch dann kam alles anders: »Ohne Warnung schlug die Welle zu. Sie krachte in die ROSE-NOËLLE, hob sie von den Felsen herunter, und schon tauchte eine neue Gefahr auf, denn plötzlich bewegten sich die 6,5 Tonnen des Trimarans und drohten, sich über mich zu wälzen und mich darunter zu begraben. Ich überlegte den Bruchteil einer Sekunde, ob ich ins Wasser springen sollte … aber die Entscheidung wurde mir aus der Hand genommen. Die Welle lief unter der ROSE-NOËLLE durch und riss mich in einem Strudel schäumenden Wassers mit sich. In einem verrückten Taumel wurde ich über die Felsen geschleudert. Ich wartete darauf, schmerzhaft aufgeschrammt zu werden, wie ich es von meinen häufigen Stürzen vom Rennrad kannte. Doch plötzlich befand ich mich außerhalb des Felsbereichs und trieb nah am Boot in der Dünung umher.

Die ROSE-NOËLLE war aufgeschwommen … und ich konnte Phil, Rick und Jim rufen hören, dass ich zum Boot schwimmen solle. Aber das war nicht so einfach, denn erstens war ich voll bekleidet und zweitens schob sich die Rettungsweste dauernd über mein Gesicht, weil Rick vor einigen Wochen ihre Verschlussbänder abgeschnitten hatte, um daraus Dochte für unsere Kerosinlampen zu fertigen.«

Irgendwie gelang es Glennie, sich die dünne Leine zu schnappen, die ihm die anderen zugeworfen hatten, und er wurde zur Yacht zurückgezogen, die weiterhin zum felsigen Ufer unterwegs war. »Endlich stießen wir nahe dem Fuß der Klippen gegen Felsen und warteten, bis das Wrack nicht mehr weiter konnte. Nun war es an der Zeit, die ROSE-NOËLLE zu verlassen. Wir stolperten fallend und wieder aufstehend mit Händen und Füßen durch das Wasser voran, bis wir trockenes Land erreichten. Wir hatten es geschafft!

Hinter mir begann der leuchtend gelbe Rumpf der ROSE-NOËLLE auseinanderzubrechen. Sie hatte uns bis zum Schluss begleitet, um einen Ort zu finden, wo sie ruhen konnte, nachdem sie 1900 Meilen im Meer herumgedriftet war. Ich warf keinen Blick zu ihr zurück. Schon lange war ich zu dem Schluss gelangt, dass all das einen Sinn hatte. Und das Boot zu verlieren bereitete mir keinen Kummer, denn ich hatte an unsere Zukunft geglaubt und getan, was man von mir erwarten konnte. Dasselbe galt für die ROSE-NOËLLE.«

Als die Yacht ihr Grab erreicht hatte, sammelten die vier einige Gebinde mit Lebensmitteln, Wasser und andere Vorräte, von denen sie meinten, dass sie sie an Land brauchen würden. Dann machten sie sich kriechend und stolpernd auf den Weg um eine felsige Landspitze herum, bei dem Versuch, den Strand, den sie gesehen hatten, zu finden. Aber so einfach sollte es nicht sein, denn sie stießen auf ein weiteres Hindernis – eine tiefe Meeresstelle, die sie durchschwimmen mussten. Alle schafften es lebend, und als sie schließlich den Strand erreicht hatten, brachen sie in völliger Erschöpfung zusammen.

»Nach vier Monaten des Dahintreibens zeigte sich, dass wir unseren Gleichgewichtssinn verloren hatten. Es schien, als könnten wir nicht mehr geradeaus gehen. Wenn uns jemand aus dem Gebüsch beobachtet hätte, hätte er wahrscheinlich gedacht, wir seien betrunkene Nachtschwärmer auf dem Weg von einer Strandparty nach Hause. Weil wir bis auf die Haut durchnässt waren, wollte ich mich ausziehen und die Kleidung auswringen. Aber Rick sagte, ich solle das unterlassen. Er sorgte sich wegen möglicher Auskühlung und meinte, dass wir in Bewegung bleiben sollten.

Es wurde immer dunkler und wir stiegen endlos durch das Buschwerk, immer weiter hinauf, bis wir nicht mehr erkennen konnten, wohin wir gingen. Einzig die uns ins Gesicht schlagenden Zweige zeigten uns, dass wir noch immer aufrecht waren. Wir stolperten über Felsen und Farnwurzeln. Manchmal bewegten wir uns auf Händen und Knien voran, bis wir schließlich stehenbleiben mussten. Wir hatten keine Ahnung, wo wir waren, und ohnehin nur noch wenig Kraft übrig, um unser Ziel zu erreichen. Würden wir nach all dem, was wir durchgemacht hatten, hier im Busch an Entkräftung sterben? Wo war die Kraft, das Wesen, der Gott, der uns so lange behütet hatte?«

Als ob das noch nicht schlimm genug gewesen wäre, begann es nun zu regnen. Zudem fiel die Temperatur beträchtlich. Langsam dämmerte ihnen, dass sie es zwar bis an Land geschafft hatten, ihr Überleben aber durchaus nicht gesichert war. Es blieb ihnen nichts weiter, als sich aneinanderzuschmiegen, sich unter dem dürftigen Dach eines großen Farns gegenseitig zu wärmen und die Tatsache zu akzeptieren, dass sie eine weitere harte Nacht durchzustehen hatten. Am Ende dieser Nacht und nachdem sie sich eine Dose Essen geteilt hatten, setzten sie ihren mühsamen Weg zum Gipfel des Hügels fort, wo sie wussten, dass sie auf Zivilisation stoßen würden. Sie hatten keine Ahnung, wohin sie unterwegs waren. Das Einzige, was sie wussten, war: immer weiter bergauf. Schließlich stießen sie auf einen Feldweg, dem sie folgten. Er führte sie zu ihrem ureigensten Garten Eden – einem Obstgarten mit Grapefruit, auf die sie sich lustvoll stürzten und so viele Früchte in sich hineinstopften, bis sie nicht mehr konnten. Bis dahin hatten sie mehr als 300 Meter Anstieg hinter sich gebracht, und als sie weitergingen, kamen sie bald an ein teilweise fertiggestelltes unbewohntes Haus. Als sie durch die Fenster spähten, stellten sie fest, dass es alles bot, was sie im Augenblick brauchten: Lebensmittel und

Schutz. Sie brachen ein Fenster auf und drangen hinein. Sofort machten sie sich daran, zu baden und zu essen wie die Könige. Es war eine Welt, die sie vier Monate lang nicht gekannt hatten, und zu ihrem Entzücken gab es für jeden von ihnen ein Bett, in dem sie in dieser Nacht schlafen konnten. Ihr einziges Problem war, dass ein Telefon fehlte. Die Außenwelt würde also weitere 24 Stunden nichts von ihrem Überleben wissen.

Am nächsten Morgen kam Phil, der ein Stück die Straße hinaufspaziert war, zurück und rief aufgeregt: »Hey Jungs, in einem Haus dort oben läutet ein Telefon!«

Phil und Jim gingen gemeinsam dorthin. Es gelang ihnen, in das Haus hineinzukommen, indem sie einen Riegel aufbrachen. Dort, an der Wand, hing ein klassisches altes schwarzes Telefon mit Drehkurbel und Sprechmuschel. So alt es auch war, es war ihre verzweifelt gesuchte Verbindung zur Zivilisation. Neben dem Telefon hing eine Liste mit dem Morse-Code, den man für die verschiedenen Teilnehmer auf der Insel brauchte, einschließlich der Polizei. Phil hob den Hörer ab und drehte energisch an der Kurbel. Am anderen Ende der Leitung antwortete jemand.

Kurze Zeit später und etwas ungläubig traf der Polizist Shane Godinet an dem Haus ein, wo er die vier schiffbrüchigen Segler vorfand. »Da stand er lächelnd in seiner Polizeimontur, mit Pullover und Stiefeln, und schüttelte den Kopf, während Jim Rick und mir immer wieder zurief: ›Wir haben es geschafft, Jungs.‹«

Shane Godinet schaute auf die ausgemergelten und heruntergekommenen Männer. Als ihm klar wurde, dass sie von der ROSE-NOËLLE kamen, sagte er nur: »Ich hätte nie geglaubt, dass ich jemals im Leben vier Geistern begegnen würde.«

Mein besonderer Dank gilt John Glennie, der mir bei dieser Geschichte half, und für seine Erlaubnis, Auszüge aus seinem Buch The Spirit of Rose-Noëlle – 119 Days Adrift: A Survival Story *zu verwenden.*

2

Mann über Bord

Man sagt, die Freude am Hochseesegeln sei eines der am besten gehüteten Geheimnisse der Welt, und wenn es je ein Ereignis gegeben hat, auf das diese Behauptung zutrifft, dann ist es ziemlich sicher das gut 627 Seemeilen lange Sydney–Hobart-Rennen. Es kann eine brutale Erfahrung sein – ein bisschen so, wie sich in einem riesigen Fass durch die Niagarafälle wirbeln zu lassen. Kurz, dieses Rennen wird seinem Ruf, die weltweit physisch und psychisch am meisten fordernde Wettfahrt über mittlere Distanz zu sein, durchaus gerecht.

Bei dieser Regatta können sich Dramen und lebensbedrohliche Situationen ereignen, weil die Strecke durch zwei der gefährlichsten und oft unberechenbaren Meeresregionen der Erde führt: die Tasmanische See und die Bass-Straße, eine seichte Meerenge zwischen dem australischen Festland und der Insel Tasmanien. Hinzu kommt eine schnelle Küstenströmung, und wenn das Wasser, das von dieser Strömung nach Süden getrieben wird, auf eine aus den eisigen Gebieten des Südlichen Ozeans nach Norden ziehende Sturmfront trifft, dann scheint die Hölle entfesselt zu sein – mit Wellen, die sich wie Klippen türmen, und Wellenkämmen, die wie mächtige Lawinen herabzustürzen drohen.

Trotz ihres abschreckenden Rufes gilt die alljährlich stattfindende Hobart-Regatta seit dem 26. Dezember 1945 bei allen Seglern der Welt als Non-Plus-Ultra, denn damals brachen erstmals neun Yachten unter den Augen der ganzen Nation zur ersten Wettfahrt dieser Art auf, die inzwischen zu den Klassikern zählt.

Unter den mehreren zehntausend Menschen, die in jenem Jahr den Hafen Sydneys säumten, um der Flotte beim Aufbruch nach Hobart zuzusehen, und allen, die damals den Verlauf der Regatta über Zeitungen und Radioberichte verfolgten, herrschte allgemeine Verständnislosigkeit, weshalb diese anscheinend wahnsinnigen Segler sich der Hochsee aussetzten und ihr Leben um eines Sports willen riskierten. Doch so unglaublich es auch scheinen mag: Die Hobart-Regatta hat in all den Jahrzehnten einen bemerkenswert hohen Sicherheitsstandard beibehalten, der sowohl auf die ausgezeichnete Seemannschaft der miteinander konkurrierenden Segler, die oft günstigen Wetterbedingungen auf einem Großteil der Strecke und die vermutlich strengsten Sicherheitsvorschriften unter den größten Regatten der Welt zurückzuführen ist.

1993 hätte die Sicherheitsbilanz leicht ins Abgrundtiefe stürzen können, als die aus 104 Yachten bestehende Flotte einem zyklonartigen Sturm entgegenzog, der vom Südlichen Ozean herantobte. Mit 986 hPa hatte sich ein tiefes und zudem extrem großes Tiefdruckgebiet entwickelt. Wie groß es war, sah man auf einer (damals) seltenen Satellitenaufnahme, die ein spiralförmiges Wolkenband über dem Großteil der Tasmanischen See zeigte, das sich von der Küste Queenslands bis Neuseeland und zurück nach Tasmanien ausdehnte. Und das Auge des Sturms lag ausgerechnet über der Bass-Straße! Einen nächsten ähnlichen Sturm gab es erst wieder bei der Regatta 1998, und der hatte wirklich fatale Auswirkungen. Dennoch war die Lage 1993 ziemlich ähnlich.

Damals kamen nur 38 Yachten in Hobart an. Die Gegebenheiten waren so hart, dass noch nicht einmal die Maxiyachten die ganze Strecke schafften. Zum ersten Mal überhaupt sanken zwei Rennyachten, und ihre völlig durchweichten Crews konnten aus Rettungsinseln geborgen werden. Wirklich atemberaubend aber war die Geschichte des an ein Wunder grenzenden Überlebens eines der Eigner der beiden Yachten:

In der zweiten Nacht auf See, direkt vor Mitternacht, überwältigte ein unglaublich gewaltiger Brecher von mehr als 10 Metern

Höhe die 35-Fuß-Sloop MEM. Die unglaubliche Kraft des über die Yacht hereinbrechenden Wassers legte die Yacht auf die Seite und schleuderte den Eigner, John Quinn, über Bord in den wild tosenden Ozean. Er hatte zu dieser Zeit am Ruder gestanden und trug nur einen Sicherheitsgurt, der an einer Halterung im Cockpit der Yacht festgemacht war. Aber die Ruckbelastung, die auf diesen Sicherheitsgurt einwirkte, als sein Körper ins Wasser eintauchte und abgebremst wurde, während die Yacht voranpreschte, war so stark, dass das Gurtband wie ein trockener Zweig abriss.

Als Quinn wieder an die Oberfläche zurückkam, erkannte er sofort mit Grauen, dass er wegen seines gerissenen Gurtbands nicht mehr mit der Yacht verbunden war. Und, als schreckliche Krönung des Ganzen, sah er, umgeben von Dunkelheit und tosender See, das weiße Licht am Heck der MEM in der Ferne verschwinden. In dem Wissen, dass er dieser Hölle nur mit eigenem Zutun entrinnen konnte, tat er sofort alles, um über Wasser zu bleiben, während seine Crew die Yacht wenden und die Suche einleiten würde. Glücklicherweise hatte Quinn viele Jahre Erfahrung mit Hochseeregatten (er hatte bereits 13 Hobart-Rennen mitgemacht), weshalb er übergroße Seestiefel trug, die er leicht abstreifen konnte. Wäre das nicht so gewesen, hätte er genauso gut Ziegelsteine an seinen Füßen tragen können.

Inzwischen hatte die MEM umgedreht und fuhr auf die Stelle zu, wo Quinn über Bord gegangen war. Die schockierte Crew suchte die Dunkelheit so gründlich mit den Augen ab, wie nur irgend möglich. Sie versuchte verzweifelt ihren Skipper zu finden, aber die See war so rau und es war so dunkel, dass sie nicht genau wussten, wo sie suchen sollten. Einmal kam die Yacht bis auf 200 Meter an ihn heran. Aber obwohl Quinn sie sah, war es der Crew unmöglich, ihn in diesem Mahlstrom zu entdecken. Auch seine Panikschreie verhallten ungehört – und die Küste war 50 Seemeilen entfernt.

Weil die Crew bereits ein »Mayday« abgesetzt hatte, änderten die Yachten in ihrer Nähe innerhalb von Minuten den Kurs und machten sich daran, bei der Suche zu helfen. An Land hatten die

Organisatoren der Regatta, die auch wussten, welches Drama ablief, eine noch größere Suche gestartet und die gesamte Handelsschifffahrt in der Nähe aktiviert. Dennoch war jedem klar, der bei der Suche nach Quinn half, dass es unter so unglaublich schrecklichen Bedingungen eigentlich keine Überlebenschancen gab. Hinzu kam, dass die Mannschaften der an der Suche beteiligten Yachten ebenfalls großer Gefahr ausgesetzt waren. Denn sie mussten sich etwa alle 15 Minuten mit Riesenwellen von mehr als 12 Metern Höhe herumschlagen, die sich, gekrönt von einem mächtigen aufgepeitschten Kamm weißer Gischt, fast vertikal aufbäumten.

Nach vier Stunden ergebnisloser Suche wurde es immer wahrscheinlicher, dass Quinn tot war: Die Funktionäre diskutierten sogar schon darüber, einen Nachruf auf ihn zu schreiben.

Zu dieser Zeit aber war Quinn, unterstützt durch den Auftrieb seiner leichten Rettungsweste und seinen unglaublichen Überlebenswillen, noch immer am Leben. Fast zu seinem eigenen Erstaunen konnte er eine Technik entwickeln, mit der es ihm gelang, durch jede anrollende Welle zu tauchen, die ihn zu verschlingen drohte, so ihrer vollen Wucht zu entgehen und wild nach Luft ringend auf der anderen Seite wieder herauszuschießen. »Das einzige Mal, dass mich dabei wirklich ein wenig Verzweiflung packte, war direkt am Schluss, und das auch nur sehr kurz«, sagte Quinn. »In diesem Stadium ließ der Auftrieb der Rettungsweste immer weiter nach, und ich begann Wasser zu schlucken und müde zu werden.«

Dann geschah es: »Etwas später war ich gerade oben auf dem Kamm einer großen Welle und sah ... den herrlichsten Weihnachtsbaum, den ich je gesehen hatte – ein verdammt großes Schiff, mit allen Lichtern an und es bewegte sich im Zeitlupentempo auf mich zu.«

Durch eine außergewöhnlich glückliche Fügung hatte sich der Öltanker AMPOL SORREL etwa 30 Meilen von der Position der MEM entfernt befunden, als Quinn über Bord ging. Kaum hatte der Kapitän das »Mayday« gehört, änderte er sofort den Kurs und machte sich daran, das Gebiet abzusuchen. Scharfsinnigerweise war er davon ausgegangen, dass es das Beste sei, mit dem Schiff genau die Position anzusteuern, wo Quinn verloren gegangen war, dann die Maschinen abzuschalten und mit dem Wind dorthin zu treiben, wohin Quinn vermutlich bei diesen Bedingungen treiben würde.

Dann beorderte er die gesamte verfügbare Besatzung auf die Brücke als den höchsten Punkt der Aufbauten am Heck. Dort wurden die mächtigen Scheinwerfer der AMPOL SORREL angeschaltet, sodass die Mannschaft die vom Sturm aufgewühlte See absuchen konnte. Zur gleichen Zeit wurden vier der Rennyachten, die sich an der Suche beteiligten, aufgefordert, sich hinter dem Schiff einzureihen und mit ihm zusammen zu driften.

Quinns Glücksgefühl, das in ihm beim Anblick des Schiffs aufkeimte, verschwand rasch, als er ihm klar wurde, dass die riesigen Wellen das Schiff von ihm weg trieben. Bis zu diesem Zeitpunkt hatte er bereits mehr als fünf Stunden unter schrecklichsten Bedingungen überlebt, und nun war seine einzige Überlebenschance dabei zu verschwinden.

»Ich glaubte, dass das Schiff ohne mich zu sehen an mir vorbeiziehen würde, denn es trieb schräg mit der Strömung, und das Heck, wo alle Ausschauhaltenden auf der Brücke versammelt waren und von wo die Suchscheinwerfer herumleuchteten, war am weitesten von mir entfernt.

Gerade als mich die Hoffnung zu verlassen begann, wurde das Heck von einer großen Welle erfasst und seitlich in meine Richtung geschoben. Plötzlich befand sich das Schiff direkt vor mir, nur wenige Meter entfernt, und ich begann mir die Lunge aus dem Leib zu schreien. Ich brüllte: ›Hey, hey, hey.‹

Brent Shaw, der den Suchscheinwerfer bediente, hörte mein Brüllen und entdeckte mich. Er war einfach großartig. Sofort richtete er den Suchscheinwerfer direkt auf mich und schrie: ›Ich hab' dich. Ich kann dich sehen.‹«

Shaw hielt den Suchscheinwerfer voll auf Quinn, während die Crew der Rennyacht ATARA, die sich direkt hinter dem Heck des Tankers befand, die Meldung erhielt, dass das Ziel, also Quinn, im Wasser sei, genau dort, wo der Lichtstrahl auf das Wasser traf.

Die ATARA fuhr schnellstens dorthin, und tatsächlich fanden sie den erschöpften Quinn, der sein Glück kaum zu fassen wagte. Aber die Umstände waren so ungünstig, dass ihn die Crew nicht an Bord ziehen konnte. Also legten zwei Leute der Mannschaft Sicherheitsgurte an, sprangen ins Wasser und banden eine Leine um ihn herum. Dann zogen die anderen an Deck ihn seitlich zum Boot heran und holten ihn herauf.

Quinn war nicht nur unterkühlt, sondern hatte auch, insbesondere im Gesicht, schwere Verbrennungen von Portugiesischen Galeeren erlitten. Unter Deck wurde er sofort aus seiner nassen Kleidung geschält und in eine Koje gelegt. Die Mannschaft wusste, dass ein menschlicher Körper am schnellsten mit der Körperwärme eines anderen aufzuwärmen ist. Deshalb legte sich einer nach dem anderen zu ihm und umschlang ihn.

Die Anstrengung der ATARA-Crew während der Such- und Rettungsaktion erhielt große Anerkennung, weil, wie sich später herausstellte, auch sie sich in Not befunden hatte. Denn kurze Zeit bevor Quinn über Bord gegangen war, war sie bereits in Richtung Küste unterwegs gewesen, weil ihr Mast gebrochen war und sie schweren Schaden am Rumpf erlitten hatte. Die Bruchstücke des Mastes hatten ein Loch in den Rumpf gebohrt und das Deck nach innen gewölbt. Um das Schiff zu retten, hatte man dort, wo der Schaden aufgetreten war, die Kojen herausgerissen, und sechs der zwölf Mann Besatzung pressten sich mit dem Rücken gegen die Segelsäcke, die sie in den beschädigten Bereich hineingequetscht hatten, um zu verhindern, dass der Rumpf einbrach.

Das brachte einen von der Mannschaft dazu, mit Quinn zu scherzen, dass, obwohl er gerettet sei, es durchaus noch eine Chance gebe, dass die ATARA die Küste nicht erreichen werde. »Ist dir klar, dass du vielleicht noch ein zweites Mal gerettet werden musst?«, fragte ihn der Mann von der Crew.

»Nein«, antwortete Quinn. »Aber wenn ich gewusst hätte, dass das Rettungsfahrzeug sinkt, wäre ich nicht an Bord gegangen.«

Zwischen diesem Vorfall und der ersten Hobart-Regatta 1945 gibt es eine merkwürdige Verbindung. Denn Harry, der Vater von John Quinn, hatte die Yacht RANI von Kapitän John Illingworth gekauft, kurz nachdem sie diese erste Regatta gewonnen hatte. Etwas später nahm er auf dieser RANI John und zwei Freunde der Familie zu einem Angelausflug nach Port Stephens, 90 Meilen nördlich von Sydney, mit.

Während sie sich dort aufhielten, zog ein Sturm auf, weshalb sie die Yacht vor der verlassenen Broughton-Insel vor Anker legten und an Land gingen, um die Nacht in einer alten Fischerhütte zu verbringen. Unglücklicherweise slippte der Anker der RANI in dieser Nacht und die Yacht strandete an der Küste wenige Meilen entfernt. Als das Wrack gefunden wurde, gab es kein Zeichen von Überlebenden, und man befürchtete das Schlimmste. Aber bei der Suche aus der Luft entdeckte man die vier schließlich auf Broughton Island. Aber das Wetter war so schlecht, dass sie weitere vier Tage warten mussten, bis sie mit einem Boot gerettet werden konnten.

3

Ein legendärer Flieger
und todesmutiger Seefahrer

Keith Thiele hat dem Tod vermutlich öfter als jeder andere auf Erden getrotzt. Wäre er eine Katze, würde er erzählen, dass er mindestens 40 Leben habe, tatsächlich aber befand er sich in mehr als acht Jahrzehnten unzählige Male auf der Scheidelinie zwischen Leben und Tod, sowohl in der Luft als auch auf offener See.

Inzwischen ist er 88 Jahre alt und die Geschichte seines Lebens enthält einige unwahrscheinlich heldenhafte, fast unglaubliche Taten als Kampfbomberpilot im Zweiten Weltkrieg. Die letzten 35 Jahre seines bereits zuvor abenteuerlichen Lebens verbrachte er unter Segeln, wobei es mehr als eine Situation gab, in der es so aussah, als würde er nicht mehr an Land zurückkehren.

Keith Thieles facettenreiche Geschichte entspricht seinem starken Charakter. Zudem ist sie hoch spannend und aufregend.

Sie begann 1939, als er mit 18 Jahren zur Royal New Zealand Air Force ging, um sich für den Zweiten Weltkrieg zum Piloten ausbilden zu lassen. Am Ende des Krieges gab es keinen Zweiten in der RNZAF, der so hohe Auszeichnungen, sowohl als Bomberpilot als auch als Jagdflieger, erhalten hatte: Keith Thiele erhielt sowohl den »Distinguished Service Order« als auch das »Distinguished Flying Cross« mit zwei Streifen. Diese Auszeichnungen sind nicht nur Anerkennung seines erstaunlichen Könnens, sondern auch ein Dank der großen Anzahl alliierter Flieger, die es Keith Thiele zu verdanken haben, dass sie am Ende des Krieges noch immer am Leben waren – dem außergewöhnlichen Piloten, der, kaum zu glauben, mehr als 50 Bomberangriffe über Europa überlebte.

Dem Ende des Krieges folgte eine Laufbahn in der zivilen Luftfahrt. Dann wandte er sein Leben dem Hochseesegeln zu, durchquerte zwölf

Mal die gefürchteten Wasser der Tasmanischen See zwischen Neuseeland und seiner Wahlheimat Australien, davon drei Mal einhand. Als ihn dann vor wenigen Jahren das Alter doch einholte und er zum letzten Mal an Land ging, hatte er entlang der australischen Küste, um Neuseeland herum und zu den Inseln im Südpazifik mehr als 200 000 Seemeilen zurückgelegt.

Sowohl in der Luft als auch auf See bewies er so außergewöhnliches Geschick, durchsetzt mit Draufgängertum, Kühnheit und Heldenhaftigkeit, dass er es schaffte, trotz allem zu überleben. Aber wenn man ihn nach dem Schlüssel zu seinem langen Leben fragt, antwortet er bescheiden, dass die einzige Möglichkeit, in der heutigen Zeit jung zu bleiben, sei, viel zu lachen, damit die Endorphine fließen – und »dafür zu sorgen, sich so oft wie möglich vor Angst in die Hosen zu scheißen, damit das Adrenalin sprudelt.«

Derselbe Mann hat aber auch einen großen Schalk im Nacken: Er ist ein sehr erfolgreicher und unterhaltsamer Witzbold, allerdings auf nicht kränkende Art. Ihm geht es nur darum, Menschen zum Lachen zu bringen. Seine Geschichte kann einzig und allein er selbst erzählen. Sie beginnt mit seiner Zeit in der Royal New Zealand Air Force:

Ich wurde im Februar 1921 in Christchurch geboren, und nach dem Ende meiner Schulzeit wurde ich Juniorreporter bei der örtlichen Zeitung, dem Christchurch Star. Als dann der Krieg ausbrach, hatte ich nur ein Ziel: Ich wollte Pilot bei der RNZAF werden, obwohl ich noch nie geflogen war. Mein Interesse am Fliegen wurde an jenem Tag geweckt, als ich auf mein Fahrrad sprang, zum örtlichen Flugplatz hinausfuhr und Charles Kingsford Smith nach der Überquerung der Tasmanischen See landen sah.

1939 meldete ich mich freiwillig, musste aber noch ein Jahr zur Abendschule gehen und lernen, bevor sie mich annahmen. Als ich endlich aufgenommen und entsprechend ausgebildet war, wurde ich sofort als brandneuer Fliegeroffizier nach Europa geschickt, später wurde ich dann Hauptmann der Luftwaffe. Zu Beginn flog ich Wellington-Bomber, auf halbem Wege dieser ersten Einsatzzeit wechselte ich dann auf Halifax-Bomber über.

Der zweite Abschnitt dauerte nur zwei Jahre, und am Ende meiner 30 Bombereinsätze über Europa war ich der einzige Pilot, der alles überstanden hatte. Alle anderen waren irgendwann abgeschossen worden.

Traurigerweise war dies aus jenen furchtbaren Gründen eine Zeit der schnellen Beförderung, eine, in der man, wie man damals sagte, »in die Stiefel toter Männer stieg«. Innerhalb kürzester Zeit wurde ich Geschwaderführer, und dann, zu meinem Bedauern, machte man mich zum Ausbilder, anscheinend weil ich ein hohes Maß an Talent dafür zeigte. Ich fand aber sehr schnell heraus, dass ich es hasste. Es war nicht das, was ich eigentlich wollte. Also ging ich zum Fliegen zurück, musste aber den Rang abgeben und wieder Hauptmann werden, weil es für einen Geschwaderführer keine Einsatzverwendung gab. Schließlich landete ich bei der »Australian 467 Squadron«, die damals auf der Bottesford Air Base in Nottinghamshire zusammengestellt wurde. Dort wurde ich dann doch Geschwaderführer. Wir flogen Lancaster-Bomber über Europa, und dabei bekam ich auch die meisten Schläge auf die Mütze. Sie waren dergestalt, dass ich zwar getroffen wurde, aber das Flugzeug immer noch in der Luft halten konnte.

Einer der Einsätze des Geschwaders galt einem Trockendock in Kiel, mit einem großen Schiff darin. Kurz nachdem wir gestartet waren, entschied das Bomberkommando am Boden, den Einsatz wegen schlechten Wetters in Kiel abzubrechen. Leider kam diese Nachricht bei meinen Funker nicht an, und wir flogen einfach weiter. Am Schluss waren wir das einzige der beiden weitergeflogenen Flugzeuge, das Kiel erreichte. Dort bombardierten wir den Standort und zerlegten das Schiff in Stücke.

Bei den letzten beiden Einsätzen über Europa kam ich gerade mal mit zwei der vier Motoren zurück. Beim ersten dieser Einsätze musste ich auf einem Rad landen, weil die Hydraulik ausgefallen war, beim zweiten konnte ich wegen einer Kopfverletzung nur noch eine Bruchlandung hinlegen. Zudem war das Flugzeug völlig durchsiebt. Durch das Feuer vom Boden und die Angriffe feindlicher Flugzeuge sah es mehr aus wie Schrott denn wie ein Flugzeug. Das waren meine Einsätze 19 und 20.

Bei einer anderen Gelegenheit hatte ich keine andere Wahl, als meine Lancaster nach der Rückkehr in England in der Nacht in falscher Richtung auf der Piste aufzusetzen, weil wir so schwer beschädigt waren, dass ich keine Kurve mehr fliegen konnte, um sie richtig herum zu landen. Ich meldete mich bei der Bodenstation und sagte ihnen, was ich vorhatte. Leider erwartete mich beim Landen eine Überraschung – eine zweite Lancaster auf der Piste. Ich krachte frontal in sie hinein, aber unglaublicherweise brach kein Feuer aus und beide Besatzungen blieben unversehrt.

Vor jedem Einsatz über Europa gab es eine besondere Tradition, die darin bestand, dass die Besatzung vor dem Abflug in die Kantine ging, wo jeder ein Ei erhielt. Man hatte die Wahl, es entweder gleich zu essen oder nach der Rückkehr. Als ewiger Optimist wollte ich meines immer erst nach der Rückkehr essen, weil dann der Genuss größer wäre.

Mein Wunsch war immer, Kampfflugzeuge zu fliegen. Aber als ich zum ersten Mal zu einem Kampfflugzeuggeschwader wollte, wurde ich von Sir Arthur Harris, auch Bomber Harris oder in Fliegerkreisen »Butcher« Harris genannt, ausgebremst. Stattdessen wies man mich an, das Staudammbrecher-Geschwader von »Dambuster« Guy Gibson zu übernehmen. Das war gerade nachdem Gibson das VC (Victoriakreuz) erhalten hatte, und als ich bei ihm vorbeischaute, war ich voll der Erwartung, dass er mir erklären würde, was zu tun sei. Aber als ich hereinkam, verrieten mir die drei Mädels vom WAC (Women's Army Corps), dass es eine Planänderung gegeben hatte. Ich war nicht für das Geschwader, sondern für die Kampfflugzeuge eingeteilt. Was war ich glücklich!

1943 begann ich Spitfires zu fliegen, mit Ausflügen über Frankreich und Schifffahrtspatrouillen entlang der Küste. Am D-Day hatte ich Einsatz über dem Landekopf. Es war ein herrliches Fliegen.

Für uns Spitfirepiloten entstanden neue Herausforderungen,

als die Deutschen die düsengetriebene V-1-Rakete erfanden, den »Brummkäfer«. Wir flogen Patrouille und hielten nach diesen Raketen Ausschau, aber die waren so schnell, dass wir sie nicht einholen konnten. Es gab nur eine Möglichkeit: Wir mussten auf 8000 Fuß steigen und dann im Sturzflug auf sie hinabstechen. Ich glaube, dass ich zwei davon erledigt habe. Aber in so einer Situation ist das nicht so genau zu erkennen.

Nach der Spitfire flog ich Mosquitos und ging dann zu einer Tempest-Staffel, die in Holland stationiert war. Auch dort hatten wir einsitzige Flugzeuge, und meist waren Züge unser Ziel. Wir haben eine Unmenge von denen erledigt. Es war keine große Sache, sieben von ihnen pro Tag von den Gleisen zu blasen. Aber eines Tages im Februar 1945 brachte mir eines dieser Ziele Unheil. Wir vier hatten schon sechs Züge erledigt, als wir einen weiteren aufspürten, der die Gleise entlangschlich. Meine Munition war fast verbraucht, aber ich hatte einen neuen Burschen dabei, der seine Kanonen noch nicht oft abgefeuert hatte. Deshalb meinte ich, ich sollte mit ihm hinunterstechen, sodass er auf den Zug feuern und zusätzliche Erfahrungen sammeln konnte.

Ich befahl den anderen beiden Kerlen, über uns zu bleiben und uns Deckung zu geben, stieß hinab und machte mich an den Zug ran. Als ich tiefer kam, bekam ich den Eindruck, dass die Gegend ziemlich stark verteidigt war, denn da waren Erdwälle um den Bahnhof und die Abstellgleise – und so war es denn auch. Was ich nicht gesehen hatte, war ein gut getarnter Flak-Zug, der auf einem Nebengleis stand, um das Gebiet vor Luftangriffen zu schützen.

Wir griffen den Zug an, als er in den Bahnhof fuhr, und trafen ihn auch, aber als wir wieder hochzogen, hörte ich nur »Rumms!« – einen Riesenknall – und dann war es völlig still. Plötzlich schwebte so etwas wie Ruß im Cockpit herum, ich schaute nach unten und sah, wie meine Stiefel von gelben Flammen umzüngelt waren. »Zum Teufel, bloß weg von hier!«, dachte ich, aber ich hatte keinen Motor mehr, also zog ich die Maschine so hoch wie es ging – auf etwa 800 Fuß –, und dann machte ich einen dummen Fehler, wodurch ich ein wenig angesengt wurde. Ich zog den Hebel meiner Kabinenhaube, sodass sich die Seitentür des Cockpits öffnete, rollte das Flugzeug so auf die Seite, dass ich praktisch aus der Tür fallen konnte. Aber ich vergaß meine Sicherheitsgurte zu lösen, sodass mein ganzes Gesicht angesengt wurde, als die Kabinentür sich öffnete und das Cockpit sich in ein Flammenmeer verwandelte. Es gelang mir dann, die Sicherheitsgurte zu lösen und abzuspringen. Ich wusste, dass ich die Reißleine meines Schirmes ziehen musste, weil ich so nah über dem Boden war. Der Schirm öffnete sich mit einem Knall, ich pendelte einmal unter ihm und schlug dann auf dem Boden auf.

Ich landete direkt neben dem Bahnhof, wo 200 Leute auf den Zug warteten, den ich gerade zerschossen hatte. Qualm und Dampf stiegen auf, und die Schienen waren sicher eine Woche lang blockiert, bevor wieder ein Zug fahren konnte. Die Burschen von der Flak, die mich gerade heruntergeholt hatten, kamen gelaufen und packten mich. Sie brachten mich zu ihrer Truppe, aber dafür mussten wir über die Gleise und den Bahnsteig, wo eine sehr wütende Menschenmenge auf mich losgehen wollte, weil ich ihren Zug demoliert hatte. Als wir auf den Bahnsteig kamen, rannte der Bahnhofsvorsteher heraus und wollte mir in die Eier treten, aber die Typen von der Luftwaffe schlossen sich eng um mich zusammen und brachten mich irgendwie durch.

Als wir bei ihrer Stellung ankamen, litt ich Höllenqualen: Mein Gesicht war mit Brandwunden übersät und zugeschwollen. Bald danach befand ich mich in einem Gefangenenlager in Frankfurt, wo ich in Einzelhaft kam und eine Woche lang scharf verhört wurde. Nicht lange nach meiner Ankunft in dem Lager wurde deutlich, dass die Alliierten immer näher rückten und dass die Deutschen auf der Flucht waren. Als sie abhauten, ließen sie 16 von uns zurück, unter der Aufsicht von zwei alten deutschen Wachmännern, weil wir nicht transportfähig waren: Ich hatte immer noch erhebliche Brandwunden und noch dazu eine schwere Mandelentzündung. Einer meiner Mitgefangenen,

Terry Spencer (der später der offizielle Fotograf der Beatles wurde), teilte mit mir die Besorgnis, dass sich die SS vor der britischen Armee zurückziehen könnte. Wenn die SS bei uns vorbeikäme, wären wir ein wenig in Schwierigkeiten. Also planten wir zu fliehen. Es gelang, und sogleich machten wir uns in die Stadt auf, um ein Auto zu klauen und an die britische Front zu fahren. Wir fanden aber keines, also gingen wir zu einem Gehöft und beschafften uns stattdessen dort ein Motorrad.

Ich hatte einen Knopf am Hemdkragen, in dem ein Kompass verborgen war. Den benutzten wir, um sicher zu sein, dass wir uns nach Westen bewegten. Glücklicherweise war es mir gelungen, den Knopf zwischen den Zehen zu verstecken, als wir im Gefangenenlager durchsucht wurden. Er war unsere Rettung. Wir wollten nach Köln, etwas weiter als 100 Meilen entfernt, das sich damals in den Händen der Briten befand. Auf den Straßen drängten sich die Flüchtlinge, und es gab ein großes Durcheinander, weil viele Brücken auf dem Weg gesprengt worden waren. Schließlich aber hatten wir uns nach Köln durchgeschlagen, doch da mussten wir feststellen, dass die Stadt nur zur Hälfte von den Briten besetzt war, und diese Hälfte lag auf dem gegenüberliegenden Ufer des Rheins. Damals wussten wir noch nicht, dass wir auf unserer Flucht dreimal die deutsche Front überquert hatten. Wir fuhren auf eine Kreuzung, und dort stand ein Kerl der amerikanischen Army, der den Verkehr regelte. Wir fragten ihn, wo wir seien. Er sagte nur: »Weiß ich nicht, aber es kommt bald ein Konvoi durch.« Und die Yankees kamen auch wirklich. Anfänglich hatten sie zwar nicht viel mit uns im Sinn, weil sie dachten, dass wir vielleicht Spione seien, bis sie zur Kenntnis nahmen, dass ich Staffelführer war, also waren wir okay. Sie borgten uns einen Jeep, und wir fuhren zurück zum Hauptquartier. Dort kamen wir etwa um 6 Uhr abends an und fanden sie alle in der Kantine, »um Futter zu fassen«. Wir marschierten hinein und steuerten den Staffelführer an. Ich tippte ihm auf die Schulter und sagte »Gib mir einen aus!« Es war ein großartiges Wiedersehen.

Als der Krieg vorüber war, bekam ich 1946 eine Anstellung in England als Pilot bei einer Charterlinie, London Aero & Motor Services, und ich transportierte anfänglich Lebensmittel zwischen Indien und Mekka. Eines Abends, zurück in London, saßen wir alle bei einem Glas im Pub zusammen, als mein Chef vorbeikam und mir erzählte, dass er drei Flugzeuge nach Australien bringen und Down Under eine Basis aufmachen wollte. Wir hatten schon eine Basis in Südafrika, und der Plan für dieses neue Geschäft in Australien bestand darin, geschlachtete Rinder aus dem Outback nach Adelaide zu fliegen, von wo aus sie exportiert werden sollten. Er erklärte mir, dass er eines der in England stationierten Flugzeuge nach Australien überführen wollte. Ich meldete mich für den Job, und tatsächlich machte er mich zum Chefpiloten dieses neuen Geschäfts.

Wir waren der Meinung, dass es für uns am besten sei, entgegen den vorherrschenden Winden von Ost nach West zu fliegen. Es wurde – wenig überraschend – ein ziemlich schrecklicher Trip: Wir hätten uns besser vorbereiten sollen. Wir flogen zunächst nach Schottland hinauf und dann hinüber nach Island, wo wir Motorprobleme bekamen und einige Wochen lang festsaßen. Von dort aus waren es etwa 1700 Meilen über den Ozean nach Gander auf Neufundland. Alles ging reibungslos bis fast zu dem Punkt, von dem aus man gerade noch nach Island zurückkehren konnte. Dort kam uns eine unglaubliche Wand schlechten Wetters entgegen, ein wilder Sturm, wie ich keinem in all den Jahren meiner Fliegerei begegnet bin. Sie erhob sich geradewegs vom Meer, so hoch hinaus, wie man sehen konnte. Mir blieb nichts anderes, als zu versuchen, über sie hinaufzusteigen. Aber wir waren nicht mit Sauerstoff ausgerüstet, und in 30 000 Fuß Höhe hatten wir noch immer nicht die Oberkante des Unwetters erreicht; so blieb mir als einzige Möglichkeit nur noch, in sie hineinzutauchen. Prompt überzog sich das Flugzeug mit Eis, also stießen wir weiter hinunter, um auf eine Höhe zu kommen, in der wir das Eis loswürden. Wir alle zogen unsere Schwimmwesten über, weil wir keine Ahnung hatten, wie die Sache enden würde. Es war unglaublich, aber in gerade noch

600 Fuß Höhe brachen wir aus dem Sturm hinaus und flogen in leichten Regen hinein, gerade genug, um das Eis von unseren Tragflächen zu waschen. Wir blieben auf 600 Fuß, weil wir uns nicht wieder in Eisgefahr bringen wollten, aber das bedeutete, dass wir noch länger bis Gander brauchen würden. Dann stellte sich heraus, dass mein Funkgerät nicht geeignet war, mit Gander zu kommunizieren, und so konnte ich dem Tower nicht ankündigen, dass wir zum Landen hereinkämen. Beim ersten Überflug konnte ich den Windsack am Flugfeld sehen, deshalb entschied ich mich einfach, nach einer Platzrunde zu landen. Aber so leicht war das nicht. Bei den ersten drei Landeanflügen verfehlte ich die Landebahn. Also blieb mir nur die Möglichkeit, aus größerer Höhe anzufliegen und zu sehen, wie ich von dort klarkam. Diesmal klappte es. Aber als wir am Boden angekommen waren, erkannte ich, warum ich so große Schwierigkeiten gehabt hatte, hereinzukommen: Der Wind blies mit etwa 80 Knoten, so hart, dass der Bursche im Tower nicht heraus konnte, weil der Sturm die Tür zuhielt. Es war eine rundum schreckliche Tour, aber wir hatten verdammt viel Glück, dass wir es bis hier geschafft hatten.

Unser nächster Stopp war ein weiteres Schlamassel. Ursprünglich hatten wir geplant, dass er in New York sein sollte, aber wir wurden nach Boston umgeleitet. Als wir dort ankamen, war das Wetter schon wieder grauenhaft, und der Tower wies uns an, auf 9000 Fuß Höhe zu bleiben, der darunter eingeordneten Flugzeuge wegen, die noch zu landen versuchten. Ich teilte den Yanks im Tower mit, dass ich nur ein Funkgerät zur Verfügung hätte und dass ich nicht in der Lage sei, die anderen Kanäle zu überwachen. Sie weigerten sich aber, das zu glauben. Nach einer Stunde Herumkreisen reichte es mir. Es sah fast so aus, als wollten sie mich ignorieren. Ich teilte ihnen also mit, dass ich einfach über der See in den Sinkflug gehen werde, um den Flughafen unter den Wolken sehen zu können, und dann würde ich hereinkommen. Sie wussten nicht recht, was sie damit anfangen sollten, und so kamen wir denn nach unten. Als wir gelandet waren, stellte sich heraus, dass wir das erste ausländische Flugzeug waren, das auf ihrem Flugplatz gelandet war. Die ganze Erkundung einer möglichen Ost-West-Route nach Australien um die Welt herum wollte sich irgendwie nicht als erfolgversprechend darstellen.

Und tatsächlich erwies sich die geplante Unternehmung in Australien als Fehlschlag. Sie sei einfach nicht zu verwirklichen, meinte der Chef, der mitgekommen war. Er entschied, dass dieselbe Mannschaft das Flugzeug zurück nach England bringen sollte. Um die Kosten zu decken, ließ der Chef sechs Tonnen Schweineschmalz in das Flugzeug laden. Das Zeug sollte nach unserer Landung in England verkauft werden. Ich sagte ihm, dass sechs Tonnen zu viel für das Flugzeug seien. Wir würden die vor uns liegenden Langstrecken nicht schaffen, insbesondere den Abschnitt von Darwin nach Surabaya in Indonesien. Er aber bestand darauf, dass wir es versuchten. Nun denn, die Tatsache, dass wir überladen waren, zeigte sich schon, als wir uns daran machten, von Sydneys Mascot Airport abzuheben. Ich hatte Glück, dass sie immer noch die alten Eisenbahnschienen quer durch die Piste liegen hatten, denn der Abstoß, den sie uns verpassten, als wir auf der Startbahn beschleunigten, reichte gerade, um uns abheben zu lassen. Wir hatten sogar Schwierigkeiten, über die Blue Mountains wegzukommen und mussten zwei Mal zum Auftanken zwischenlanden, bevor wir Darwin erreichten. In Darwin angekommen, hatte ich genug von der Überlast und bestand darauf, zwei Tonnen Schweineschmalz dort zu lassen. Wir kippten es ins Gebüsch am Rand des Flugfeldes. Wahrscheinlich ist es immer noch dort und die Leute fragen sich erstaunt, was das ist und wie es dort hingelangt ist!

Es war ein Trip mit vielen Überraschungen, insbesondere, als wir auf dem Weg nach Karachi informiert wurden, dass der Flugplatz wegen Sturzregens geschlossen war. Das bedeutete, dass wir nach Bahrain ausweichen mussten. Aber das einzige Willkommen, das wir nach unserer Landung erhielten, war, dass die Behörden das Flugzeug beschlagnahmten und unsere Pässe einkassierten. Schließlich gelangten wir, mit unseren verbliebenen vier Tonnen Schweineschmalz, nach London und wurden zur ersten Crew, die ohne Ablösung von Ost nach West um die Erde geflogen war.

Nachdem ich diese Erfahrungen hinter mir hatte, bekam ich eine Stelle als Pilot eines umgebauten Halifax-Bombers und flog Emigranten von Europa nach Australien. Danach war ich einer der Pioniere des Lufttransports von frischen Landwirtschaftsprodukten zwischen Australien und Neuseeland.

In den späten 1940er-Jahren ging ich zu Quantas, nahm die australische Staatsangehörigkeit an und heiratete in Sydney. Ich wurde gleich Flugkapitän auf Lancasters und flog über die Tasmanische See nach Neuseeland und nach Japan. Während des Koreakrieges flog ich Truppen und Ausrüstung dorthin.

Ein herrliches Leben! Es war großartig, die alte Super Constellation und die DC-4 zu fliegen. Für uns war es, wie von Party zu Party zu hopsen, wobei Quantas die Flugzeuge und manchmal auch die Mädchen bereitstellte, die es gerade so wie wir genossen. All das war vorbei, als sie 1962 Düsenflugzeuge in ihre Luftflotte holten. Drei Jahre später und mit 18 000 Flugstunden hinter mir, davon 1600 im Krieg, hörte ich mit dem Fliegen auf, weil ich es langweilig fand, Düsenflugzeuge zu fliegen. Mit Düsenflugzeugen hast du ein paar Sekunden harte Anspannung beim Start und ebenso bei der Landung, und das ist es dann. Die schwierigste Aufgabe zwischen Start und Landung besteht darin, wach zu bleiben. Ein paar Mal auf einem solchen Flug passierte es, dass ich nach einer Pause ins Cockpit zurückkam und die ganze Mannschaft schlafend vorfand. Da habe ich einfach hinübergelangt und den Feueralarm ausgelöst – schlagartig waren sie wach.

Als ich nun aus den Luftliniendiensten ausgeschieden war, beschloss ich, zusammen mit einem anderen pensionierten Quantas-Piloten ein Geschäft am Hafen zu gründen. Wir kauften einen ziemlich heruntergekommenen hölzernen Bootsschuppen an der Spit, am Middle Harbour von Sydney, direkt neben der

Spit Bridge. Er kostete uns 22 500 Dollar, und wir bauten dort den ersten schwimmenden Yachthafen Australiens.

Das Ganze hielt bis 1974, dann stießen wir die Marina ab. Kurz zuvor hatte ich mir eine erstklassige kleine 31-Fuß-Yacht gekauft, die CADENCE, die 1966 das Rennen Sydney–Hobart gewonnen hatte. Sie war eine robuste Doppelender-Sloop aus Holz mit einem Glasfaseraufbau, der wie eine Blase aussah. Ich hatte mich bereits entschlossen, mein Leben als Hobbysegler weiterzuführen. Vielleicht rührt das daher, dass ich seit meinem 19. Lebensjahr fast unablässig in der Welt umhergeschweift war.

1975 war die CADENCE zu ihrer ersten Ausfahrt bereit, und so schnappte ich mir einen Segelkameraden und wir brachen zur Lord Howe-Insel auf, 400 Seemeilen ostnordöstlich von Sydney. Der Hinweg verlief ereignislos, und wir verbrachten eine vergnügte Zeit auf der Insel. Aber auf dem Rückweg sah die Sache völlig anders aus.

Vielleicht lag es daran, dass ich die CADENCE noch nicht bei wirklich rauem Wetter gesegelt hatte. Aber ich prügelte sie zu hart an unter diesen Bedingungen. Wir waren etwa 80 Meilen vor der Küste. Die Wellen steilten sich auf und das Wetter wurde so unfreundlich, dass wir beschlossen, die Segelfläche zu verkleinern. Wir waren beide unter Deck, um unser Schlechtwetterzeug anzuziehen, als wir gleichzeitig schrien: »Festhalten!« Man spürt einfach, wenn die Yacht in den Weltraum geschleudert wird – sie schoss vom Kamm einer hohen Welle in die Luft hinein. Mit einem widerlichen Krachen stürzte sie auf die Seite. Ich flog durch die Luft und landete mit dem Kopf voran in der Bordküche. Die Toilette riss aus ihrer Halterung, und überall wirbelten Dinge umher.

Das Aufschlaggeräusch verhieß einen ernsthaften Schaden. Es klang eindeutig nach zersplitterndem Holz. Wir rissen die Bodenbretter hoch, um die Bilgen zu überprüfen. Das sah nicht gut aus: Wasser strömte herein. Sie leckte wie ein geborstenes Rohr.

Wir arbeiteten Tag und Nacht an den Pumpen und versuchten verzweifelt, unser Boot über Wasser zu halten, während wir so vorsichtig wie möglich Richtung Sydney segelten. Wir schafften es, und als ich sie aus dem Wasser hob, wurde mir klar, wie viel Glück wir gehabt hatten: Fünf Rumpfplanken waren ernsthaft beschädigt.

Ich verbuchte es in mir als gute Lehre und machte mich daran, die nächste Fahrt vorzubereiten: über die Lord Howe-Insel zur Norfolk-Insel und hinein in den Südpazifik. Ich hatte das Boot gerade vor Ostern fertig, also machte ich mit meinem Kameraden Bruce Chapman aus, am Karfreitag in See zu stechen. Aber, ein jeder abergläubische Seemann wird dir sagen, dass man niemals an einem Freitag losfährt. Das bringt schlichtweg Unglück. Mich störte das nicht, denn ich bin nicht abergläubisch. Ich sage dir, jetzt bin ich es, was das Ablegen an Freitagen betrifft, nach dem, was wir erlebt haben.

Da hatte sich am Tag zuvor ein ziemlich schlechtes Wetter zusammengebraut, aber ich war nicht übermäßig besorgt, weil es von Süden kam und weil kein extremes Wetter vorausgesagt war. Ich war sicher, dass die CADENCE damit klarkommen würde. Doch am Sonntagmorgen, als wir etwa auf halbem Wege zur Insel waren, wurde es offenkundig, dass uns eine harte Zeit bevorstand: Das Wetter war dabei, viel schlechter zu werden als ursprünglich vorausgesagt. Aus dem Sprechfunkgerät krächzte es heraus, dass sich ein Sturm 300 Meilen östlich von Port Kembla entwickelte, also 200 Meilen südlich von uns, und dass er sich auf uns zu bewegte. Wir hatten ein gutes Tempo drauf, und wir waren auf Kurs. Also dachte ich, dass wir am besten weiterflitzen sollten. Aber am Nachmittag, wenige Stunden später, kreischte der Wind schon mit bis zu 70 Knoten durch das Rigg, und das Deck bewegte sich so heftig, dass wir uns nur mit Mühe darauf bewegen konnten.

Schließlich siegte die Vernunft, und ich beschloss, dass das Sicherste sei, alle Segel einzuholen und das Boot treiben zu lassen, es dadurch in einen Überlebensmodus zu bringen, in dem es den sichersten Winkel zu den Wellen einnehmen konnte. Heute ist mir klar, dass dies wohl ein Fehler war. Wenn ich das Trysegel gesetzt hätte, hätte ich die Yacht im Griff gehabt und besser mit den Wellen umgehen können: Wir hätten über die Wellen hinwegsteuern können. Erschwerend kam hinzu, dass wir uns direkt über den Gipfeln der Unterwassergebirge befanden, die auf gerader Linie zwischen Sydney und der Lord Howe-Insel liegen. Diese Unterwasserberge steigen vom Ozeanboden in 1500 Meter Tiefe bis gerade 110 Meter unter dem Meeresspiegel auf. Bei einem Sturm verquicken sich der starke Wind und die Strömung, die rasch um diese Unterwasserberge zieht, und rufen oft schrecklichen Seegang hervor, wie auch wir erfahren mussten. Bald nahmen die Wellen beängstigende Ausmaße an – die Höhe von fünfstöckigen Häusern, mit Schaumkronen obendrauf.

Langsam wurde es uns etwas mulmig und bald merkten wir – zu Recht! Es war unvermeidlich, dass das erste dieser wirklichen Ungeheuer erschien und uns erwischte. Wir konnten nichts dagegen unternehmen. Es brach einfach über uns herein und zerschmetterte unsere Selbststeueranlage. Dann kam eine, die ich lieber nicht gesehen hätte. Sie muss 80 Fuß hoch gewesen sein – riesig wie ein Berg! Aggressiv war sie und brachte eine gewaltige Krone weißer Gischt mit. Klar waren wir dran. Ich konnte wenig mehr tun, als den Bug auf die Welle zu richten – vergebliche Mühe. Mich festhaltend und hoffend starrte zu dieser Mauer aus hereinbrechenden Wasser hinauf, die auf uns herunterdonnerte.

Es war, als sollten wir vernichtet werden. Die Yacht war buchstäblich unter Tonnen weißen Wassers begraben. Bruce, der unter Deck war, wurde hin und her geschleudert, während es mich auf dem Deck am Ende meiner Sicherungsleine wie eine Marionette herumwarf. Ich hatte kein Gefühl dafür, ob wir richtig herum waren, kopfunter oder schräg. Aber später wurde es klar, dass die Yacht mindestens durchgekentert war oder möglicherweise sogar 360 Grad um die eigene Achse herumgerollt. Ich kann nur vermuten dass das ganze Durcheinander 30 Sekunden gedauert hat, bis die Welle uns freigab und sich weiter wälzte. Es mag sein, dass ich kurz das Bewusstsein verloren hatte, weil ich so heftig herumgestoßen worden war. Ich

erinnere mich aber, wie die Yacht aus dem weißen Wasser auftauchte – sie kam empor wie ein U-Boot; dann blickte ich nach
vorn und merkte, was geschehen war: Es war nicht viel mehr als
der Mast übriggeblieben. Die Kajüte war vollständig von Deck
verschwunden und die CADENCE sah aus wie ein offenes Sport-
Cabrio. Im Bootsrumpf klaffte ein Loch. Noch schlimmer: Auch
Beiboot und Rettungsfloß waren verschwunden. Wir waren auf
uns selbst gestellt. Noch eine solche Welle, und es wäre mit uns
vorbei.

Mir war klar, dass das Einzige, was wir tun konnten, um das
Boot vor der nächsten Welle zu retten, war, das Loch, wo sich
zuvor die Kabine befunden hatte, abzudecken. Bruce blieb oben
an Deck während ich unten herumtauchte, um etwas zu finden,
womit ich das erledigen konnte. Ich griff mir das Trysegel, das
immer noch in seiner Tasche auf dem Boden der Kabine lag, und
auch das Sonnensegel, das ich für den Baum passend gemacht
hatte. Glücklicherweise hatte es feste Holzlatten darin, sodass
Bruce und ich es längs des Decks ausrollen, das Loch zudecken
und das Trysegel darüber breiten und darauf festzurren konnten. Damit gelang es uns, die Yacht so wasserdicht zu machen,
wie es uns möglich war. Wie gut, dass der Mast immer noch da
war, wo er hingehörte, wenn auch der Baum in der Mitte durch-
gebrochen war und sich im Rigg verheddert hatte.

Bruce ging nach unten, und als ich ihm ein paar Minuten später folgte, fand ich ihn auf dem Motorkasten sitzend – völlig im
Schockzustand. Er zitterte und schlotterte und sagte unaufhörlich: »Wir schaffen das nicht. Wir schaffen das nicht.«

Ich wühlte unter einer Koje und fand einen Plastiksack voll
alter Pullover, die ich für Segeltouren bei kaltem Wetter verstaut
hatte. Dann zog ich Bruce seine nassen Sachen aus und steckte
ihn in trockene Kleidung, um ihn etwas aufzuwärmen.

Zu meinem großen Entzücken war der einzige gläserne
Gegenstand an Bord, der nicht in Scherben lag, eine Flasche
Scotch. Ich schüttete ein paar Schluck davon in ihn hinein, und
es dauerte nicht lange, bis er wieder auftauchte. Aber wie hätte
es anders sein können: Genau dann kam eine weitere verfluchte

Welle aus dem Nichts hervor, brach über uns zusammen und durchnässte ihn wieder total. Bruce streckte seine Arme gen Himmel und rief: »Du lieber Gott, kannst du uns denn nicht in Ruhe lassen!«

Zum Glück erwiesen sich unsere Bemühungen, das Loch im Deck zu schließen, als ziemlich erfolgreich. Denn nur wenig Wasser fand bei der zweiten Welle seinen Weg zu uns unter Deck.

Mich wunderte, wie wenig Wasser die Yacht nach der ersten Welle, trotz der fortgerissenen Kajüte, geschöpft hatte. Ich vermute, dass das dem unglaublichen Druck zu verdanken war, der innerhalb des Rumpfes entstand, als er unter die Welle gepresst wurde. Dieser Druck wirkte wie eine große Explosion von innen und hielt so das Wasser ab. Meiner Meinung nach bestätigte sich dies dadurch, dass sich die Steckschotten oder Sturmbretter, mit denen ich den Niedergang geschlossen hatte, nach außen gebogen und in ihren Schienen festgeklemmt hatten – ein hinreichender Beleg für den gewaltigen Luftdruck, der im Inneren des Rumpfes gewirkt haben musste.

Bruce konnte wirklich von Glück sagen, dort unten zu überleben, wo doch Flaschen, Dosen und alles andere, was nicht fest gelagert war, wie Bombensplitter durch die Kabine flog. Die Kraft unseres Überschlags wurde dann noch offensichtlicher, als ich daran ging, den Motor zu überprüfen: Er war aus allen Verankerungen herausgerissen. Aber am merkwürdigsten war für mich der unangebrochene Margarinebecher, der in dem kleinen Kühlschrank in der Kabine verstaut gewesen war. Den Becher der Margarine habe ich nie gefunden, auch nicht deren Deckel oder die Papierabdeckung dazu. Und doch war der ganze Margarineklumpen durch jedes Teil des Funkgerätes auf der gegenüberliegenden Seite der Kabine gedrungen. Diese schmierige Pampe überall an dem Gerät und an allen Röhren. Daher war es nicht überraschend, so unglaublich die Geschichte auch klingt, dass die Margarine unser Funkgerät außer Betrieb gesetzt hatte, weshalb wir auch keine Möglichkeit hatten, einen Notruf abzusetzen.

Als es Nacht wurde, blieb das Wetter so extrem wie zuvor und wir konnten kein Segel setzen, bevor sich die Lage beruhigte. Das Einzige, was wir tun konnten, war, in der Kabine herumzuhocken, einander anzuschauen und still zu beten, dass nicht noch größerer Schrecken auf uns zukommen und uns ins Jenseits befördern würde.

Um morgens halb fünf herum merkten wir, dass der Wind abflaute und die See ruhiger wurde. Dann, um sieben Uhr morgens, hatte sich die Lage so weit verbessert, dass wir ein wenig Tuch setzen und Richtung Sydney zurücksegeln konnten. Man könnte meinen, dass unsere Probleme damit zu Ende gewesen seien – aber nein, denn am Morgen tauchte eine erstaunlich steile Welle aus dem Nichts auf. Wir nahmen sie mit dem Bug voraus. Sie hob und hob die CADENCE, die dann durch die Luft schoss, über die Welle hinweg und in das dahinter liegende Wellental hinein. Als sie aufschlug, gab sie das vertraute Bruchgeräusch von sich; es hatte eine weitere Planke erwischt, und Wasser leckte herein. Weil wir noch immer 12 Stunden vor Sydney waren, konnten wir nichts anderes tun, als uns beim Steuern und beim Pumpen abzuwechseln.

Erst spät in der Nacht erreichten wir endlich unseren Liegeplatz in der Marina von Mosman Bay. Wir sanken in unsere Kojen und wachten am nächsten Morgen auf, als der Hafenmeister zu uns hinunterrief und fragte, was wir an diesem Liegeplatz zu suchen hätten. Ich ging hinauf ins Cockpit, und ihm wurde plötzlich klar, dass er auf eine ziemlich verwandelte Glattdeck-CADENCE auf ihrem angestammten Liegeplatz schaute.

Keith Thiele lebt sein Leben unvermindert in vollen Zügen. Und obgleich er heute in einem Altenheim in North Queensland wohnt, ist sein schräger Humor ungebrochen, sehr zum Vergnügen all derer, die mit ihm zu tun haben.

Die zweite Abfolge von Dramen mit seiner Yacht CADENCE in der Tasmanischen See überzeugte ihn, dass sie nicht die ideale Yacht für Seereisen sei. Also verkaufte er sie, erwarb ein Anwesen in Queensland und versuchte es mit der Landwirtschaft. Bald aber schwand seine Begeisterung dafür, und so kaufte er sich 1983 eine passendere 33-Fuß-GFK-Yacht, die er treffend SPITFIRE nannte. Von da an gab es kein Halten mehr für ihn.

»Ich konnte nicht aufhören, denn mir war die Vorstellung, in einem Haus zu leben, einfach zu schrecklich«, erklärte er.

4

Die vermissten Mexikaner

Der historische Ort San Blas ist ein trostloses und verschlafenes Dorf an der Westküste Mexikos, in dem die Zeit für seine 9000 Einwohner so gut wie stillsteht. Man sagt, dass dieser isolierte Ort noch geradeso ist, wie es Mexiko einst war, bevor die Touristeninvasion von nördlich der Grenze hereinbrach. Die moderne Zeit ist an ihm vorbeigegangen. Es gibt keine Wohnanlagen, keine größeren Urlauberhotels, Schnellimbisse, Einkaufspassagen, Schnellstraßen, Golfplätze oder Verkehrsampeln. Und sein Ansehen gründet sich, abgesehen von einigen historischen Gebäuden und Ruinen, nur darauf, ein Ausgangsort für die Vogelbeobachtung in den benachbarten wilden Forsten und Feuchtgebieten zu sein. Am bemerkenswertesten sind vielleicht die »Jejenes«, die berüchtigten, gemeinen, blutsaugenden, winzig kleinen Sandflöhe.

Das wirtschaftliche Rückgrat von San Blas ist die Fischerei. Sein Hafen ist vollgestopft mit großen, professionell aussehenden, hochseetauglichen Krabbenkuttern, aber es liegen auch rostige verfallene und marode Wracks herum, ein Anzeichen dafür, dass die Geschäfte nicht immer gut gelaufen sind. Zahlreicher sind die Pangas, die vielen kleineren offenen Skiffs mit Sitzbänken – die Einwohner setzen sie für drei- oder viertägige Ausfahrten zum Haiangeln vor den naheliegenden benachbarten Inseln ein. Dieses Gewerbe, das durch die Nachfrage aus China nach der teuren Haifischflossensuppe floriert, kann für die Eigentümer der Skiffs und deren Mannschaften eine lohnende Beschäftigung sein. Aber wie fast alle Unternehmungen, die mit der See zu tun haben, ist auch diese mit einem gerüttelt Maß an Gefahr verbunden.

Die meisten jungen Männer in San Blas finden ihren Beruf

auf See und in irgendeiner Art des Fischfangs. Und weil die Einkommen so karg sind, ist vielen Familien das Geld wichtiger als die Ausbildung ihrer Kinder, weshalb viele bereits auf den Booten arbeiten, bevor sie ein zweistelliges Alter erreicht haben.

Das galt auch für Salvador »Chavita« Ordonez, der 27 seiner 36 Lebensjahre als Fischer, »pescador«, an dieser Küste gearbeitet hatte. Er war klein und stämmig von Statur und hatte in San Blas einen sehr guten Ruf als Haifänger. So war es kein Wunder, dass Juan David Lorenzo, als ziemlicher Neuling in diesem Geschäft, an Salvador verwiesen wurde, als er im Ort nach drei Besatzungsmitgliedern für sein 8,2 Meter langes GFK-Panga Ausschau hielt.

Die zwei verhandelten miteinander, und Salvador heuerte bei ihm an. Das brachte seinen Angel- und Saufkumpan, den 27 Jahre alten Lucio Rendon, ins Spiel, auch der stimmte zu, in der Mannschaft mitzuarbeiten, zusammen mit dem ebenfalls 27-jährigen Jesús Vidana. Dieser hatte seine schwangere Frau und seinen kleinen Sohn in der Stadt Las Arenitas zurückgelassen, um nach einem Job zu suchen, der pro Tag 200 Pesos oder 20 Dollar einbringen würde.

Ihre Aufgabe bei dieser Ausfahrt bestand darin, die Langleine, die zum Haifang verwendet wird, vorzubereiten, auszubringen und wieder einzuholen – eine mühsame und sehr anspruchsvolle Arbeit, bei der für den Erfolg oft die Erfahrung ausschlaggebend ist. Und die hatte der rundliche Señor Juan, der sein Geld mit dem Betrieb eines Internet-Cafés im nahegelegenen Mazatlán machte, gewiss nicht, obgleich er ein leidenschaftlicher Angler war. Dennoch, sein Boot machte einen professionellen Eindruck: Der graue Rumpf, der wie so viele Pangas über keinen Schutz vor den Elementen verfügte, weder über ein Verdeck noch eine Kabine, war augenscheinlich in gutem Zustand. Zudem wurde es von zwei 200-PS-Außenbordmotoren angetrieben, was das Äußerste bei einem Boot dieser Klasse war. So starke Motoren versprachen hohe Geschwindigkeit (bis zu 35 Knoten) auf der 60 Seemeilen langen Überfahrt hinaus zu der Inselgruppe der Islas Marias – deren Gewässer von Haien bevölkert sind und die Inseln selbst, weil Gefängnisinseln, von den schlimmsten Verbrechern Mexikos.

Als Salvador, Lucio und Jesús am Tag der Abfahrt beim ersten Sonnenlicht am Kai ankamen, stellten sie zu ihrer Überraschung fest, dass sich ein fünfter Mann zu ihnen gesellte, ein Freund des Eigners, von dem sie nur erfuhren, dass er »El Farsero« genannt wurde, was, grob übersetzt, bedeutete, dass er als Komödiant oder Gauner galt. Schon bei der Vorstellung wurde dem Trio klar, dass El Farsero nichts vom Fischfang verstand und dass bei der Entwicklung seines Charakters jegliches Charisma ausgelassen worden war: Er ignorierte die Crew und kommunizierte nur mit Señor Juan. Für die drei war das kein Problem, denn in ihren Augen war der Kapitän der König. Offensichtlich kam El Farsero nur auf einen Ausflug mit, Salvador, Lucio und Jesús hingegen waren für die Arbeit da.

Señor Juan hatte das Boot nach mexikanischen Standards gut ausgerüstet, mit reichlich Essen, Treibstoff und Gerät. Auch ein Kompass war an Bord, es gab es jedoch keine moderne Sicherheitsausrüstung wie etwa ein UKW-Funkgerät oder Mobiltelefon zum Sprechverkehr, Seekarten, GPS-Gerät, Rettungswesten oder Riemen. In den meisten Ecken dieser Welt hätte das Besorgnis erregt – in Mexiko galt es als normal. Und wären die Seeleute auf dieser Fahrt abergläubisch gewesen, hätte es noch einen Grund zur Besorgnis gegeben: Sie hatten Bananen an Bord, ein in den Augen vieler Seefahrer böses Vorzeichen.

Das Hervorstechendste des Bootes war das Bogengerüst, das die hunderte Meter messende Langleine enthielt. Im ausgebrachten Zustand ist diese ein schwimmendes Bankett für die arglosen Haie, mit 80 bis 100 Haken, an jedem ein Stück Fisch, an einer leichten Leine etwa einen Meter unter der Oberfläche. Jede Leine mit dem Köder wird im Meterabstand entlang der schweren Langleine aus Nylon über die ganze Länge angebracht, und jedes Ende der Langleine wird mit einem großen

Schwimmkörper markiert. Das übliche Vorgehen beim Hai-angeln ist, die Leine bei Abenddämmerung auszulegen und nach 12 bis 24 Stunden wieder einzuholen.

Es war am 28. Oktober 2005. Die frühe Morgensonne wärmte die Rücken der Männer, als Señor Juan das Panga langsam vom Kai wegsteuerte, um es dann auf über 20 Knoten für die zwei Kilometer aus der Bucht hinaus bis ins offene Meer zu beschleunigen. Draußen nahmen sie Kurs West, und das Panga erwachte zum Leben: Es zeigte, warum dieser Bootstyp über Generationen zu einem ausgefeilten und seetüchtigen Arbeitspferd der mexikanischen Fischer geworden war. Sein schlanker Bug pflügte mühelos durch die bewegte See, und die Fahrt blieb ziemlich ruhig. Voll beladen kann ein großes Panga bis zu fünf Tonnen Fisch transportieren, und das immer noch bei guter Geschwindigkeit.

San Blas verschwand schnell hinter dem östlichen Horizont, als sie aufbrachen – zu einem Drei-Tage-Trip. Aber das Schicksal hatte anderes im Sinn. »Los Pescadores«, die Fischer, waren dazu ausersehen, »Perdidos« zu werden – die Verschollenen.

Ein paar Stunden, nachdem sie San Blas verlassen hatten, erreichte das Panga die Insel, von der Salvador, Lucio und Jesús wussten, dass sie dort mit der Handangel Thunfische fangen konnten, als frische Köder für den Haifang an diesem Abend. Sie hatten Erfolg, und als genug Thunfisch im Laderaum des Pangas war, ließ Señor Juan die Maschine an und wendete das Boot in Richtung ihres ausgewählten Hai-Angelgebiets. Die anderen, außer El Farsero, steckten die Köder auf die Haken und machten die Langleine fertig.

Es wurde dunkel, als das Trio begann, die Leine auszulegen. Salvador, Lucio und Jesús überprüften gewissenhaft, ob die Köder richtig an jedem Haken hingen und ob sich keine der einzelnen Leinen verheddert hatte, während sie die Langleine über das Heck ins Wasser ließen. Das relativ ruhige Wetter machte es ihnen einfach, auch für Señor Juan, der das Boot mit nur wenigen Knoten Geschwindigkeit vorwärtsbewegte. Sobald die ganze Leine ausgebracht war, machten sie sie am Heck des Bootes fest und stellten die Motoren ab. Jetzt konnte das Boot mit dem Wind und der Strömung treiben.

Dann hieß es abwarten. Den Rest der Nacht würden die fünf Männer auf dem Boden des Bootes liegen und versuchen, eine Weile zu schlafen. Die Jäger ruhten sich aus, bevor sie daran gingen, ihre Fallen zu kontrollieren.

Alles war friedlich, bis die fünf um Mitternacht herum von einem plötzlichen Windstoß und einer schnellen Veränderung der Bootsbewegungen aus ihrem Schlaf geweckt wurden. Ein Sturm war hereingebrochen, wie ein Feldwebel, der unangekündigt in einen Schlafraum hineinmarschiert und zum Appell im Morgengrauen ruft. Die drei Pescadores wussten, dass es der zunehmende Seegang äußerst schwierig machen würde, die Langleine einzuholen. Zudem sagte ihnen ihr Instinkt bereits, dass etwas nicht ganz stimmte – die Bewegungen des Bootes waren nicht so, wie sie sein sollten, wenn man eine hunderte Meter lange schwere Langleine hinterherschleppte, sondern lebhafter. Das Boot ritt nicht so über die Wellen, wie es zu erwarten gewesen wäre. Sie gingen ans Heck und sahen Schreckliches: ein sehr kurzes Stück Nylonseil, dessen Ende von der Bewegung des Bootes durchgescheuert worden war. Die Langleine war verloren. Und als ob das allein noch nicht schlimm genug gewesen wäre: Das Trio kannte das beinharte Gesetz des Geschäfts, nämlich, dass sie sich an den Kosten für die verlorene Ausrüstung beteiligen mussten. Sie war mehr als 1000 Dollar wert – ein Vermögen für diese Männer!

Sofort war der Kapitän, ebenso wie die anderen, bestrebt, sie zu finden, aber es war schlechterdings Zeitverschwendung, es vor Tagesanbruch zu versuchen. Sie wussten weder, wann die Leine verloren gegangen war, noch in welcher Richtung, und so wussten sie auch nicht, wo sie mit der Suche beginnen sollten. Señor Juan ließ die Motoren an, und sie begannen ganz langsam in immer weiter werdenden Kreisen um ihre Position herum zu suchen. Aber ohne Seekarte oder GPS-Gerät, ohne irgendeine Orientierung bietende Sicht auf die Inseln war es nahezu unmöglich, einen genauen Kurs einzuhalten. Später, als das erste Tageslicht über den östlichen Horizont heraufkam, wurde deutlich, dass, selbst wenn sie in direkter Nähe ihrer Beute wären, es äußerst schwierig sein würde, die an der Langleine auf und ab tanzenden Bojen in den windgepeitschten Wogen zu entdecken, die die Grautöne des bleiernen Himmels widerspiegelten. Dazu kam, dass Haie, die etwa an der Langleine hingen, sie wegschleppen würden, wohin auch immer. Es war, als wollte man eine Kaulquappe in einem Sturzbach finden.

Den ganzen Tag lang suchten sie unablässig – fünf Augenpaare spähten über den Ozean mit seinen steilen und unfreundlichen Wellen, während die durstigen Motoren weiter dröhnten und die ganze Zeit wertvollen Treibstoff verbrauchten. In dieser Phase ihrer Fahrt glichen die Islas Marías einem grauen Schmutzfleck tief am Horizont, aber Señor Juan verschwendete keinen Gedanken daran, dorthin zu fahren, um den Treibstofftank aufzufüllen. Er war völlig darauf fixiert, die Langleine zu finden und der Erniedrigung zu entgehen, ohne sie heimzukehren. Sie suchten bis tief in die Nacht, und als am nächsten Morgen der Treibstoffvorrat zur Neige ging und die Langleine immer noch nicht in Sicht war, versuchte Salvador, Señor Juan respektvoll klarzumachen, welche Gefahr ihnen drohte. Der Treibstoff würde nicht bis San Blas reichen, und auch die Islas Marías wären nur noch mit einer guten Portion Glück zu schaffen.

Davon wollte der Kapitän absolut nichts hören und beschloss, die Suche weiterzuführen – eine Entscheidung mit tödlichen Folgen.

Als Señor Juan schließlich einsah, dass der Treibstoff – oder eher der Mangel an demselben – wichtiger war, als die Langleine zu finden, war es bereits zu spät: Kurz darauf gaben beide Motoren ihren letzten Lebenslaut von sich und verstummten. Sogar jetzt waren die fünf an Bord noch ziemlich unbesorgt. Sie konnten in der Ferne ein anderes Panga sehen und erwarteten, dass dies oder ein anderes möglicherweise in ihrer Gegend fischendes Boot irgendwann herbeikommen und sie in den sicheren

Hafen abschleppen würde. Doch diese Hoffnung schwand bald dahin. Nach 24 Stunden hatten sie ihre Erwartung auf eine baldige Rettung so gut wie aufgegeben. Es waren keine Boote mehr zu sehen, und sie trieben von den Inseln fort – fort von dem Gebiet, wo die Pangas fischten. Ihr einziger Trost war, dass sich das Wetter besserte und der Himmel aufklarte. Aber was half das schon, außer dass sie dadurch leichter von einem vorbeikommenden Boot bemerkt werden würden.

Ein Weiteres wussten sie: Dass eine Suchaktion von San Blas aus unwahrscheinlich war, denn es würden Tage vergehen, ehe sich jemand über ihr Verbleiben Sorgen machen würde. Im Hafenviertel kümmerte sich jeder um seine eigenen Angelegenheiten. Niemand nahm Notiz davon, wann ein Fischerboot hinausfuhr oder heimkam, und die Familien wussten nie genau, wann der Fischer wirklich zu Hause sein würde.

Bis zum vierten Tag ihres Dahintreibens nährten die fünf ihre dahinschwindende Hoffnung.

Dann aber bemächtigte sich ihrer die erdrückende Erkenntnis, dass sie nun der Gnade der Elemente ausgeliefert und in der Hand Gottes waren. Inzwischen wurde der Nahrungsmangel allmählich zum Problem. In dem Glauben, bald gerettet zu werden, hatten sie Nahrung und Wasser fast aufgebraucht. Zwar blieben sie zuversichtlich, dass sie einige weitere Tage ohne Nahrung auskommen würden, aber das Boot bot keinen Unterschlupf, und so wurde die Dehydrierung zum Hauptproblem, denn die Sonne brannte Tag für Tag gnadenlos auf sie nieder.

Weil sie ihr Wasser innerhalb von 24 Stunden völlig aufgebraucht hatten, verleitete der immer größer werdende Durst sie inzwischen dazu, kleine Schlucke Seewasser zu trinken. Doch die dadurch auftretenden Krämpfe und Kopfschmerzen ließen keinen Zweifel, dass Meerwasser zu trinken nur ein letzter Ausweg sein konnte, und das auch nur für eine kurze Zeitspanne. (Eine Zeit lang Seewasser zu trinken, um den Wasserhaushalt aufrecht zu erhalten, beeinträchtigt die Nierenfunktion des Menschen. Wegen des Gehalts an Natriumchlorid, also Kochsalz, im Seewasser steigt der Natriumgehalt des Blutes auf Giftniveau, und das kann zu Herzrhythmusstörungen und tödlichen Krampfanfällen führen.) Salvador traf eine andere Wahl – er trank seinen eigenen Urin. Zuerst mochten die anderen seinem Vorbild nicht folgen, aber bald sahen sie ein, dass ihnen nichts anderes übrig blieb.

Die streng religiösen Pescadores wandten sich bald dem Himmel zu. Inzwischen waren sie eine Woche lang ziellos von der mexikanischen Küste fortgetrieben und warteten inständig auf Regen, der ihnen Trinkwasser bringen sollte. Ihnen boten Gebet und eine abgegriffene Bibel, die Salvador mitgenommen hatte, die einzige Hoffnung auf Verbindung mit der Welt dort draußen. Es war erstaunlich: Sei es durch ein Eingreifen Gottes oder einfach durch glückliche Fügung kam innerhalb von 48 Stunden der so dringend benötigte Regen, und alle versuchten verzweifelt, jeden Tropfen aufzufangen. Sie hatten keine Plane im Boot, um eine Auffangwanne zu bauen, so nutzten sie das kleine Vordeck am Bug des Panga. Sie zerlegten ihre Plastik-Treibstoffkanister, bastelten damit eine Barriere auf dem Glasfaser-Deck und leiteten jeden Tropfen der kostbaren Flüssigkeit in die an Bord vorhandenen Gefäße.

Daheim in San Blas wuchsen, insbesondere in Lucios Familie, die Sorgen um die fünf Fischer, aber die Hafenverwaltung zeigte keinerlei Neigung, eine Rettungsaktion einzuleiten. Es war Sache der örtlichen Fischer, ihre Freunde zu finden, und das versuchten sie denn auch. Doch die ausgiebige Suche brachte keinen Erfolg, also wurde sie nach etwa einer Woche eingestellt. Zwar klammerten sich die Familienmitglieder weiter an die Hoffnung, dass ihre Angehörigen lebend gefunden würden, die meisten Fischer in San Blas aber waren nach einer Woche des Suchens sicher, dass nun fünf weitere der Ihren in das Reich der Perdidos gegangen waren.

Währenddessen wurden die Männer an Bord des Bootes unablässig von Hungerattacken gequält, und das Wasser, das sie nun auch weiterhin durch den inzwischen häufigen Regen sammeln

konnten, war alles, wovon sie während ihrer zwei nahrungs-
losen Wochen lebten. Natürlich lag die einzige Hoffnung auf
Beute aus dem Meer, aber da gab es nichts, es war bar jeden
Lebens – sei es Fisch oder Vogel. Das einzige Zeichen, dass es
außerhalb ihrer Welt noch eine andere gab, war, wenn sie ein
Flugzeug weit oben sahen, unterwegs zu unbekanntem Ziel –
wie sie selbst auch. Dann dachten sie immer an ihr Zuhause und
was dort wohl gerade geschah.

Jeden Tag, wenn die sengende Sonne ihren Bogen über den
Zenit zog, fanden sie etwas Erholung von der quälenden Hitze,
indem sie sich abwechselnd in den Schatten unter das kleine
Vordeck zwängten. Wieder auf den Beinen, verloren sie den
Horizont nicht aus den Augen, immer Ausschau haltend nach
Anzeichen eines Schiffes. Sie hatten innerhalb von 48 Stunden
nach Beginn ihrer Odyssee zwei Schiffe vorüberziehen sehen,
konnten aber deren Besatzung nicht auf sich aufmerksam ma-
chen. Gleichzeitig hofften sie, dass sie irgendwann irgendein
Anzeichen von Leben im Meer sehen würden – ein mögliches
Mahl!

Welcher Tag war, wussten sie, weil Lucio eine Uhr mit Da-
tumsanzeige hatte. So wussten sie auch, dass seit dem Vertilgen
ihres letzten Krümels Essen zwei Wochen vergangen waren, als
eine neugierige Schildkröte gerade vor dem Bug des Panga an
die Oberfläche kam. Der schnelle und wendige Salvador erkannte, dass er die einmalige Chance hatte, die Schildkröte auf die
heutige Speisekarte zu holen. Blitzschnell sprang er über Bord
und stieß auf den Rücken der Schildkröte hinab, wie ein Gepard
auf sein Opfer. Er packte sie, bezwang ihre verzweifelten Versuche zu entkommen und schleppte sie zum Boot zurück. Sie
hatten Essen, wunderbares Essen, auch wenn sie das Tier roh
verspeisen mussten.

Salvador, Lucio und Jesús filetierten das Fleisch und spülten
es im Seewasser. Dabei fingen sie das Blut in einem Eimer auf,
um es zu trinken. (Salvador hatte in einem Überlebenskurs gerade vor Monaten gelernt, dass man in der Not Blut trinken könne, um Energie zu tanken.) Die drei aßen das Fleisch und die

Innereien der Schildkröte. Nicht so Señor Juan und El Farsero, denn denen kam es jedes Mal wieder hoch, wenn sie es zu essen versuchten. Sie konnten es nicht bei sich behalten – kein gutes Vorzeichen für ihre Überlebenschancen.

Die Schildkröte lieferte lediglich eine der zwei Mahlzeiten, die sie im ganzen November zu essen bekamen. Die zweite war ein kleiner Seevogel, der auf der Bordwand des Panga gelandet war. Wieder bewährte sich Salvador als erfolgreicher Jäger, und wieder gelang es weder dem Kapitän noch seinem Partner, das rohe Fleisch zu essen.

Salvadors unbeugsamer Glaube gab ihm die Gewissheit, dass sie nicht sterben würden, auch wenn er keine Ahnung hatte, wohin die Reise ging oder wie lange sie auf ihrer winzigen Insel dahintreiben würden. Ende Dezember jedoch – zwei Monate nach Beginn ihrer Misere – zeigten sowohl Señor Juan als auch El Farsero bedenkliche Verfallserscheinungen. Der Kapitän erbrach Blut und Galle, wohl durch die Unterernährung bedingt, und El Farseros Seele litt weiterhin an der Schwierigkeit der Lage: Noch immer weigerte er sich, mit den anderen zu sprechen, und er verbrachte die meisten seiner Tage in einer Ecke des Bootes weinend in zusammengekrümmter Haltung. Er stand am Anfang eines Nervenzusammenbruchs. Auch Lucio litt. Er hatte eine schmerzhafte Entzündung des Mittelohrs und gesellte sich zu Señor Juan in den kleinen Bereich unter dem Vordeck, der zur Krankenstation wurde.

Trotz seiner besten Versuche, fit und gesund zu scheinen, ging es mit Señor Juan weiter bergab. Der hatte mittlerweile länger als einen Monat ohne Nahrung gelebt und zeigte manchmal ein ziemlich vernunftwidriges Verhalten. In diesem Stadium war er weit davon entfernt, die Verantwortung für Boot und Besatzung tragen zu können. So war es nur natürlich, dass der immer noch tatkräftige Salvador mehr Verantwortung übernahm; er war der emotional stabilste und fitteste unter den fünfen. Sogar Jesús überkamen manchmal die Gefühle, die ihn zusammenbrechen und weinen ließen.

Während das Panga weiter entlang seines mäandernden

Wegs ins Nirgendwo trieb, siedelten sich unter der Wasserlinie am Rumpf Krebstiere an, insbesondere Entenmuscheln. Das sollte sich als großer Segen für die Mannschaft bei ihrem Bemühen erweisen, alle greifbare Nahrung aus ihrer einzigen Quelle, dem Meer, zu gewinnen.

Die Entenmuscheln waren ideale Köder zum Angeln. Aber die Angelleinen, die sie an Bord hatten, waren beschädigt und deshalb praktisch unbrauchbar. Und die Haken, mit denen sie nach der Abfahrt aus San Blas Thunfische gefangen hatten, waren viel zu groß für die Fische, die begonnen hatten, sich unter dem Boot anzusiedeln. Also war Improvisation angesagt, und so begannen Salvador, Lucio und Jesús, die funktionslosen Motoren auszuschlachten. Mit dem wenigen Werkzeug, das sie hatten, gelang es ihnen, kleine Federn, Metallblech, Gestänge und Drähte aus den Motoren herauszuholen und aus ihnen primitives Angelgerät zu bauen. Ihre Mühen wurden reich belohnt, als sie an einem einzigen Tag im Januar mehr als 60 Fische herausholten, die ihre regelmäßige Ausbeute an Meeresschildkröten ergänzten.

Es war klar, dass sie dadurch mehr Nahrung als nötig hatten, deshalb zerlegten sie, was sie nicht aßen, und trockneten es an der Sonne, sodass ihnen Nahrung für viele weitere Tage blieb. Kaum zu glauben, aber es gelang ihnen doch tatsächlich zuweilen, Holzspäne aus dem Boot herauszuschnitzen und mit Lucios Zigarettenanzünder ein kleines Feuer zuwege zu bringen, um dann wirklich kleine Fischstückchen zu kochen. Ihre Erfindungsgabe und Improvisation verhieß, dass sie, obgleich sie keine Ahnung hatten, wohin das Schicksal sie treiben würde, eine erstaunlich gute Chance hatten, nicht zu verhungern oder zu verdursten.

Leider sollte das alles weder Señor Juan noch El Farsero nützen, denn während Lucio gesund wurde, verloren die beiden anderen immer mehr an Kraft. Sie konnten nichts essen, und das setzte ihren Körpern sehr zu. Mitte Januar lag Señor Juan in einem schrecklichen Zustand. Er war schwach, hatte innere Blutungen und war inkontinent. Seine Gedanken schweiften wirr umher, und es war den drei Pescadores klar, dass sein Tod wohl nicht mehr weit sei. Daher versuchten sie alles, um sein Leiden zu lindern.

Der Tod kam am 20. Januar. Salvador war gerade mit Angeln beschäftigt, während die anderen schliefen. Da hörte er Señor Juan, der sich unter dem Vordeck zusammengeringelt hatte, dumpf stöhnen. Und als Salvador ihn erreichte, war er schon gestorben.

Sie behielten ihn die nächsten drei Tage noch an Bord, wohl in der Hoffnung, dass sie gerettet würden und ihn dann zum Begräbnis heim zu seiner Familie bringen könnten. Dann aber wurde ihnen klar, dass sie keine andere Möglichkeit hatten, als ihn der Tiefe anzuvertrauen. Salvador, Lucio und Jesús segneten seinen Leib und ließen ihn über die Bordwand des Panga gleiten.

Als Señor Juan dahin war, änderte sich El Farsero dramatisch. Es schien ihm bewusst zu werden, dass er seine Arroganz aufgeben und ein Teil des Teams werden musste. Er begann mit den Pescadores zu sprechen und fing sogar an, ihnen beim Angeln zu helfen.

Aber unterdessen verschlechterte sich seine Gesundheit immer mehr. Er hatte viele, viele Wochen nichts gegessen, obgleich er es versucht hatte, und gerade zwei Wochen, nachdem Señor Juan davongegangen war, verfiel El Farseros Körper rapide, und er starb.

Er starb, ohne dass jemand es bemerkte. Sie stellten seinen Tod fest, als das Trio nach ihm sehen wollte: Er lag zusammengekauert in einer Ecke des Bootes, und sie wussten nicht genau, wann er gestorben war. Auch seinen Körper beschlossen sie, drei Tage im Panga zu behalten. Dann war die Zeit gekommen, für ihn zu beten und ihn dem Meer zu überantworten.

Uns mag es erstaunen, aber von den drei Fischern war keiner je in einem Flugzeug geflogen. Wie sollten sie auch, bei dem kargen Lohn und ihrem niedrigen Lebensstandard. Nur Salvador hatte je eine Grenze überquert. So kann man mit Sicherheit sagen, dass sie in diesem Stadium ihres Abenteuers in den vergangenen Monaten weiter gereist waren als irgendwann sonst in ihrem Leben. Die Erkenntnis, dass daheim in San Blas das Leben ohne sie weiterlief, während sie als einzige Menschen auf diesem Planeten wussten, dass sie noch existierten, setzte ihnen emotional stark zu. Eines wussten sie allerdings mit Sicherheit: dass sie ziellos nach Westen trieben.

Inzwischen hatte sich ihr verzweifelter Kampf ums Überleben in eine monotone, aber wichtige Routine verwandelt. Zum Glück regnete es regelmäßig, und sie konnten Fische und Schildkröten fangen, die es in dem warmen Wasser reichlich gab. Nach ihrer Schätzung fingen sie in den darauffolgenden Monaten mehr als 100 Schildkröten. Die Tageszeit war ihnen bedeutungslos: Sie schliefen, wenn sie müde waren, und wenn es kalt war, schmiegten sie sich in dem beengten Raum unter dem Vordeck aneinander, um sich gegenseitig zu wärmen. Wenn sie wach waren und nicht angelten, versuchten sie sich durch Lesen in der Bibel, durch Beten und durch einfache Beschäftigungen bei Verstand zu halten, wie etwa Luftgitarre zu spielen oder Kirchenlieder zu singen. Sie hatten nichts anderes zu tun.

Das Wetter ließen sie nicht aus den Augen, denn es war keine Schönwetterfahrt. Während ihrer unfreiwilligen Irrfahrt ins Ungewisse mussten sie den Elementen ebenso widerstehen wie dem Durst und dem Hunger. Nicht selten gab es Stürme und Seegang, und ein so kleines Boot konnte ganz leicht in einer großen brechenden Welle kentern. In solchen Situationen kam die lebenslange seemännische Erfahrung der Pescadores ins Spiel. So setzten sie bei besonders stürmischem Wetter einen Treibanker an einem Seil, den sie vom Bug des Bootes aus hinterherschleppten. Er bestand aus allen sperrigen Gegenständen, die sie an Bord finden konnten – einschließlich der Motorhauben –, alles an das Ende des Seiles gebunden und über Bord gehängt. Der so entstehende Zug genügte, um den Bug des Panga in den Wind und die Wellen zu drehen, sodass die Gefahr zu kentern gering gehalten wurde. Dennoch kam es zu einigen brenzligen Situationen, insbesondere, als bei einem wilden Sturm – der sie vermutlich nahe Hawaii erwischte – das Seil des Treibankers riss und sich das Panga quer zu den acht Meter hohen brechenden Wellen legte. Gebete und verzweifelte Angst gingen Hand in Hand, und irgendwie bewältigten sie den Sturm.

Wenn es zu anderen Zeiten gutes Wetter gab, setzten sie ein primitives Segel als Nottakelung. Es bestand aus den Sitzen des Bootes (als Mast) und zerschlissenen Tüchern (als Segel). So konnten sie den vorherrschenden Passatwind nutzen und das Panga mit einigen Knoten Geschwindigkeit vorantreiben. Die Tatsache, dass sie vorankamen, war gut für ihre Stimmung, sie unterbrach die Monotonie ihres »normalen« Tages. Aber sie hatten immer noch keine Vorstellung, wohin die Reise sie wohl führen würde. Jesús wagte sogar die Behauptung, dass sie nach China trieben, das er immer irgendwo hinter dem westlichen Horizont vermutete, da, wo die Sonne unterging. Nach grober Schätzung kamen sie je Tag etwa zwischen 12 und 28 Meilen voran, allerdings nicht auf geradem Kurs, wegen der variablen Strömungen und des wechselnden Windes. Möglicherweise haben die vorherrschenden Wetterbedingungen das Boot in weiten und unregelmäßigen Bögen über den Ozean getrieben.

Es war unvermeidlich, dass der Stress durch die anscheinend nie enden wollende Odyssee seinen Zoll forderte, weshalb es leicht zu hitzigem Streit kam. Und dennoch wussten alle, dass es keinen Raum für solche Auseinandersetzungen geben durfte, wenn sie San Blas je wiedersehen wollten: Sie mussten als Team zusammenhalten. Sie mussten weiter Fische fangen und Regenwasser sammeln, um zu überleben. Darüber hinaus mussten sie ständig mit dem unvermeidlichen Sonnenbrand und der Austrocknung in der saunaartigen tropischen Hitze kämpfen. Sie blieben dabei, unablässig den Horizont nach Zeichen der Zivilisation abzusuchen, seien es Schiffe oder sei es Land. Wieder und wieder wurden sie von der Enttäuschung gepeinigt, wenn die tiefstehende Sonne die Wolken am Horizont so beleuchteten, dass sie wie Land aussahen. Denn jedes Mal keimte Hoffnung auf, die nach Minuten wieder verschwand.

Monat um Monat verging, Tag um Tag mit den bewährten, zum Überleben notwendigen Tätigkeiten. Einmal stellten sie zu ihrem großen Vergnügen fest, dass sie, gemäß dem Kalender von Lucios Uhr, schon länger auf See waren, als Christoph Columbus für seine Überfahrt in die Neue Welt und zurück nach Spanien gebraucht hatte. Was sie damals nicht wussten, ist, dass sie tatsächlich länger auf See überlebt hatten als irgendein anderer Mensch – bei weitem länger!

Am Morgen des 9. August 2006, mehr als neun Monate, nachdem sie in San Blas an Bord gegangen waren, wurden die Pescadores von etwas aus ihrem Schlaf geweckt, das sich wie Motorengeräusch anhörte. War es eine Täuschung, wie all jene, die sie schon so häufig zuvor erlebt hatten, oder war es Wirklichkeit? Salvador musste es sofort herausfinden. Er sprang auf die Füße, und wirklich war da ein großes Schiff einige hundert Meter entfernt – und eine Barkasse mit zwei Mann, die zu dem Panga herüberkam! Nein, es handelte sich nicht um eine optische Täuschung: Nach 289 am Leben zehrenden Tagen näherte sich ihr unglaublicher Leidensweg seinem Ende!

Die Barkasse war von dem taiwanesischen Trawler KOO'S 102 gekommen, der im Hintergrund wartete, und obgleich eine sprachliche Verständigung zwischen den Mexikanern und den Taiwanesen nicht möglich war, erkannte die Barkassenmannschaft mehr als deutlich, dass Salvador, Lucio und Jesús überglücklich waren, sie zu sehen. Zeichensprache und überwältigende Gefühle genügten, und schon kletterten die Burschen aus San Blas auf die Barkasse. Das Panga wurde zum Mutterschiff hinübergeschleppt, und als sie dort an Bord gingen, endete eine der für alle Zeiten großartigsten Überlebensgeschichten auf See. Aber durch die Verständigungsschwierigkeiten zwischen Salvador, Lucio, Jesús und dem Kapitän des Trawlers war die verständliche Überzeugung der Trawlerbesatzung nicht zu erschüttern, dass die Männer, die sie aufgegriffen hatten, äußerst glückliche Bewohner einer benachbarten, nicht weit entfernten Pazifikinsel seien. Die Mexikaner gaben nicht auf und kritzelten Skizzen, um zu zeigen, woher sie wirklich kamen, aber ihre lebhaften Gesten, die ihre wundersame Reise erklären sollten, konnten den Kapitän nicht umstimmen. Es konnte unmöglich sein, dass die Männer während neun Monaten erstaunliche 5000 Seemeilen von San Blas nach Westen getrieben waren, zu einer Position 2700 Meilen nordöstlich von Australien und 600 Meilen von den Marshallinseln, wo die KOO'S 102 stationiert war.

Zum Versuch, etwas Klarheit in die Sache zu bringen, nahm der Kapitän Verbindung mit dem Außenministerium auf den Marshall-Inseln auf, das wiederum Kontakt mit mexikanischen Regierungsbeamten auf Neuseeland herstellte. Nach 48 Stunden war die Information, einschließlich eines Fotos der Pescadores an Bord der KOO'S 102, durch die offiziellen Kanäle nach San Blas gedrungen, wo alles bestätigt wurde – und von da an gab es in dieser Welt eine Geschichte, die an ein Wunder grenzt.

5

Zwei Mal knapp entronnen

In kaum weniger als einer Stunde ist John Campbell dem Tod zwei Mal von der Schippe gesprungen.

Zuerst wurde er während eines üblen Sturms bewusstlos geschlagen und ging über Bord einer Yacht. Und dann, nachdem ihn auf wundersame Weise ein Hubschrauber-Rettungsdienst herausgefischt hatte und er sich vermeintlich auf dem Weg zur Sicherheit an Land befand, schrammten er und seine Retter noch um Haaresbreite daran vorbei, in einem unwirtlichen Flecken des Ozeans abzustürzen, der bereits ein Schiffsfriedhof war.

Campbells Geschichte ist eine der erstaunlichsten unter den zahllosen, die sich während der katastrophalen Sydney–Hobart-Regatta von 1998 zutrugen. Damals ließ ein Sturm mit zyklonartigen Ausmaßen noch nie dagewesene Bedingungen in der Bass Strait, einem berüchtigten Abschnitt der 627 Seemeilen langen Strecke, entstehen. Es war ein Gebräu aus Winden, die mit mehr als 80 Knoten tobten, und einer stark abbremsenden Gegenströmung, die, in extremen Fällen, gigantische Brecher erzeugte – manche davon waren fast 30 Meter groß und trugen 10 Meter hohe Schaumkronen.

In jenem Jahr war Campbell kurz vor Weihnachten mit einem besonderen Vorhaben von seiner Heimatstadt Seattle, Washington, nach Australien geflogen. Sein Vater Wally hatte ihn zum Flughafen gebracht und unterwegs sprachen sie darüber, dass er jetzt, beim dritten Mal, das Glück haben könnte, die Sydney–Hobart-Regatta erfolgreich zu beenden. Er glaubte fest daran, dass sich sein langgehegter Traum erfüllen werde, insbesondere nachdem sein Freund Peter Meikle aus Melbourne ihm versichert hatte, dass die Yacht, auf der sie mitsegeln würden, die 13 Meter lange Sloop KINGURRA, sehr robust und seegängig sei. Zudem hatte ihr Eigner Peter Joubert sie selbst gebaut, und unter ihren vielen Hochseeregatten waren auch 14 Hobarts.

Mit der Tatsache, dass er bereits zwei Mal an einer Hobart-Regatta teilgenommen hatte, ohne das Ziel zu erreichen, war der 32-jährige Campbell nicht so recht zufrieden. Die ganze Strecke zu schaffen war zu einem seiner großen Lebensziele geworden, und diesmal wollte er unbedingt wissen, wie es ist, auf dem Gipfel des Glücks zu stehen. So lautete sein Entschluss. Und überhaupt war die Sydney–Hobart-Regatta völlig anders und aufregender als die Wettfahrten um die Bojen in den geschützten Gewässern vor Seattle. Er musste unbedingt an der Hobart-Regatta teilnehmen.

Als er am Vorabend des großen Rennens in Sydney ankam, war der erste Weihnachtstag, und in den Docks des Cruising Yacht Club of Australia brummte das Leben. Mannschaften, die an Bord der vor dem Club liegenden Yachten lebten, pendelten zwischen den Yachten und den Duschen in dem zweistöckigen Klinkerbau des fast völlig quadratischen Clubhauses hin und her. Das Frühstück wurde auf dem Holzdeck eingenommen, das über das Wasser des berühmten Hafens von Sydney hinausragte. Meist bestand es aus Schinken und Ei, eine Mahlzeit, die manchen beim Verarbeiten des zu viel genossenen Alkohols während der Weihnachtsfeier im Club half.

Als er die KINGURRA betrat, wurde Campbell schnell klar, was Meikle gemeint hatte, als er sagte, dass diese Yacht sie nach Hobart bringen würde. Ihre gute Form und die offensichtlich fest laminierte Holzkonstruktion ließen keinen Zweifel daran, dass ihr Konstrukteur ein Mann der See war. Damals, 1993, in jenem schrecklich harten Hobartrennen, hatten Joubert und seine Crew sich dadurch ausgezeichnet, dass sie in einem 28 Stunden dauernden Einsatz eine andere Crew von einer sinkenden Yacht gerettet hatten.

1998 sollten die Bedingungen noch viel schlimmer werden.

Dennoch, nach einer ausnehmend schnell unter Spinnaker zurückgelegten Strecke südlich von Sydney kam die KINGURRA mit dem starken Wetterumschwung gut zurecht, der plötzlich vom Südlichen Ozean heraufgekommen war. Sie preschte unter einer Sturmfock, die am Babystag angeschlagen war, voran. Das Großsegel war niedergeholt worden und der Baum luvwärts sicher an Deck festgezurrt.

Am späten Nachmittag des 27. Dezember befand sich die KINGURRA, wie alle anderen Yachten im 30- bis 60-Meilen-Umkreis in der Bass Strait, nahe dem Zentrum dessen, was sich zu einer Wetterbombe entwickeln sollte. Und ihre Crew war ahnungslos.

Bald wurde die 43-Fuß-Yacht ordentlich von Winden zwischen 60 und 70 Knoten und Brechern vermöbelt, die sich oft wie Pyramiden von mehr als 18 Metern vor ihr auftürmten. Manchmal brauchte die Yacht sogar bei so riesigen Wellen nur sechs oder sieben Sekunden, um 60 Fuß von einem Wellenkamm in das Tal hinab und dann wieder 60 Fuß auf den nächsten Kamm hinaufzurauschen. Innerhalb kurzer Zeit hatten sich die Bedingungen so sehr verschlechtert, dass Joubert, der die meiste Zeit seiner 74 Jahre mit Segeln und Yachtkonstruktion verbracht hatte, wusste, dass von allen Stürmen, die er je erlebt hatte, wenige, wenn überhaupt einer, diesem an Stärke gleichkamen.

»Gischt und Schaum flogen etwa 60 Fuß durch die Luft, direkt aus den Wellenkämmen heraus«, sagte er, als er seine unvergesslichsten Erinnerungen an den Sturm beschrieb. »Die Wellen waren ungeheuer groß. Manche waren an ihrer Vorderseite sehr steil, und bei vielen brach der Kamm in den oberen zwei oder drei Metern.«

Um etwa 16.00 Uhr ging Meikle für seine Wache nach oben und erschrak, wie bedrohlich die Lage in den paar Stunden, die er unter Deck verbracht hatte, geworden war.

»Wie lange ist das schon so?«, fragte er einen von der Crew. Der antwortete: »Einige Stunden.«

»Ich schaute mich um und dachte: ›Wenn die Vorhersage stimmt, dann ist jetzt schon das obere Ende erreicht‹, aber die von den Jungs kommende Information war, dass das Ganze noch im Wachsen war. Ich erinnerte mich daran, was ich über Funk von der SWORD OF ORION gehört hatte. Ihr Funker meldete, dass bei ihnen der Wind bereits mit 78 Knoten wehte – und er hatte dabei eine gewisse Dringlichkeit in seine Stimme gelegt. Die von der SWORD OF ORION wollten, dass die Leute dem, was sie sagten, Aufmerksamkeit schenkten, denn sie waren der Überzeugung, dass es ernst aussehe.

Jetzt wusste ich, was sie meinten.«

Meikle übernahm das Steuer und war ziemlich überrascht, wie gut die KINGURRA zurechtkam. »Abgesehen vom Regen und der Gischt war das Segeln ziemlich angenehm. Der Windmesser begann durchgehend 60 Knoten anzuzeigen, und es war ein Gefühl, als würden Gabeln auf mein Gesicht einstechen.

Als der Wind 60 Knoten erreicht hatte, stieg das Heulen so stark an, dass wir uns nicht mehr mit Zurufen verständigen konnten. Es war ein tiefes Brüllen. An diesem Punkt begann rundum heftig Gischt zu fliegen, wie Schaum, aber groß, schwer und voller Wasser.

Sie flog in dicken weißen Packen und wehte weit, weit mit dem Wind von den Wellen herunter. Es war etwas beunruhigend, denn zu diesem Zeitpunkt blieb der Windmesser bei seiner Maximalanzeige von 68 Knoten stecken.

Diejenigen von uns, die an Deck waren, begannen zu begreifen, dass wir höllisch aufpassen mussten. Es war das erste Mal, dass mir klar wurde, in welch ernste Lage wir uns hineinbewegten und wie wachsam wir sein mussten.

Zu diesem Zeitpunkt begannen die Wellen überall um uns herum zu brechen. In meinen Augen bedeutete dies, dass wir Probleme bekommen würden. Uns wurde bewusst, dass wir eigentlich kein Rennen mehr fuhren, sondern nur noch alles taten, um das Boot so gut wie möglich zu schützen und zu verhindern, dass es beschädigt würde.«

Meikle, der Campbell bereits zwei Mal in seine Mannschaft eingeladen hatte, um am Hobart-Rennen teilzunehmen, und dem es dann nicht gelungen war, das Rennen zu beenden, fühlte eine gewisse Verpflichtung, ihn über die Ziellinie zu bringen, und die Teilnahme auf der KINGURRA war vielleicht die sicherste Wette, die man haben konnte. So sicher war sich Meikle, dass er Campbell versprochen hatte, falls er ihn, seinen Kumpel, nicht nach Hobart bringen würde, er ihm das Rückflugticket nach Seattle bezahlen würde.

So saßen also Campbell und Meikle gemeinsam in der Plicht, von der Gischt durchtränkt, mitten in Wind, Wellen und Regen. Campbell fühlte sich nicht wohl. Ihn fror, er war bis auf die Knochen durchweicht. Er war am Sicherheitsgurt festgemacht und fragte sich, was zum Teufel er hier machte.

»Ich hatte nie das Gefühl einer drohenden Gefahr, weil alles, was ich je über das Rennen gehört hatte, war, dass es kachelt«, sagte der Seemann aus Seattle. »Zudem hatten alle höchstes Vertrauen in das Boot, es würde mit allem zurechtkommen. Also meinte ich, dass kein Anlass zu Panik oder echter Sorge sei. Das Boot schien bestens klarzukommen und alles war unter Kontrolle. Aber ich erinnere mich, dass ich an dem Nachmittag zu mir sagte: ›Mann, das wird bestimmt ein harter, unbequemer, nasser und brutaler Ritt in den nächsten 24 bis 36 Stunden.‹ Der Rest der Crew hockte zusammengekauert vor sich hin, denn viel konnte man nicht tun. Also machte ich es genauso.«

Alle 15 Minuten oder so brach eine große Welle direkt über der KINGURRA. Sie übergoss die Crew und verwandelte die Yacht in eine halb eingetauchte Wanne. Das erinnerte Campbell an eine Frage, die er vor dem Start gestellt hatte. Damals wollte er wissen, wie trocken es in der Plicht unter schlimmen Luvbedingungen sei. Die Antwort war: »Da kommt fast nie Wasser hinein, nur ein wenig Gischt.« Jetzt dachte er: »Das ist ein wenig mehr als nur Gischt.«

Das Nächste, woran sich Campbell und Meikle erinnerten, war ein plötzliches Ansteigen der Windgeschwindigkeit: »Es war, als hätte jemand einen Schalter umgelegt«, sagte Campbell. »Das typische Gejaule des Windes verwandelte sich in Kreischen. Es war sehr hoch, etwa so wie eine Polizei-Trillerpfeife. In diesem Augenblick spürte ich, dass der Sturm einen Zahn zugelegt hatte. Es schien, als hätte sich nicht das Pfeifen des Windes verändert, sondern als wäre eine völlig neue Situation entstanden. Es war das Bizarrste, was ich je erlebt hatte.

Der Wind war so laut, dass man nicht einmal mehr seinen Nachbarn verstehen konnte. Man blieb einfach in der Plicht zusammengekauert sitzen und konnte nur noch auf den Boden starren. Alle machten wir uns Sorgen wegen der gelegentlich auftretenden Riesenwellen. Also beschäftigte ich mich die meiste Zeit damit, alle Abflüsse offen zu halten, damit das Wasser abfließen konnte.

Das Nächste, woran ich mich erinnere, ist, dass ich mich eine halbe Meile vom Boot entfernt befand und keine Ahnung hatte, wie zum Teufel ich dorthin gekommen war!«

Davor hatte Campbell zusammengekauert in der Plicht gesessen, direkt vor dem Steuerrad und dem Kompasshaus. Es war kurz vor 19 Uhr und wegen des Sommers noch ziemlich hell. Dennoch war das Wetter trüb, und die Sichtweite betrug meist kaum mehr als eine halbe Meile.

»Die Szenerie ließ so etwas wie eine Vorahnung aufkommen«, sagte Meikle. »Es flog unglaublich viel Gischt, und ab und zu bekamen wir einige wirklich große Wellen zu sehen. Damit meine ich etwa 50 bis 60 Fuß hohe Brecher. Man hatte Glück, wenn man nicht von ihnen getroffen wurde, aber es gab noch mehr von diesen Riesendingern um uns herum. Und wir beglückwünschten uns, nicht dort zu sein, wo gerade eine davon brach.«

Zu dieser Zeit hatte die Crew akzeptiert, dass es nur zwei Möglichkeiten gab: entweder das Ziel in Hobart anzusteuern oder zum Festland nach Eden umzudrehen. Sie sahen keinen Sinn darin, vor den Wellen abzulaufen – es war weitaus zu gefährlich. Für Meikle bestand kaum ein Unterschied zwischen dem einen und dem anderen Kurs, ob nach Hobart oder Eden. Der Winkel zu den Wellen wäre bei beiden Kursen annähernd gleich.

»Wir schienen uns alle ziemlich wohl zu fühlen«, sagte Meikle. »Ich erinnere mich, dass ich einen der Crew ansah, der meine Skibrille trug, um seine Augen zu schützen. Im nächsten Augenblick hörte ich ihn rufen: ›Scheiße! Pass auf!‹

In Erwartung, dass eine ganze Wasserladung über uns herein-brechen würde, duckten wir uns in die Plicht. Ich wollte meinen Kopf so nach unten halten, dass mir das Wasser den Rücken hi-nunterlaufen würde. Es war ohnehin egal, nass war ich ja schon.

Die nächsten paar Sekunden sind ein wenig verschwommen, aber ich muss mich schnell umgedreht und die Leine meines Sicherungsgurts gepackt haben, während ich von der Seite der Plicht herunterrutschte. In diesem Stadium müssen wir mehr als 90 Grad geneigt gewesen sein und uns noch weiter gedreht haben. Ich erinnere mich, dass ich hin und her gestoßen wurde, fast wie in einem Riesenjacuzzi, und dabei dachte: ›Das ist jetzt aber ziemlich unheimlich.‹ Wasser kroch meine Beine hinauf, und plötzlich wurde ich mir der Stille bewusst. Das Wasser bewegte sich nur wenig, und es war dunkel.

Ich hatte die Augen offen und konnte atmen, wusste aber nicht, wo ich war. Dann wurde mir klar, dass das Boot auf dem Kopf lag und ich mich in einer Luftblase unter der Plicht befand. Nach etwa fünf Sekunden richtet sich das Boot blitzschnell wie-der auf. Überall rundum tobte weißes Wasser, und ich fand mich auf dem Boden der Plicht sitzend wieder. Ich sprang auf und dachte: ›Wo zum Teufel sind die anderen?‹«

Im Bruchteil einer Sekunde wurde Meikle ganz flau im Ma-gen, als er sah, dass er auf der Yacht ganz allein war. Er konnte es nicht fassen. Vor wenigen Sekunden waren noch vier von der Crew in der Plicht gewesen und jetzt keiner mehr.

Zudem fiel ihm auf, dass der festgezurrte Baum von so ge-walttätigen und brutalen Kräften attackiert worden war, dass es die große Großschotwinsch aus ihrer massiven Verankerung an Deck herausgerissen hatte. Doch dann regte sich etwas. Einer von der Crew kam seitlich hinter der Kajüte hervor, von unten, nahe der leewärtigen Reling. Er war durch die Seereling hin-durchgeschossen und dann zurück an Bord geschwemmt wor-den. Dann sah Meikle, dass Anthony Snyders und John Camp-bell in ihren Sicherungsgurten am Heck der Yacht hingen. Sny-ders schien es trotz seines zerschmetterten Knies gut zu gehen, Campbell hingegen nicht.

»Er hing mit dem Kopf direkt über dem Wasser, und sein Gurtstropp hatte sich eng um seinen Hals gewickelt«, erinnerte sich Meikle. »Ein schrecklicher Anblick! Ich schrie die Luke hinunter: ›Alle Mann an Deck!‹«

Was die an Deck zu dieser Zeit nicht wussten, war, dass sie es mit zwei Notfällen zu tun hatten, einem an Deck, den anderen darunter. Denn die Kajüte war von einer riesigen Wassermenge geflutet worden und Joubert war verletzt. Er hatte eine böse Kopfwunde, die stark blutete, zudem stand er unter Schock. Und vielleicht war die KINGURRA am Sinken.

Meikle wusste, dass er Campbell an Bord zurückholen musste, aber es war niemand zum Helfen da. Also setzte er sich rittlings auf die Heckkorb-Reling und versuchte mit aller Kraft, Campbell anzuheben. Zwar gelang es ihm, dessen Schultern über die Seereling zu heben, aber seine Kraft reichte nicht, ihn darüber hinweg an Bord zu ziehen. Dann merkte Meikle, dass Campbell nicht bei Bewusstsein war, aber der Gedanke, dass er tot sein könnte, kam ihm nicht.

»In diesem Augenblick kam Tony Vautin an Deck und half mir dabei, John hochzuziehen. Jetzt aber fingen die wirklichen Probleme an, weil John eine Nässeschutzjacke trug, mit glattem Innenfutter. Zu unserem Entsetzen – ein Gefühl, das ich nie vergessen werde – begann sich die Jacke, als wir ihn anhoben, umzukrempeln, und er rutschte einfach nach unten hinaus. Sein rechter Arm kam zuerst. Ich packte seine Hand und hielt sie fest. Er zeigte keinerlei Regung. Dann glitt sein anderer Arm aus der Jacke. Verzweifelt versuchte ich, seine rechte Hand festzuhalten, aber er wurde hin und her geschleudert. Sein Gesicht mit den geschlossenen Augen war mir zugewandt, und er gab nur gurgelnde Geräusche von sich. Es war, als ob er wüsste, dass er aus seiner Jacke rutschte. Nie werde ich die Geräusche vergessen, die er machte, als er herausflutschte. Dann kam eine weitere große Welle, und ich konnte ihn nicht mehr halten. Er wurde meinem Griff entrissen.«

Meikle schrie: »Mann über Bord!«, und rief nach unten, dass jemand die Position der Yacht aufschreiben solle, damit das Suchgebiet festgelegt werden könne. Außerdem nahm er Peilung, wo er Campbell zum letzten Mal gesehen hatte. Zum Entsetzen derer an Deck trieb Campbell mit dem Gesicht nach unten davon. Sie hatten bereits Rettungsausrüstung ins Wasser geworfen, in der verzweifelten Hoffnung, dass er wieder zu Bewusstsein kommen und sie sich greifen könnte.

Ihre nächste Hoffnung war der Motor. Er könnte ihnen helfen, zu ihm zurück zu gelangen. Aber in dem Moment, als sie den Gang einlegen wollten, nahm der Motor einen großen Schluck von dem Wasser, das im Inneren der Kajüte herumschwabberte, und gab den Geist auf und weigerte sich, wieder anzuspringen. Nun hatten sie nur noch eine Wahl: Sie mussten die Yacht so weit wie möglich in den Wind drehen, um die Geschwindigkeit zu verringern, während sie die Überreste der zerfetzten Fock an Deck holten.

Die nächste Szene war für die Crew fast nicht zu glauben. Der Mann, der Campbell im Auge behalten sollte, sah dessen Seestiefel an die Oberfläche treiben, als dieser oben in einem Wellenkamm lag. Kurz danach trieb seine Wetterhose davon, und sie sahen ein schwaches Winken seiner Hand in Richtung Yacht.

Trotz seiner schweren Verletzung war es Peter Joubert gelungen, zur Navigationsecke zu wanken und sich das Kurzwellenmikrofon zu schnappen. Er drückte auf den roten Knopf mit der gewünschten Frequenz und rief Lew Carter an Bord der YOUNG ENDEAVOUR an, die als Funkrelayschiff des Rennens diente. »Hier spricht die KINGURRA. Mayday, Mayday. Mann über Bord, wir brauchen einen Hubschrauber.«

»Wer ist über Bord gegangen?«, fragte Carter. »Wie heißt er?«

»John Campbell.«

»Was hat er an? Trägt er eine Rettungsweste?«

»Negativ.«

»Trägt er bunte Kleidung?«

»Negativ. Er hat seine blaue Thermounterwäsche an.«

»Habt ihr eure EPIRB aktiviert?«

»Noch nicht.« Und dann brach Joubert zusammen. Er hatte eine gerissene Milz und unzählige gebrochene Rippen.

Sie aktivierten die EPIRB-Seenot-Funkbake. Währenddessen trieb Campbell immer weiter weg. Sie entschieden sich, die Bake an Bord der Yacht zu belassen, weil noch immer nicht sicher war, ob sie nicht sinken würde. Dann holten sie das Trysegel herauf an Deck, setzten es aber nicht, weil sie meinten, dass sie während dieses Manövers Campbell nicht nur aus den Augen verlieren, sondern noch weiter von ihm abgetrieben werden könnten. Inzwischen war Campbell 100 Meter entfernt, aber sie konnten ihn nur dann sehen, wenn sowohl er als auch die Yacht oben auf den riesigen Wellen waren.

Dann entschieden sie sich, die KINGURRA in einen 80-Grad-Winkel zum Wind zu bringen, ein Winkel, der ihnen, obwohl sie keine Segel gesetzt hatten, ein wenig Vortrieb geben würde. Nach einer festgelegten Zeit würden sie halsen. Das Schiff würde dann am Wind zurücklaufen und könnte diesen Kurs eine Weile beibehalten. Es war die einzige Möglichkeit, in Campbells Nähe zu bleiben, den sie ab und zu noch sehen konnten.

Kurze Zeit später streckte Alistair Knox, einer von der Crew, den Kopf aus der Kajütluke und verkündete, dass ein Schiff umgeleitet werde und dass ein Helikopter unterwegs sei. Jetzt begann das große Warten.

Der Hubschrauber der Victoria Police, POLAIR I, war gerade im Mallacoota angekommen, um aufzutanken und an der riesigen Such- und Rettungsoperation teilzunehmen, als sie über die Seenotlage der KINGURRA informiert wurden. Schnell stürzte sich die Besatzung in den POLAIR I, und der Hubschrauber hob in aller Eile zur KINGURRA ab. Kaum war er in der Luft, flog er mit höchster Geschwindigkeit, wie von einem Katapult abgefeuert, auf sein Ziel zu. Da er mindestens 70 Knoten Rückenwind hatte, fegte er mit etwa 200 Knoten über das Wasser und war in 10 Minuten am Ziel.

Und doch lief die Zeit stark gegen Campbell und seine Retter, denn es war früher Abend und in 90 Minuten würde es dunkel sein.

»Als Erstes erinnere ich mich daran, dass ich aus der Bewusstlosigkeit erwachte und in der Ferne ein Schiff sah«, sagte Campbell. »Ich hatte völlig die Orientierung verloren. Die Yacht schien etwa eine halbe Meile entfernt. Ich hatte keine Ahnung, wo ich war, wie ich dorthin gekommen war oder warum ich im Wasser lag. Anfangs dachte ich: ›Ich träume. Es muss ein Traum sein.‹ Dann überkam mich die Erkenntnis, dass es kein Traum war, sondern dass ich mich in echten Schwierigkeiten befand.

Es ging mir einiges durch den Kopf. Ich war nicht sicher, wie klar ich war. Die Jungs behaupteten, mich innerhalb der ersten 10 Sekunden nach dem Überbordgehen anscheinend bewusstlos, mit dem Gesicht nach unten, davontreiben gesehen zu haben. Dass ich dann aber das Boot wahrgenommen und ihnen wie verrückt zugewinkt habe. Daran kann ich mich überhaupt nicht mehr erinnern, aber möglicherweise war ich früher als erinnert wach.«

Campbell hielt die Yacht für nahe genug, dass die Crew ihn sehen konnte und dass sie zurücksegeln und ihn aufnehmen würden. Er ging davon aus, dass sie nach ihm suchten, als die Yacht im Zickzack-Kurs, anscheinend im Suchschema, fuhr.

Kurz und knapp beschloss er, dass es das Beste sei, wenn er auf die Yacht zuschwimmen würde: »Auf jedem Wellenkamm hielt ich inne und winkte verzweifelt mit den Armen, in der Hoffnung, dass mich jemand sehen würde und dass sie zurückkommen und mich herausholen würden. Aber jedes Mal, wenn ich dachte, dass ich etwa in einer Richtung unterwegs sei, die mich näher an die Yacht heranbringen würde, drehte sie um und fuhr in die entgegengesetzte. Diese Verfolgungsjagd ging so eine Weile, und ich verlor ein wenig den Mut.«

Er konnte sich nicht daran erinnern, sein Segelzeug ausgezogen zu haben, aber er war dankbar, dass er sich dazu entschlossen hatte, übergroße Seestiefel zu tragen, weil sie leicht auszuziehen waren, falls er jemals über Bord gehen sollte: »Diese Entscheidung hat mir das Leben gerettet.«

Campbell sah, wie seine Lage immer verzweifelter wurde, je weiter die Yacht wegtrieb. Er war überzeugt, dass er irgendwie zu ihr hingelangen müsse. Andere Rettungsmöglichkeiten kamen ihm nicht in den Sinn. Aber sein Lebenswille wurde mehr als strapaziert durch die 20 Meter hohen Wellen, die unaufhörlich auf ihn herabdonnerten. Im Luv der KINGURRA zu sein bedeutete, dass die Wellen von hinten kamen und er deshalb nicht sehen konnte, wie sie heranrollten. Immer wieder packten ihn die höchsten Wellen, ließen ihn an ihrer Vorderseite heruntertaumeln und begruben ihn unter sich: »Die Wellen waren riesengroß und brachen über mir. Ich atmete ganz tief ein, wurde bis nach unten durchgeschleudert, kam wieder nach oben und schnappte nach Luft. So unglaublich es auch scheinen mag: Ich kann mich nicht daran erinnern, dass sie mir Angst machten. Außer dem Blick auf die Yacht war alles andere Nebensache. Ich spürte keine Kälte und keine Verletzung. Alle anderen Sinneswahrnehmungen waren schlichtweg ausgeblendet. Ich weiß nicht, ob ich nicht ganz bei mir war, oder ob es sich um einen Überlebensreflex gehandelt hat.«

Campbell verlor die Yacht immer öfter aus den Augen. Inzwischen war er schon 30 Minuten im Wasser, aber ihm erschien es, als seien erst zehn vergangen. Als er anfing, an seinen Überlebenschancen zu zweifeln, glaubte er ein Hubschraubergeräusch über dem Tosen des Sturms zu hören. Gleichzeitig sah er eine Leuchtkugel von der Yacht aufsteigen, und einige Augenblicke später tauchte ein Hubschrauber über ihm auf. »Er war in der Nähe, und dann drehte er ab. Mir sank das Herz. Zum ersten Mal meinte ich, am Ende meiner Ausdauer angekommen zu sein und dass meine Kraft nur noch weitere 10 Minuten reichen würde.«

Als am 27. Dezember kurz nach 16 Uhr die POLAIR 1 vom Essendon-Flughafen in Melbourne auf Anforderung der AusSAR startete, um an der Sydney–Hobart-Such- und Rettungsaktion teilzunehmen, flog die Besatzung buchstäblich ins Unbekannte. Senior Constable Darryl Jones war der Pilot, Senior Constable Barry Barclay der Mann an der Rettungswinde und Senior Constable David Key der Luft-Rettungsmann.

»Mir wurde schnell klar, dass wir in unvorstellbare Wetterbedingungen hineinflogen – Bedingungen, für die wir weder geschult worden waren, noch in denen wir jemals trainiert hatten«, sagte Jones.

Mit 160 km/h Rückenwind jagte der zweimotorige Dauphin-Hubschrauber aus französischer Produktion dorthin, wo sich die KINGURRA laut Angabe befinden sollte. In seinen 12 Jahren bei den Polizeifliegern hatte Jones nie einen stärkeren Wind erlebt.

Als sie sich dem Suchgebiet näherten, brachen heftige Regenschauer über sie herein, zudem hatten sie ständig mit Gischt zu kämpfen, und die Wolkenbasis lag zwischen 600 bis 2000 Fuß Höhe. Unter dem Hubschrauber tobte die See – Wellen und Dünung steilten sich auf Höhen von 80 bis 90 Fuß empor. Die eine oder andere Welle schien sogar 120 Fuß hoch zu sein. Der Wind raste mit einer Durchschnittsgeschwindigkeit zwischen 70 und 80 Knoten (130–150 km/h).

»Zu diesem Zeitpunkt befanden wir uns 65 Seemeilen (120 km) südöstlich von Mallacoota«, erzählte Jones. »Ich wusste, dass wir, falls wir dort draußen Problem bekämen, auf uns allein gestellt sein würden. Wahrscheinlich wären wir dann vor dem Eintreffen von Hilfe bereits tot.«

Wegen der Höhe der Wellen, der Stärke von Wind und Regen, der niedrigen Wolken und der schrecklich aufgewühlten See war es der Crew der POLAIR 1 fast nicht möglich, die KINGURRA zu finden und ein vernünftiges Suchschema zu erstellen. Jones begann, in immer weiter werdenden Kreisen zu suchen und drehte zuerst nach Norden. Als er gerade zum Wenden ansetzte, entdeckte Barclay in kurzer Entfernung links vor ihnen eine rote Leuchtkugel und Jones beeilte sich, dorthin zu kommen. Wenige Sekunden später rief Barclay, dass sie die Yacht gleich überfliegen würden. Der Helikopter drosselte die Geschwindigkeit so weit wie möglich, weil sie das Boot nicht aus den Augen verlieren wollten. Dann nahm Barclay Kontakt mit der KINGURRA auf und erhielt die Auskunft, dass Campbell etwa 300 Meter westlich der Yacht vermutet wurde.

Sie flogen dorthin und kurz danach entdeckte einer der Crew

einen orangefarbenen Rettungsring, in dem er Campbell vermutete. Doch bei genauerem Hinsehen stellten sie fest, dass er leer war. Aber, als der Helikopter abdrehte, erhaschte Key etwas aus dem Augenwinkel. Es war Campbell, der verzweifelt mit den Armen winkte. Er befand sich etwa 400 Meter östlich des Rettungsrings und 600 Meter in Luv der Yacht. Sofort machten sie die Winde einsatzbereit und gingen so vor, wie sie es unterwegs abgemacht hatten. Jones hielt den Helikopter 100 Fuß über Campbell in der Schwebe und Barclay begann, Key mit der Winde hinunterzulassen.

Campbells Glücksgefühle schossen ins Unermessliche. »Ich versuchte mit den Beinen und einem Arm Wasser zu treten, während ich mit dem anderen Arm verzweifelt winkte. Dabei schrie ich: ›Hey, hier bin ich!‹ Dann dachte ich mir: ›Sowas Dummes, sie können dich ja nicht hören. Winke einfach weiter.‹ Sie schwebten über mir, und dann sah ich den einen am Seil herunterkommen. Ich versuchte zu ihm hinzuschwimmen. Ich erinnere mich, dass der Pilot wirklich gute Arbeit leistete, indem er ihn (wie ich heute weiß, war es David) ganz in meiner Nähe zum Wasser herunterließ. Ich schwamm mit aller Kraft vielleicht 15 oder 20 Meter auf den Gurt zu, den er mir hinhielt. Ein unglaublich wunderbares Ziel.«

In wenigen Minuten befand sich Campbell an Bord der POLAIR I, aber weder er noch die Mannschaft waren nur annähernd in Sicherheit. Denn beinahe wären sie auf ihrem Rückweg zum Land wegen des unglaublich starken Gegenwinds in die wütende See gestürzt.

Das Blinken der roten Warnleuchte zeigte an, dass der Hubschrauber bereits auf der letzten Treibstoffreserve lief. Der Pilot Darryl Jones steuerte in einem todesmutigen Verzweiflungsmanöver die erste sich bietende Landemöglichkeit an und setzte auf – im letzten Augenblick.

An dieser Geschichte zeigt sich deutlich, welch grandiose Leistungen die Hubschrauber-Rettungsdienste in diesem verhängnisvollen Rennen erbrachten. Leistungen, die verhinderten, dass sich dieses Sportereignis in die weltweit schlimmste

Sporttragödie verwandelte, die leicht mehr als 50 Menschenleben hätte kosten können.

Zehn Jahre nach dieser Rettungsaktion konnte sich Darryl Jones, der noch immer bei der Victorian Police Force Dienst tat, jetzt aber am Steuer eines Polizeiwagens auf der Autobahn und nicht mehr am Knüppel eines Hubschraubers, noch immer lebhaft an diesen Heimflug gegen den Tod erinnern.

»Für die Victorian Police Air Wing flog ich bis Februar 2001. Dann bekam ich Diabetes«, erzählte Jones. »Leider bedeutete dies meinen Abschied als Pilot. Aber, wie sich herausstellte, war es gut, im Polizeidienst zu sein, denn dadurch konnte ich wegen besonderer Umstände zur Autobahnpolizei versetzt werden. Wäre es nicht so gewesen, hätte ich keine Arbeit mehr, hätte auf der Straße gestanden und mir einen neuen Job suchen müssen.«

Jones' grandiose Leistung im Jahre 1998 machte ihn zum einzigen Piloten in der 30-jährigen Geschichte der Victoria Police Air Wing, der einen Valor Award erhielt. Bis heute sind ihm seine Erinnerungen an die Rettungseinsätze, die er mit dem Hubschrauber durchführte, unauslöschlich im Gedächtnis eingebrannt. Aber das Drama, das sich nach dem Herausfischen Campbells aus der See abspielte, ist ihm am gegenwärtigsten.

Jones erzählte: »Als wir wussten, dass wir ihn tatsächlich gefunden hatten, sagte ich zu den Jungs: ›Am besten erledigen wir es so schnell wie möglich. Ich muss aufpassen, dass wir ausreichend Sprit für den Heimflug haben.‹

Wir hängten also ›Keysie‹ an das Seil und ließen ihn zum Wasser hinunter. Wegen des Windes war das anfangs gar nicht leicht. Dennoch meinten wir: Wird schon gehen. Wir hängen ihn ans Seil und dann geht er geradewegs runter – vertikal. Aber bei diesem Wind war es, als hätte man eine Strohpuppe an eine Schnur gehängt. Es blies ihn hinter den Hubschrauber. Barry Barclay informierte mich über Bordfunk, dass er Dave nicht nah an Campbell heranbringen könne, und dass ich den Hubschrauber vorfliegen solle, über das Ziel hinaus. Genau in diesem Moment rollte die Riesenwelle, über die noch heute jeder spricht, auf den Schauplatz.

Wir schwebten gerade 100 Fuß über dem Wasser und das RADALT (Höhenradar) zeigte 90 Fuß hohe Wellen unter uns an. Jedes Mal, wenn eine unter uns durchrollte, meldete das Gerät 10 Fuß. Diesmal aber, als ich nach vorn schaute, um vorwärts zu fliegen, sah ich nur noch eine riesige Wasserwand auf uns zukommen. Ich schrie Barry zu: ›Lass noch etwas Kabel nach. Ich muss steigen.‹ Er sagte: ›Okay, kein Problem.‹ Also stieg ich, bis das RADALT 150 Fuß zeigte, und als sich dieses Monster unter uns durchwälzte, war die Nadel bei 10 Fuß. Keysie meint zwar, es sei eine 90-Fuß-Welle gewesen, ich aber kann nur das sagen, was ich auf dem Gerät gesehen habe – sie war viel höher.

Es war ein Berg aus Wasser, durch den wir Dave geradewegs hindurchzogen. Er war so groß und tauchte so plötzlich auf, dass wir keine Chance hatten, ihn heraufzuziehen und ihn vor dem Wasser zu verschonen. Immerhin gelang es uns, ihn schneller durch die Welle gleiten zu lassen.«

Key erzählte seine Version des Geschehenen. »Ich war gerade in einem Wellental, als ich eine massive vertikale Wasserwand vor mir sah – eine 90 Fuß hohe Welle. Ich wurde in die Front hineingesaugt. Dann kam der Auftrieb meines Nassanzugs zum Tragen und ich kollerte vorn wieder herunter. Ich wurde 10 bis 15 Sekunden unter Wasser gesaugt, bevor ich an der Rückseite der Welle wieder herauskam. Ich hatte völlig die Orientierung verloren und eine große Menge Salzwasser geschluckt. Und ich machte mir Sorgen, weil ich den Hubschrauber weder sehen noch hören konnte – auch nicht den Mann, den ich retten sollte.

Prompt erwischte mich eine weitere Welle und zog mich wieder unter Wasser. Dann, als ich an die Oberfläche zurückkam, sah ich Campbell direkt vor mir. Er trieb gerade ein paar Meter entfernt. Sein Blick war ausdruckslos, sein Gesicht aschfahl. Wir begannen aufeinander zuzuschwimmen. Ich packte ihn, als wir von einer weiteren Wasserwand getroffen wurden, und hielt ihn so fest ich irgend konnte. Kraftlos und ohne Rettungsweste wog er bleischwer. Als wir zurück an der Oberfläche waren, streifte ich ihm den Rettungsgurt über den Kopf und zog seine Arme durch das Gurtband, weil er mir nicht helfen konnte.«

Key war nicht der einzige, der geglaubt hatte, dass der Hubschrauber, von der Welle getroffen, abgestürzt war. Auch die Crew einer anderen Yacht, die sich, unbemerkt von der Hubschrauber-Besatzung, in der Nähe befunden hatte, war davon überzeugt, dass die POLAIR I verunglückt war.

»Anscheinend befand sich zu dieser Zeit eine weitere Yacht fast direkt unter uns«, sagte Jones. »Wir haben sie nur nicht gesehen. Sechs Monate später stellte sich jedoch heraus, dass die Crew zugeschaut hatte, wie wir schwebten und zur Rettung ansetzten. Dann sahen sie diese Riesenwelle sich aufbauen und auf uns zukommen. Sie sagten sich: ›Die sind abgestürzt.‹ Sie waren fest davon überzeugt, dass uns das Wasser verschlungen hatte – bis die Welle vorbei war und sie unseren kleinen Hubschrauber noch immer fliegen sahen.«

Jetzt, da Campbell sicher im Rettungsgurt hing und mit Key in den Hubschrauber heraufgezogen wurde, sah es so aus, als sei das Schlimmste überstanden. Das aber war nicht der Fall. »In den 14 Jahren meiner Tätigkeit bei der Police Air Wing habe ich nie erlebt, dass eine Winde versagt hat. Aber genau das passierte bei dieser Rettung«, sagte Jones. »Es gelang uns, die beiden bis wenige Fuß unter den Hubschrauber heraufzuholen, und dann auf einmal blockierte die Winde – sie wollte sich nicht mehr bewegen. Wir wussten sofort, wenn wir die Männer nicht in die Maschine hereinbekämen, wären wir in ernsthaften Schwierigkeiten. Immer wieder legte ich den Elektroschalter für den Windenmotor um, in der Hoffnung, dass er anspringen würde. Nach fünf oder sechs Versuchen erwachte er tatsächlich wieder zum Leben, endlich konnte Barry die Männer packen und sie hereinziehen. Einige Tage danach, als die Mechaniker die Winde überprüften, stellte sich heraus, dass das Gerät durchaus in Ordnung war. Es hatte sich lediglich um einen Kurzschluss in der Stromzufuhr wegen der großen Luftfeuchtigkeit gehandelt.«

Inzwischen war Campbell an Bord, die Hubschraubertür geschlossen und Jones steuerte Mallacoota, den nächstgelegenen

Flughafen, an. Nach seinen Berechnungen hatte der Hubschrauber unter den herrschenden Bedingungen ausreichend Flugbenzin für 80 Minuten und das GPS zeigte 40 Minuten Flugzeit nach Mallacoota an. »Das war super, aber natürlich konnte das GPS den extrem starken Gegenwind nicht einberechnen. Von dem Augenblick an, wo wir zurückflogen, tat ich das, was alle Piloten tun: Ich behielt alle Anzeigen im Auge, und nach einer Weile merkte ich, dass ich bereits seit etwa 40 Minuten nach Mallacoota unterwegs war. Das bedeutete nichts anderes, als dass wir zwar mit 120 Knoten flogen, uns aber tatsächlich nur mit 5 Knoten über Grund voranbewegten, weil wir es mit einem Gegenwind von 115 Knoten zu tun hatten.

In diesem Stadium befanden wir uns noch immer über einem sehr aufgewühlten Ozean. Ich konnte 25 km voraus Land erkennen, aber trotzdem machte ich mir erhebliche Sorgen, ob der Treibstoff reichen würde. Ich wusste, dass er sehr schnell verbraucht sein würde, und so war es auch. Kurze Zeit später sprangen die tiefroten Treibstoff-Warnleuchten und dann der Notalarm an. Mit diesem Blinklicht vor Augen und fast leeren Treibstofftanks schoss mir der Gedanke durch den Kopf: ›Vielleicht schaffen wir es nicht an Land.‹ Ich tat mein Bestes, indem ich das Höhenruder zurücknahm, um so wenig Leistung wie möglich zu brauchen, bis ich etwas Geschwindigkeit verlor. Dann legte ich wieder ein wenig zu, um wieder etwas Geschwindigkeit aufzunehmen. Dadurch verringerte ich den Kraftstoffverbrauch, konnte jedoch die Fluggeschwindigkeit gerade so beibehalten, dass das bisschen im Tank verbliebene Benzin so weit wie irgend möglich reichen würde.«

Weil Jones so still war, spürten mittlerweile auch Barclay und Key, dass etwas nicht stimmte. Das bestätigte sich, als einer der beiden über Jones' Schulter schaute und sah, dass die rote Benzinleuchte blinkte, und der Notalarm ist eine Botschaft, die kein Pilot hören mag. Aus ihrer Berufserfahrung wussten Barclay und Key, dass sie nichts zu Jones zu sagen brauchten. Sie berieten lediglich untereinander darüber, weil sie wussten, dass der Hubschrauber jederzeit im Wasser notlanden konnte, und

Ruhe vor dem Sturm: Die ROSE-NOËLLE liegt friedlich in einer Bucht. Genau so stellte sich John Glennie seine Fahrt im Pazifischen Ozean vor. Doch diese Träume wurden von einem wilden Sturm vor der Ostküste Neuseelands zerschmettert. Was darauf folgte, waren 119 Tage, in denen die vier Männer in einer kopfunter schwimmenden Welt um ihr Überleben kämpfen mussten. (John Glennie)

Trautes Heim, Glück allein: Drehen Sie die Hauptkajüte auf den Kopf und stellen Sie sich vor, auf der Decke durch hüfttiefes Wasser zu waten. Das gibt Ihnen eine leise Vorstellung dessen, was die Segler an Bord der gekenterten ROSE-NOËLLE zu ertragen hatten. Die kleine Öffnung unten links ist der Eingang zu dem, was ihre »Höhle« wurde, in der sie während ihres Martyriums leben mussten. (John Glennie)

Mitternächtliches Schwimmen gegen den Tod: Während der Sydney-Regatta 1993 wurde John Quinn 50 Meilen vor der Küste in einem schrecklichen Sturm von einem gewaltigen Brecher von Bord seiner 10,6 Meter langen Hochseerennyacht MEM gespült. Es ist einigen unglaublichen Glücksfällen zu verdanken, dass er in der pechschwarzen Nacht nach fünf Stunden gerettet werden konnte. (Newspix)

Es war eine sturmdurchtoste Nacht, Quinn war gerade am Steuerrad der MEM, als eine riesige Welle wie eine Felswand drohend auf sie zukam. Sie brach, verwandelte sich in eine Furie aus weißem Wasser und schleuderte die Yacht so wild herum, dass sie kenterte. Dabei ging Quinn über Bord, sein Sicherungsgurt riss, und er verschwand im wirbelnden Wasser. (Newspix)

Neun Leben: Sowohl als legendärer Pilot im Krieg als auch später während seines Lebens auf See waren es seine überragenden Fähigkeiten, gepaart mit Wagemut, Kühnheit und Heldenmut, denen Keith Thiele so oft sein Leben zu verdanken hatte. (Newspix)

Er überlebte am Himmel und auf hoher See: Major Keith Thiele (rechts) ist der am höchsten ausgezeichnete neuseeländische Bomber- und Jagdflugzeugpilot im Zweiten Weltkrieg. Die Abbildung zeigt ihn 1943, im Alter von 22 Jahren, auf dem RAF-Stützpunkt Bottesford, England, mit dem Leutnant der RAAF EK Sinclair aus Melbourne. (Australien War Memorial Negative Number UKO178)

Gefährliche Liebschaft: Die 9,1-Meter-Sloop CADENCE war die kleinste Yacht, die je in berechneter Zeit die Sydney–Hobart-Regatta gewonnen hatte. Acht Jahre später, 1947, kaufte Thiele sie, weil er von nun an ein Leben auf See führen wollte. Es wurde zu einem Abenteuer, das ihm fast den Tod gebracht hätte.

In seinem Element: Kaum 12 Jahre alt, arbeitete Damian Langley schon begeistert als Deckshelfer auf Trawlern, die in Brisbanes Moreton Bay beheimatet waren. Schon als kleiner Kerl hatte er so dürre Beine, daher auch die Bemerkung auf dem Foto.

Immer noch beim Fischen: Langley, ein echter »Crocodile Dundee« an Australiens tropischer Ostküste, posiert stolz mit dem großen Napoleonfisch, den er gefangen hat. Inzwischen stehen Napoleonfische im Great Barrier Marine Park unter Naturschutz. Sie können zwei Meter lang und 190 Kilogramm schwer werden.

Ihre Zeit war noch nicht abgelaufen: Ein unglaublich glücklicher John Campbell mit seinen drei Rettern vom Luftgeschwader der Victoria Police: David Key (links), Barry Barclay (Mitte) und der Pilot Darryl Jones (rechts). Mit Campbell an Bord war der Hubschrauber nur daumenbreit entfernt davon gewesen, 1998 auf der Sydney – Hobart-Regatta bei der intensiven Such- und Rettungsaktion in die 25 Meter hohen Wellen zu stürzen. (Peter Meikle)

Die vermissten Mexikaner: Nachdem sie neun Monate in einem offenen Boot überlebt hatten, posieren die bewundernswerten Männer aus Mexiko, Lucio Rendon, Jesus Vidana und Salvador Ordonez, daheim in San Blas vor einem offenen Boot, das fast identisch mit ihrem ist. Auf Vidanas T-Shirt steht, was es dazu zu sagen gibt: »Mir hat's nichts ausgemacht.« (Steve Pyke)

Leb wohl, edle Dame – August 1948: Elinore Carlin betrachtet die Freiheitsstatue, während die schwer beladene HALF-SAFE den Hafen von New York verlässt. Es ist der Beginn einer Atlantiküberquerung, die beim ersten Versuch fast in einer Katastrophe endet. (Guildford Grammar School)

Ein Meer aus Sand, Steinbrocken und Geröll: Nach ihrer Atlantiküberfahrt mussten sich die Carlins mit der HALF-SAFE durch die Spanische Sahara schlagen. Hier zeigt Bessahri, ihr einheimischer Führer, Elinore, in welcher Richtung ihr nächstes Ziel, Tantan, liegt. (Guildford Grammar School)

Immer noch liegt ein weiter Weg vor ihnen: Elinore und Ben posieren im Juni 1951 in Paris mit der HALF-SAFE, mit der sie in 63 Tagen den Atlantik überquert hatten.
(Guildford Grammar School)

Eine Zirkusnummer: Die umgebaute HALF-SAFE fährt 1955 über den Piccadilly Circus in London. Die riesigen Wellen des Orkans im Atlantik, die der amphibische Jeep irgendwie überstanden hatte, waren fast so hoch wie das Gebäude im Hintergrund.
(Guildford Grammar School)

Die WINSTON CHURCHILL war eine klassische hölzerne Yacht, die schon an der ersten Sydney–Hobart-Regatta im Jahre 1945 teilgenommen hatte, aber die tragische Hobart 1998 sollte ihre letzte werden. Ihre alternden Knochen konnten es nicht mit dem Ausmaß des Sturmes aufnehmen, der die Flotte traf. In ihm ging die WINSTON CHURCHILL, unter und drei Mitglieder der Besatzung verloren ihr Leben. (Newspix)

Ein tief bewegendes Bild: Richard Winning verlässt den Rettungshubschrauber. 24 Stunden hatte er im Kampf ums Überleben in einem Rettungsfloß zugebracht, in dem Sturm, der die Flotte der Sydney–Hobart-Regatta 1998 heimgesucht hatte. Seine Yacht, die WINSTON CHURCHILL, war darin zerschmettert worden und versank bei hohem Seegang. Nur sechs der neun Besatzungsmitglieder überlebten. (Newspix)

dafür wollten sie vorbereitet sein. Also legten sie Campbell erneut einen Gurt um, nahmen dann drei Sicherungsleinen und verbanden damit die drei Personen mit dem Rettungsfloß. Mehr konnten sie nicht tun. Und von nun an warteten sie auf Jones' Aufforderung, den Hubschrauber zu verlassen.

»Ich überlegte, wann der beste Augenblick gekommen sei, den Hubschrauber auf das Wasser zu setzen, und wann ich der Crew sagen sollte: ›Los Jungs, fertig zum Abspringen‹, sagte Jones. Mein Plan war, so weit wie möglich runterzugehen, damit sie ins Wasser springen konnten. Es wäre weitaus sicherer, sie vor dem Aufsetzen abzusetzen, weil dann wenigstens die Drei beisammen bleiben würden und das Rettungsfloß hätten.

Sobald sie draußen wären, wollte ich in mit dem Wind von ihnen wegfliegen und die Maschine aufs Wasser setzen, so gut ich konnte. Ich musste sie unbedingt so weit wie möglich von ihnen entfernt absetzen, weil beim Aufschlagen des Hubschraubers überall Trümmer herumfliegen würden. Und das Zeug musste ich absolut von ihnen weg halten.

Ich war sicher, die Notwasserung nicht zu überleben – die Zeichen standen zu sehr gegen mich. Wie gut, dass ich in diesem Augenblick zu beschäftigt war, um lange über das, was mir bevorstand, nachdenken zu können.«

Jones erzählte, dass ihn eine ganz einfache Überlegung glauben ließ, dass er höchstwahrscheinlich sterben würde: Hubschrauber sind kopflastig. Sobald er also das Wasser berühren würde, würde er an Geschwindigkeit verlieren. Der Helikopter würde sich dann sofort überschlagen, auf den Kopf legen und sehr schnell untergehen. Bei diesem Modell des Dauphin-Hubschraubers gab es vorn weder an der Piloten- noch Kopilotenseite eine Tür. Um herauszukommen, müsste er also erst seinen Gurt öffnen, sich zwischen seinem Sitz und der Seitenwand der Plicht durchzwängen und sich nach hinten zur Luke durchkämpfen – all das, während der Hubschrauber im Wasser die letzten Zuckungen machte. »Deshalb war ich sicher, dass mich die Maschine mitreißen würde. Es wäre schwer herauszukommen, bevor sie sank.«

Während Jones über dieses schreckliche Szenario nachdachte, hatte er die Hoffnung auf ein Wunder noch nicht aufgegeben. Es könnte ja alles gutgehen und sie würden das Ufer erreichen. »In Gedanken spielte ich alle Möglichkeiten durch. Die Tatsache, dass wir sehr wenig Gewicht hatten – es waren nur drei Personen hinter mir und nur wenig Treibstoff im Tank – war ein Trumpf, der zu unseren Gunsten spielte. Wir kämpften uns weiter, und nach einer Weile stellte ich fest, dass wir tatsächlich vorankamen. Ich dachte mir: »Wahrscheinlich schaffen wir es nicht bis zum Flughafen von Mallacoota, aber wenn ich Land erreiche, fühle ich mich wohler. Dann muss ich die Maschine wenigstens nicht im Wasser notlanden, und wenn wir keinen Treibstoff mehr haben, kann ich zumindest mithilfe von Autorotation landen.

Ich steuerte das nächstgelegene Stück Land an. Es lag gerade östlich von Mallacoota und – kaum zu glauben – wir gelangten tatsächlich dorthin. Von diesem Punkt an dehnte ich unseren Flug immer weiter in die Länge, während ich ständig für den Fall des Falles nach einer Landemöglichkeit Ausschau hielt. Die ganze Zeit dachte ich: ›Noch geht's, also mache ich weiter.‹«

Jones trieb den Hubschrauber voran, denn auf der östlichen Seite der Bucht von Mallacoota gab es keine Zufahrtsstraßen. Wenn sie dort landen müssten, müsste einer der Hubschrauber, die an der Rettungsaktion der Regatta teilnahmen, abgezogen werden, um der POLAIR I Treibstoff zu bringen – völlig ausgeschlossen, solange im Wasser noch Menschenleben in Gefahr waren.

»Es gab keine Möglichkeit, den Flughafen zu erreichen, der etwa drei Meilen vor uns lag. Als ich dann über der engen Bucht von Mallacoota war und das Football-Stadion vor uns liegen sah, wusste ich, dass ich dorthin steuern musste. Ich drückte die Nase des Hubschraubers ein wenig nach unten, flog das Stadion sehr tief an, und in dem Moment, als ich es erreicht hatte, setzte ich die Maschine schnellstmöglich auf den Boden – kurz und trocken und bestimmt nicht nach Vorschrift. Ich hatte eine Stunde 22 Minuten für den Rückflug gebraucht!

Nachdem man einen Hubschrauber gelandet hat, muss man die Gashebel auf Leerlaufposition zurückschieben und die Motoren noch eine Minute laufen lassen, um Temperatur und Druck herunterzufahren. Ich schob also zuerst den einen zurück, stellte die Stoppuhr und 40 Sekunden später schaltete er sich von selbst ab. Der Treibstoff war alle! Dann schob ich den zweiten Hebel zurück, stellte wieder die Stoppuhr, und diesmal reichte das Benzin nur 20 Sekunden, bis auch er abschaltete!«

Ohne zu zögern stiegen Jones, Barclay und Key aus dem Hubschrauber, gingen ein paar Meter zur Seite und stellten sich eng aneinandergedrängt hin. Leicht zitternd blickten sie sich völlig ungläubig an. Keiner sprach ein Wort, alle standen unter Schock. Sie wussten, wie nahe sie daran vorbeigeschrammt waren, ihrerseits zu Opfern zu werden. »Wir standen eine kleine Weile herum. Vermutlich waren es nicht mehr als 30 bis 40 Sekunden«, erinnerte sich Jones, »Dann fuhr schon ein Rettungswagen auf den Parkplatz des Stadions, und sofort waren wir wieder im Arbeitsmodus.«

Campbell, der nicht mitbekommen hatte, dass er dem Tod gleich zwei Mal an einem Tag von der Schippe gesprungen war, lag noch immer im Hubschrauber. Als man ihm aus der Kabine half, merkten die etwa 1000 Urlauber, die vom nahegelegenen Caravanpark herübergekommen waren, um das Geschehen zu verfolgen, dass er aus der Regatta gerettet worden war, und brachen spontan in Applaus und Jubel aus.

Nun, da Campbell zur Klinik unterwegs war, packten Jones, Barclay und Key für diesen Tag ein, aber ihr Einsatz bei der Sydney–Hobart-Regatta war damit nicht zu Ende. Nach einigen Stunden Schlaf waren sie am nächsten Tag um 5 Uhr morgens wieder dienstbereit zur Stelle.

6

Damo Dundee

D ie Großtaten von Damian »Damo« Langley im wilden Buschland des hohen Nordens von Queensland und in den krokodil- und haiverseuchten Gewässern der angrenzenden Küste lassen den international bekannten und berühmten Filmcharakter »Crocodile Dundee« wie einen Anfänger aussehen.

Sein nahezu unglaubliches Leben ist ein Bilderbogen bestehend aus verwegenen Abenteuern, die jedes andere Menschenwesen in Angst und Schrecken versetzen würden. So begegnete er Krokodilen, die nur eines im Sinn hatten: ihn zu fressen. In einem Fall entschied nur sein Messer über sein Überleben. Zahllose Menschenfresserhaie visierten ihn als Beute an. Er überstand sieben Wirbelstürme auf offener See, einige mit Wellen von 30 Metern Höhe. Ein gigantischer Zackenbarsch saugte ihn in sein riesiges Maul und spuckte ihn wieder aus. Und er hatte Glück, indem er potenziell tödliche Begegnungen mit Steinfischen, Irukandji-Quallen und dem extrem giftigen Zahn der Kegelschnecke überlebte, und davon konnte er dann erzählen. Ach ja, von ihm ist auch bekannt, dass er aus einem schwebenden Helikopter gesprungen ist, um sich auf ein lebendes Wildschwein zu stürzen, nur weil er Frischfleisch zum Grillen im Busch haben wollte.

Er ist ein beherzter und äußerst fitter Kerl, jetzt 40 Jahre alt und lebt mit seiner Frau und drei kleinen Töchtern im Krokodilland nördlich von Cairns. Seine große Leidenschaft ist nach wie vor die See und das Fischen seine Berufswelt.

Seine Kinder- und Jugendjahre waren kein Zuckerschlecken, denn als Legastheniker wurde er gehänselt und gemobbt. Aber das half ihm, innere Stärke zu entwickeln, und es gab seinem Leben Ziel und Richtung. Darüber hinaus hatte er einen gewalttätigen Vater, und genau das wollte er nicht werden.

Es ist eine unglaubliche Geschichte – von Anfang bis Ende.

Meine Eltern trennten sich, als ich sieben war. Wir wohnten an den Stränden nördlich von Sydney, und als mein Vater uns gegenüber immer brutaler wurde, blieb Mum keine andere Wahl, als mit meinem Bruder, meiner Schwester und mir vor ihm zu flüchten. Mum war eine Superfrau, ein cooles Ding, das gern surfte, ein Bikini-Mädchen auf dem Manly Beach, zu Zeiten, als knappe Bikinis noch verpönt waren.

Sie kaufte einen alten gelben VW-Kombi, packte uns drei Kinder hinein und machte sich mit uns auf Richtung Norden, nach Queensland. Mum war von Anfang an dazu entschlossen, uns als Familie zusammenzuhalten. Deshalb war der Kombi, wann immer wir nicht in Frauenhäusern wohnten (was oft der Fall war), in den nächsten zwei Jahren unser Zuhause.

Schließlich landeten wir bei Brisbane, in Scarborough, im Norden der Stadt, an den Ufern der Moreton Bay. Dort stieß ich auf etwas, was mir gefiel: Ich begann zu surfen und wurde ziemlich gut darin. So gut, dass Mum davon träumte, ich könnte Profi-Surfer werden. Wenn ich nicht surfte, angelte ich. Ich stand auf den Molen Scarboroughs und angelte tagaus, tagein. Deshalb schwänzte ich auch die Schule und genoss es. In der Schule war ich ohnehin nicht gut. Als Legastheniker bin ich nicht scharf auf Lesen und Schreiben. Das machte mir das Schulleben nicht leicht, zumal man damals noch nicht so recht an Legasthenie glaubte und man mich deshalb immer einen Schwachkopf nannte. Die anderen Kinder mochten mich nicht sehr, was möglicherweise an mir lag, weil ich mich mit jedem prügelte, und das nur, weil sie mich für blöd hielten. Zum Glück besuchte ich eine Schule der Christlichen Brüder, wo die Lehrer über mein Schwänzen hinwegschauten, hauptsächlich deswegen, weil ich ein echt guter Schwimmer war und bei den Wettbewerben Siege für die Schule holte. Ich ließ sie gut aussehen, und deshalb scherten sie sich nicht um meine schulischen Leistungen. Ich war ja sowieso unfähig zum Lernen.

Mum wusste, was ich so trieb, und unterstützte mich. Sie sagte: »Es ist mir egal, was du tust, solange dich die Bullen nicht nach Hause bringen. Verstoße nicht gegen das Gesetz. Mach' keinen Ärger und benimm dich.« Daran habe ich mich immer gehalten.

Auch wenn ich nicht angelte, schwänzte ich trotzdem, damit ich auf der örtlichen Mole herumhängen und den Jungs beim Ausladen der Trawler zuschauen konnte. Manchmal half ich ihnen auch. Dann, eines Tages, kam dieser wirklich nette Typ namens Trevor, der einen Krabbenkutter hatte, und fragte: »Willst du mit mir zum Krabbenfischen rauskommen?« Und ich sagte: »Sofort!«

Damals war ich zehn Jahre alt. Ich arbeitete ein paar Saisons lang mit ihm in der Bucht, schwänzte die ganze Zeit die Schule, bis ich mit elf von der Regierung unter der Bedingung, eine feste Arbeit zu haben, von der Schulpflicht befreit wurde. Nach den zwei Saisons verkaufte der Typ sein Boot, aber bevor er sich davonmachte, stellte er mich einem anderen Kerl vor, der Mick Wicks hieß und dem ein 57-Fuß-Trawler, die SILVER DOLLAR, gehörte. Es war der größte Trawler von Moreton Bay. Im Handumdrehen hatte ich darauf einen Job als Deckshelfer und konnte mein Glück kaum fassen, weil ich bislang immer zugeschaut hatte, wenn die SILVER DOLLAR den Fluss hinaus- und hereingefahren war, und mir gesagt hatte: »Mann oh Mann, was für ein schönes großes Schiff.«

Für Mick arbeiteten bereits zwei ältere Typen, und als ich zu ihm stieß, ließ er mich, nachdem der Fang an Bord gebracht worden war, auf der einen Seite des Fangkorbs arbeiten, während die anderen auf der gegenüberliegenden zugange waren. Bereits am ersten Abend war ich schneller als sie. Ich hatte das Sortieren und Kochen der Krabben schon hinter mir, als sie noch nicht einmal mit dem Sortieren durch waren. Also ging ich hinüber und half ihnen. Als sich dasselbe am zweiten Abend wiederholte, schmiss er die beiden hinaus, sobald wir an der Mole zurück waren, und sagte zu mir: »Wozu zwei zusätzliche bezahlen, wenn einer allein reicht?« So wurde ich Micks einziger Deckshelfer.

Ich blieb dabei, bis ich 13 war. Dann kam eines Tages Mick auf mich zu und fragte, ob ich mit ihm nach Norden gehen und dort auf dem Trawler arbeiten wollte. Damals hatte ich nur Surfen im Kopf und war auf der Suche nach einem Sponsor, um an Wettbewerben teilnehmen zu können, hatte aber keinen gefunden. Mick sagte also: »Komm mit nach Norden, Damo. Nur einige Saisons, dann hast du genug Geld fürs Surfen. Sei doch nicht blöd.«

Als ich Mum erzählte, dass ich vorhatte, mit dem Trawler nach Norden zu ziehen, war sie völlig aus dem Häuschen. Sie meinte, ich würde mit einem Haufen Geld für das Surfen zurückkommen und hatte keine Ahnung, dass ich nie zurückkommen würde – ich ja auch nicht.

Wenn man als 13-Jähriger an solche Orte wie Cape York kommt, ist das eine völlig neue Welt. Das Fischen war unglaublich, und es gab überall Krokodile und Haie. Zudem konnte man am äußeren Great Barrier Reef prima Tauchen und Surfen. Ich nahm viele meiner Boards mit. Es war herrlich. Man war am Außenriff, paddelte, um diese Riesenwelle zu erwischen, und hatte sie dann ganz für sich allein. Weit und breit war niemand zu sehen, hunderte Kilometer keine Menschenseele. Meine einzigen Begleiter waren mehr als ein Dutzend großer goldfarbener Bronzehaie, die im selben kristallklaren Wasser mit mir schwammen. Ich schaute hinunter und da waren sie. Aber ich hatte keine Angst. Haie greifen dich nicht an, wenn du keine Angst hast. Nur wenn du Angst zeigst, gehen sie dich an. Es war meine Welt ebenso wie die ihre.

So ging es weiter, bis ich 16 war. In diesem Alter konnte man ein Patent als Master-Fisherman machen und Kapitän eines Fischkutters werden. Damals war das noch leicht. Ich brauchte nur 50 Dollar in einen Brief zu stecken und bekam postwendend meinen Schein. Wenige Jahre später kam ein neues Gesetz heraus, wonach ich ein Kapitänspatent hätte machen müssen. Zum Glück wurde mir die Prüfung erlassen, und ich brauchte nicht dafür zu lernen, weil ich bereits so viele Jahre als Kapitän gefahren war.

Die nächsten acht Jahre führte ich ein herrliches Leben. Mick

Wicks kam mit einem 45-Fuß-Trawler vorbei, der BRAVE LAURIE, und sagte: »Komm schon, Damo. Besorg dir acht Leute, und solang' du ab und zu eine Ladung Fisch zu uns zum Mutterschiff herüberbringst, kannst du damit machen, was du willst. Ich bezahl dir alle Ausgaben, und du verdienst Geld und hast Spaß dabei.«

Das war genau mein Ding. Ein halbes Jahr verbrachten wir mit dem Trawlerfischen und den Rest des Jahres gingen wir auf Forellenbarsch-Fang. Wir starteten in Cairns, und je weiter wir nach Norden kamen, umso aufregender wurde es: immer mehr Fisch, immer mehr Inseln zu sehen und immer mehr Dinge, die man tun konnte, die ganze Strecke bis Neuguinea und die Torres Strait. Ich vergaffte mich in die Torres Strait und trieb mich eine lange Zeit zwischen den Inseln dort oben herum. Wir waren viele Jahre lang die einzigen Weißen, die um die Murray-Inseln herum fischten. Andere hatten keine Genehmigung.

Als ich älter wurde, beschloss ich, nach Langusten tauchen zu wollen. Um das zu dürfen, braucht man bestimmte Qualifikationen und dazu musste man lernen, was für einen Legastheniker fast unmöglich ist. Glücklicherweise habe ich aber ein fotografisches Gedächtnis und konnte somit alle Fragen beantworten. Ich habe wirklich Glück, heißt es doch, dass jeder Legastheniker ein Genie auf irgendeinem Gebiet ist. Und ich will ja wirklich nicht angeben, aber wenn ich etwas kann, dann ist es Fischen. Das kann ich besser als alles andere. Ich gehe völlig darin auf. Und doch, die Tatsache, dass ich Legastheniker bin und keine richtige Schulbildung habe, begann mich im Laufe der Jahre immer mehr zu stören. Deshalb beschloss ich, als ich so um die 30 war, etwas dagegen zu unternehmen, und begann mich auf See in meiner freien Zeit selbst zu unterrichten. Es war eine enorme Herausforderung, aber jede damit verbrachte Minute wert.

Die See wurde mir zur Universität. Sie ist der Ort, der mich einige unglaubliche Abenteuer erleben ließ und wo ich aus erstaunlichsten Erfahrungen gelernt habe, die alle dazu dienten, mich dorthin zu bringen, wo ich heute bin – zum Fischen, Umherfahren auf herrlichen Superyachten, zum Arbeiten als Guide und zum Erzählen meiner Geschichten.

Stellen Sie sich nur einmal meine Anfangszeit als Skipper hier oben im Norden Queenslands vor: Acht Jungs auf einem Boot, mit freier Hand, dorthin zu fahren, wo sie wollten, und das zu tun, was sie wollten. Es war ein wunderbares Leben – obwohl wir außer Fisch nie viel zu essen hatten. Ziemlich oft fuhren wir auf der Suche nach etwas Essbarem einen der Flüsse hinauf. Auf unserem Speisezettel standen Krokodile und Schildkröten, die zu den Zeiten noch nicht geschützt waren.

Damals hatten wir einen jungen Kerl dabei, Shorty hieß er, der etwa 15 Jahre alt war. Eines Nachts beschlossen wir, unbedingt ein Krokodil als Abendessen haben zu wollen. Also sagte ich zu ihm: »Geh' und hol uns 'ne Echse, Shorty.« Der hatte ein SKS-Gewehr und war trotz seines jugendlichen Alters ein Superschütze. Er war so gut, dass er auf unglaubliche Entfernung einen Streichholzkopf traf. Shorty sprang also in das Dingi, und kaum war er etwa 100 Meter in die Dunkelheit vorgedrungen, zeigten sich in seinem Suchscheinwerfer die Leuchtaugen eines Kroks und er ballerte drauf. Dann kam er schnell zum Schiff zurück und sagte: »Ich hab's erwischt, kann's aber nicht finden.« Ich antwortete: »Okay, wir kommen und helfen dir«, vor allem deswegen, weil ich es nicht leiden kann, wenn etwas unnötig sterben muss und verrottet.

Wir fuhren in unserem Dingi los und ich fragte ihn: »Von wo aus hast du denn geschossen?«

»Von ungefähr hier«, sagte er. »Es war etwa 150 Yards entfernt.«

»Das ist verdammt weit weg, Shorty. Bist du sicher, dass du es getroffen hast?«

»Klar.«

Also fuhren wir mit dem Dingi dorthin, wo wir meinten, das Krokodil zu finden. Und tatsächlich, da war es – und es lebte noch. Plötzlich knallte es: Penggg. Shorty hatte wieder auf das Krokodil gefeuert. Es war etwa fünf Meter von den Mangroven entfernt, also düsten wir hin und landeten mit unserem Dingi direkt auf dem Tier. Nun, dieses Biest war etwa fünf Meter lang und ziemlich vergrätzt. Es sprang in die Luft, überschlug sich und verschwand. Es war völlig durchgedreht und wollte sich in die Mangroven verdrücken. Shortys Suchscheinwerfer fand es wieder, und erneut fing er an zu ballern. Er schoss es bewusstlos, aber dabei verschwand es mit dem Kopf voran unter einer Mangrove. Er war nicht ganz sicher, ob er es wirklich erledigt hatte, konnte aber keinen Treffer mehr auf dem Biest landen. Da gab es nur eines: Ich nichts wie mit dem Messer über die Bordwand ins Wasser und Attacke! Mir hinterher kamen noch einige von den Jungs, also zogen wir diese wild um sich schlagende Riesenechse heraus, nur damit Shorty nochmal schießen und sie endgültig erledigen konnte, was er auch tat. Einige Zeit später waren wir zurück auf dem Trawler mit dieser Mutter aller Krokodile als Abendbrot. Wir zerlegten und entbeinten es und spachtelten drauflos, als gäbe es weder ein Morgen noch ein Übermorgen.

Aus irgendeinem Grund war das ein besonderer Augenblick in meinem Leben. Ich weiß nicht warum, aber ich behielt einen der Krokodilzähne als Glücksbringer. Den trage ich immer noch. Ich muss zugeben, dass, immer wenn ich das Ding abgenommen habe, etwas Schlimmes passiert ist. Viele meiner Freunde sagen, das sei ein Zeichen für meinen Vertrag mit dem Teufel und dass ich deswegen heute noch am Leben bin.

Mit Krokodilen hatte ich ziemlich viele Zusammenstöße, die alle hätten schiefgehen können.

Einmal war ich mit einigen Kumpels mitten in der Nacht auf einer Zuckerrohrfarm, ziemlich weit vom Fluss entfernt, auf Schweinejagd. Wir hatten viele Hunde dabei, denen wir, damit wir sie im Dunkeln gut sehen konnten, Leuchtstäbe angebunden hatten. Die Schützen waren so aufgestellt, dass sie voneinander wegzielten, und jeder führte eine Stablampe und ein Messer in einem Beutel mit sich. Normalerweise nimmt man das Messer erst dann aus dem Beutel, wenn es das Schwein zu erstechen gilt. Aber das Gewebe meines Beutels war brüchig, also musste ich das Messer in der Hand oder in meiner Gesäßtasche tragen, mit der Klinge nach oben, und die Stablampe in der anderen Hand. Inzwischen hatten die Hunde ein Schwein aufgestöbert und rannten ihm bellend nach. Das Schwein aber haute ab und sprang in einen vom Besitzer der Farm angelegten Abflussgraben, der bis zum Fluss hinunter führte. Dieser Graben war etwa drei Meter breit und vier Meter tief, und alle Hunde hechteten dem Schwein hinterher.

Cinder, der Hund meines Kumpels, war ein wunderschöner, 60 kg schwerer Mischling aus Dänischer Dogge und Bullmastiff. Er war nicht so schnell wie die anderen Hunde, die bereits am Schwein hingen und wie verrückt bellten. Cinder sprang in den Kanal und ich wollte ihm gerade folgen, um das Schwein abzustechen, als plötzlich dieses Krok, das sich im seichten Wasser versteckt hatte, aus dem Nichts hervorschoss und sich Cinder wie einen Hamburger ins Maul schob. Zum Glück trug Cinder einen Kevlar-Brustpanzer als Schutz. Trotzdem gab er einen Laut von sich, wie ich ihn noch nie von einem Hund dieser Größe gehört hatte. Schrecklich!

Weil ich Messer und Stablampe in den Händen hatte, konnte ich nicht bremsen und musste in den Graben springen. Ich war bereits im Flug und hatte nur noch die Möglichkeit, mit den Füßen voran auf dem Rücken des Kroks zu landen, quer über den Schultern, hinter seinen Vorderläufen. Da war ich also, zwar bis zu den Knien im Schlamm, aber tatsächlich auf dem Rücken des Kroks gelandet – mit den Eiern zuerst. Das tat weh – so sauweh, dass ich mir in die Hosen schiss! Das Einzige, was ich tun konnte, um mich zu retten, war dem Krok das Messer hinter seinen Vorderläufen in den Körper zu jagen. Ich rammte es hinein, dabei drehte das Krok den Kopf zurück und spuckte den 60 kg schweren Hund über meine Schulter hinweg. Der Hund landete im Wasser und begann zu ertrinken. Ich hockte auf dem Rücken einer riesigen aufgebrachten Echse und dachte: »Oh, Scheiße! Jetzt wird's eng. Ich kann dem Hund nicht helfen, weil ich nicht vom Krok runter kann. Und wenn ich's doch tue, schnappt mich das Biest.«

Inzwischen waren meine Kumpels oben auf der Böschung aufgetaucht. Als sie sahen, was los war, zogen sie sich blitzschnell wieder zurück. Meine Lampe war so sehr mit Dreck verkrustet, dass ich absolut nichts sehen konnte. Deshalb brüllte ich ihnen zu: »Kommt sofort zurück, verflucht nochmal!« Sie kamen tatsächlich zurück, schauten herunter, und alles, was sie sehen konnten, waren zwei weiße Knopfaugen und dicker schwarzer Schlamm drumherum. Immer noch hielt ich das Krok zwischen meinen Beinen eingeklemmt und das Messer, das in seiner Schulter steckte, fest in beiden Händen. Das Krok schlug wild um sich, bis es beschloss, dass es nur noch abhauen konnte, mit mir auf dem Rücken und meinem Messer in der Schulter. Weil das Messer nur eine kurze Klinge hatte, würde es das Tier nicht töten, aber ich wusste, dass ich es verletzt hatte. Mit weiter wild hin und her peitschendem Schwanz zog es unbeirrt auf den Fluss zu und begann mir dabei zwischen den Beinen herauszurutschen – weg war es. Zum Glück für mich setzte es seine Flucht fort. Schnell hievten mich die Jungs die Böschung hinauf – ich war fix und fertig. Das Schlimmste aber waren meine blau-schwarzen Eier. Sie waren auf Tennisballgröße angeschwollen und taten so weh, dass ich mich weder setzen noch legen noch sonst etwas tun konnte. Fast eine ganze Woche musste ich sie mit Tiefkühlerbsenpackungen kühlen, um den Schmerz zu lindern.

Ich hatte noch zwei weitere Begegnungen mit Kroks, die schlimmer waren als diese eine. Beide hätten mich leicht als Krokodilscheiße enden lassen können.

Die erste geschah, nachdem wir eine Yacht in der Nähe von Cape York, der nördlichsten Spitze von Queensland, geborgen hatten. Es war im Jahre 1997, und damals arbeitete ich als Skipper auf einem Doppelrumpf-Trawler, THE WICKED. Wir waren am Gallen Reef, rund 70 Meilen südlich des Kaps, und wollten gerade schlafen gehen, als wir einen Notruf hörten, den wir sofort beantworteten. Der Typ am Funkgerät meinte, er habe die Yacht übel auf ein Riff gesetzt, das nur etwa 10 Meilen von uns entfernt war. Es blies mit 25 oder 30 Knoten aus Südosten, und ich wusste, dass es echt schlimm aussehen würde, wenn wir sie nicht schnellstens erreichten. Also lichteten wir den Anker und dampften ziemlich eilig dorthin. Als wir dort ankamen, fanden wir eine schöne 45-Fuß-Glasfaseryacht auf dem Riff aufgelaufen vor. Der Typ an Bord stellte sich als älterer und ziemlich cooler kanadischer Gynäkologe heraus, in Begleitung zweier 20-jähriger französischer Miezen allererster Sahne. Nun, die Jungs sprangen also in eines unserer Dories, tuckerten zur Yacht hin, holten die drei herunter und brachten sie zum Trawler herüber. Dann machten wir uns sofort daran, die Yacht vom Riff herunterzuziehen, weil sie so hart aufgeschrammt war, dass sie bis zum Tagesanbruch in Stücke zertrümmert sein würde.

Wir erklärten dem Eigner, dass wir keine andere Möglichkeit hätten, und er stimmte dem Versuch zu. Also ankerten wir die WICKED, verbanden eine unserer schweren Trossen mit der Yacht, brachten unseren 1400 PS Motor, der die größte Winde bediente, auf Touren und schleiften die Yacht über das Riff ins tiefe Wasser zurück. Unglaublicherweise hatte sie kein Leck, also schleppten wir sie in die naheliegende Margaret Bay, wo wir am nächsten Morgen den Schaden in Augenschein nehmen konnten.

Weil der alte Kanadier wissen wollte, ob er seine Fahrt nach Hause fortsetzten könne, gab es nur eine Möglichkeit: Einer musste in das etwa vier Meter tiefe Wasser und den Schaden inspizieren. Aber keiner von der Mannschaft hatte an diesem Morgen Lust dazu. Alle hatten richtig Schiss, und ich meinte zu wissen, warum: Wir hatten in dieser Gegend eine Weile nach Langusten getaucht und währenddessen viele Kroks herumlungern sehen. Dabei war es einige Male zu Begegnungen gekommen, aber keiner wirklich gefährlichen. Dann aber wurde mir der eigentliche Grund für die Unlust der Jungs klar: Er hatte nichts mit den Kroks zu tun. Sie wollten nur ihre Unterhaltung mit den knackigen Französinnen nicht unterbrechen!

Also war ich dran. Ich schmiss mir das Tauchgerät auf den Rücken und sprang über die Bordwand in ein einigermaßen klares Wasser. Die etwa vier Meter Sichtweite waren okay. Die Yacht lag seitlich an unserem Schiff vertäut, und der Eigner saß an der Bordwand und schaute herab, während ich den Rumpf der Yacht vor und zurück abschwamm, um den Schaden zu untersuchen. Kiel und Ruderblatt waren angeschlagen, und der Propellerschaft war rechtwinklig zum Rumpf herausgebogen. Die Yacht würde also nicht so bald irgendwohin unterwegs sein. Während ich so im Wasser herumschwamm, bemerkte ich, dass viele Bullenhaie über dem Grund unterwegs waren. Aber das machte mir keine Sorgen. Die sind leicht zu erkennen, denn vor ihrer Nase schwimmen immer Goldmakrelen herum. Ich setzte meine Untersuchung ruhig fort und beäugte den Schaden an der Außenhaut des Rumpfes. Irgendwann schaute ich wieder zum Grund hinunter und sah etwas auf mich zukommen, das ich für einen großen Hai hielt. Ich beachtete es jedoch kaum, denn um ihn herum schwammen all diese Goldmakrelen. Ich zog nicht einmal in Erwägung, dass es sich um eine Riesenechse handeln könne, denn ich hatte kaum je eine in Begleitung von Goldmakrelen gesehen.

Eine Minute später schaute ich auf die Seite, da war es auch schon vor mir und glotzte mich an: ein verdammt riesengroßes Krok – fast fünf Meter lang! Vor Schreck habe ich mir sofort in die Hosen gemacht. Weil ich aber so oft in Gegenwart von Kroks im Wasser gewesen war, wusste ich, was ich zu tun hatte, wenn ich mit dem Leben davonkommen wollte: In Gegenwart eines Kroks darf man nie einen Buckel machen, denn das ist ihre Angriffshaltung, und dann schlagen sie sofort zu. Man muss sich immer flach auf gleicher Höhe halten und sich ruhig unterwerfen. Kroks sind anders als Haie. Man darf ihnen nicht in die Augen sehen und nie vor ihnen herschwimmen. Das Erste, was sie tun, ist, mit dem Kopf zu rammen. Es ist ihre Herausforderung, kein Kampf oder sowas. Damit zeigen sie nur ihre Lust zum Angreifen. Wenn man also flach im Wasser liegt, tun sie das Gleiche. Man unterwirft sich ihnen und bleibt dabei. Mehr braucht man nicht zu tun. Da war ich also, mit dem Krok nur wenige Meter von mir entfernt, und hatte immer noch eine Höllenangst. Ich atmete durch den Automaten und trieb langsam in Richtung Oberfläche, immer in unterwürfiger Haltung. Und das Biest kam mit herauf. Ich hatte vor, mich so nah wie möglich an die Bordwand der Yacht zu drücken und mich ganz langsam zu ihrem Heck hinzuarbeiten, dann zum Heck meines Schiffs hinüberzugleiten und dort aus dem Wasser heraus auf die hintere Plattform zu gelangen, bevor mich das Krok erwischen konnte.

Während ich so mit meinem langsamen Aufstieg beschäftigt war, schaute der alte kanadische Kerl über die Bordwand seiner Yacht und merkte, was los war – ich in Begleitung eines Riesenkroks direkt an der Schiffsseite, gerade unterhalb der Wasseroberfläche.

Allein wie er war, geriet er in Panik. Meine Mannschaft und die französischen Mädchen waren ja an Bord der WICKED, also beschloss er, mich zu retten. Er schnappte sich sein Gaff, das einen verdammt großen scharfen Haken an einem Ende hatte. Damit wollte er mich herausziehen und vor dem Krok retten. Was für eine heikle Lage: Ich mit einem Krok neben mir im Wasser, das kurz davor war, mich zu fressen, und diesem alten Blödmann dort droben, der versuchte, mich an den Haken zu kriegen. Er fuchtelte damit an der Oberfläche des Wassers herum, obwohl ich nicht mal so weit oben war. Wenn ich je in meinem Leben in der Klemme war, dann da: Weiter hinauf konnte ich nicht, weil mich dort der Kerl erwischt hätte, also blieb mir nur die Gegenwart des Kroks. Eine verdammt haarige Situation!

Ich warf einen Blick über die Schulter und dachte: »Verflucht, das ist brenzlig!« Unter Beibehaltung meiner unterwürfigen Haltung schmiegte ich mich dicht an den Schiffsboden und versuchte gleichzeitig verzweifelt, außerhalb der Reichweite des Alten zu bleiben, der auf dem Deck herumrannte und immer »Krokodil« brüllte. Sofort brach unter den Jungs Panik aus, weil sie dachten, die Echse hätte mich bereits erledigt. Aber als sie sahen, dass dem nicht so war, schrien sie ihn an, er solle aufhören, mit dem Gaff herumzufuchteln. Sie rannten herüber und stellten sich an den Bug der Yacht. Inzwischen war es mir aber gelungen, bis zum Heck der WICKED vorzudringen, wo sich auf Höhe des Wassers eine Aluminiumplattform befand. Leider konnte ich mich ihnen nicht durch Rufen bemerkbar machen. Das Einzige, was ich tun konnte, war, schnellstens an die Oberfläche zu kommen, um mich eiligst auf die Plattform hinaufzuwälzen und dem Krok, das immer noch an mir dran war, zu entkommen. Also machte ich dem Krok weiter schöne Augen, und – schwupps – war ich aus dem Wasser und auf der Plattform. Dann sah ich dem Krok zu, wie es geradewegs zwischen den beiden Schiffskörpern in Richtung Bug schwamm und dann 20 Meter vor dem Schiff an der Oberfläche auftauchte, wo alle einen guten Blick darauf werfen konnten. Der alte Kerl war aschfahl vor Schock und starrte mich ungläubig an, als er mich lebend vor sich sah.

So unangenehm das auch war, aber meine schlimmste Begegnung mit einem Krok hatte ich, als ich in etwas tauchte, das wir »Suppe« nennen – richtig trübes Wasser –, im Olive River, gerade südlich der Margret Bay. Dort fließen eine Menge Tannine vom Ufer in die See, weshalb das Wasser immer dunkel aussieht. Der Olive River ist berüchtigt für seine großen Echsen. Dort gibt es eine Sandbank, die wir »Crocodile Strip« nennen, wegen der vielen Biester, die dort leben. Aber dazu ist das Gebiet voller Langusten, und nach denen tauchen wir da. Man kann damit echt viel Geld verdienen. Bis zu zehn Riesen pro Tag lassen sich aus dem Wasser ziehen, weshalb man die Krokodile gewissermaßen außer Acht lässt. Bei diesen Tauchgängen wird jeder Taucher von einem Begleiter mit dem Dory zur Bank hinausgefahren. Der Kerl muss währenddessen auf dich aufpassen. Aber er wird dir nie sagen, dass er Krokodile gesehen hat, weil er nicht will, dass du Angst kriegst – du verdienst ja auch sein Geld mit, denn er kriegt Prozente. Wenn ein Krok oder Hai sich nähert, kann er dich gegebenenfalls retten, indem er das Boot zwischen dich und das Tier steuert. Diesmal war mein Kumpel Macca, der mich einige Male gerettet hat, mein Begleiter, und der sah, wie sich diese Echse vom Strand aus in meiner Richtung ins Wasser ließ. Aber weil das Biest noch ein gutes Stück weit weg war, dachte er sich nichts dabei.

Im Laufe der Jahre hatte Macca unendlich viele Tiere gesehen, die sich so verhielten. Normalerweise wagen die sich nicht in die Nähe eines Bootes, weil sie sich vor dem Außenborder fürchten. Dieses Vieh aber stellte sich als neugierig und verschlagen heraus. Ich selbst konnte es nicht sehen, weil es sich von hinten heranpirschte und ich zu sehr damit beschäftigt war, Langusten aus ihren Löchern zu pflücken. Ich war gerade mit einer Ladung am Boot oben gewesen und wieder nach unten unterwegs, als ich spürte, wie etwas an meiner Flosse zog. Ich hielt es für einen anderen Taucher, der mir Angst einjagen wollte, so wie wir es oft aus Spaß untereinander tun. Dann spürte ich diesen wirklich heftigen Ruck an der Flosse, so stark, dass sie mir beinahe vom Fuß gerissen wurde. Ich drehte mich um in der Erwartung, einen Kumpel zu sehen, aber stattdessen war da diese Riesenechse. Ich gab volle Kante. Macca war nur etwa 10 Meter entfernt und ich hatte es so eilig, dass ich fast auf dem Wasser lief, um zu ihm zu gelangen, und sprang in das Boot. Macca sah das Biest mir hinterherkommen und sagte nur noch: »Scheiße!« Als ich die Flosse auszog, war sie an einer Seite von vorn bis hinten mit Bissspuren durchlöchert.

Wenn man nach Langusten taucht, passiert immer etwas Unerwartetes. Sind es keine Echsen oder Haie, dann ist es eben ein Riesen-Zackenbarsch. Mit denen hatte ich auch einige ziemlich haarige Begegnungen. Einer hat mir mal beinahe den Arm ausgekugelt, ein anderer hat mich am Arsch gepackt.

Diese Biester sind Monster. Sie sind fast so groß wie ein Kleinwagen. Mit ihren 200 bis 300 kg und mehr sind sie länger als drei Meter und ihr Maul hat in etwa einen Durchmesser wie ein 200-Liter-Fass. Sie können älter als 200 Jahre werden – manche haben noch erlebt, wie Captain Cook vorbeigesegelt ist –, und sie sind hochintelligent. Ihre Lieblingsspeise sind Langusten. Daher kennen sie auch jeden Felsen und wissen genau, wo jede einzelne Languste zu finden ist. Wenn also einer dieser Zackenbarsche dich in seinem Revier erwischt, spreizt er angriffslustig die Kiemen, als wollte er sagen: »Du bist auf meinem Gebiet und stiehlst mir meine Langusten.«

Lässt du eine Languste los, kommt er und schnappt sie sich. Sobald er der Überzeugung ist, dass du ihn fütterst, führt er dich tatsächlich zum nächsten Felsen und zeigt dir, wo Langusten sind. Also gibst du ihm eine, nimmst dir den Rest und er führt dich zur nächsten Stelle. So geht das immer weiter. Am Schluss hast du mit diesem Kerl eine richtige Beziehung und alle sind glücklich. Sie sind so clever, dass sie sogar den Klang deines Außenborders erkennen und nur dir allein folgen. Es gibt einen in der Margaret Bay, der mir über die Jahre ein Vermögen eingebracht hat. Er ist ein echter Könner. Als ich zum ersten Mal begriffen hatte, was ich mit diesen Zackis anfangen musste – eine Beziehung aufbauen –, konnte ich alle anderen Taucher mit der Größe meines Fangs übertrumpfen. Mit 100 kg pro Tag putzte ich alle anderen, die nur 30 oder 40 kg fingen. Keiner wusste warum, und ich hielt die Klappe. Sie hopsten von Fels zu Fels, während ich nur meinem alten Freund folgte, der mich zu all den besten Stellen führte. Erst als einer der Jungs, dem ich die Sache anvertraut hatte, das Ganze ausplauderte, holten die anderen auf.

Zu dieser Zeit tauchte ich an einem Ort nach Langusten, der »Old People's« genannt wird, in der Nähe der Princess Charlotte Bay. Der Ort heißt deswegen so, weil jede Languste dort zwischen drei und fünf Kilo wiegt. Es sind die größten Tiere in Queensland – echte Brummer. Wenn du die erste greifst, steckst du sie dir zwischen die Oberschenkel, mit dem Schwanz voran und den Beinen zu dir, sodass sie sich mit ihren Beinen anklammert. Dabei ragt ihr Schwanz an deinem Hintern zwischen dem Neopren heraus. Dann kneifst du die Pobacken zusammen und hältst sie fest, während du dir die nächste schnappst und unter den Arm klemmst, dann wieder eine, die du dir unter den anderen Arm klemmst, und schließlich stopfst du alle drei in deine Fangtasche.

Nun, diesmal schnappte ich mir einen Riesenbrummer aus einer kleinen Höhle und steckte ihn mir zwischen die Beine. Da hing ich also, in halb gebeugter Stellung, mit dem Biest am Hintern eingeklemmt, als auf einmal dieser mächtige, 300 kg schwere Zackenbarsch von hinten kam und mich in den Arsch biss. Er hatte mich schon von den Knien bis halbwegs den Rücken herauf in seinem Maul und presste mich wie ein Klappmesser zusammen. Ich konnte richtig spüren, wie er mich wie ein Riesenstaubsauger in sich hineinsaugte, wobei er mit aller Macht versuchte, mir die Languste aus dem Hintern zu zerren. Ich sage dir, diese Biester haben eine ungeheure Saugkraft. Die haben so viel Sog, dass du meinst, sie saugen dir den Magen aus dem Arsch heraus. Echt heftig! Dieser Fisch war so groß, dass er mich einfach vom Grund abpflückte und mitnahm. Gerade so wie ein Fisch, der sich einen Köder schnappt und damit abhaut.

Du kannst dir vorstellen, wie das für den Kerl war, der das Boot steuerte. Zuerst war alles ruhig und entspannt und von einer Sekunde zur anderen sieht er die Sicherungsleine, die aufgerollt zu seinen Füßen liegt, über die Bordwand davonzischen, wie eine Angelleine, die von einem großen Fang abgespult wird. Genau so war es. Er konnte nichts dagegen unternehmen und mir blieb nichts weiter, als die Languste loszulassen. Kaum geschehen, spuckte der Zacki mich so heftig aus, dass ich in drei Metern Entfernung vor ihm landete. Was für eine erstaunliche Kraft!

Mit großen Zackenbarschen passierte mir einige Male Folgendes: Während ich damit beschäftigt war, in eine Spalte oder kleine Höhle hineinzulangen und nach einer weiteren Languste zu greifen, konnte es geschehen, dass mein Arm, unter den ich die andere Languste geklemmt hatte, im Schlund eines großen Zackis verschwand. In dieser Lage ist der Arm bis zur Schulter im Maul des Biests, während es anfängt zu drehen und zu ziehen, um dir die Languste zu entreißen. Wenn du jetzt die Languste loslässt, lässt es auch den Arm los. Aber, wenn der Zacki dann wegschwimmt, musst du vorwärts schwimmen und den Arm anwinkeln, sonst zieht er ihn dir aus dem Gelenk. Mir sind dabei alle Sehnen im Arm gezerrt worden, weil ich das nicht richtig gemacht habe.

Was Haie anbelangt, habe ich eine Menge Geschichten auf

Lager. Wie zum Beispiel die, als ich aus 25 Metern Tiefe mit einer Tasche voller Langusten zurück an die Oberfläche unterwegs war und mich ein 14 Fuß langer Hammerhai mit voller Wucht in die Rippen rammte und mir die Luft aus dem Leib schlug. Die beißen nicht zu. Ein Hammerhai wird dich erst rammen, dann umdrehen und dich nochmal anschauen – erst dann beißt er zu. Tigerhaie pirschen sich immer an, wenn du nicht hinschaust. Aber du spürst die Wasserbewegung, die er verursacht. Dann drehst du dich um, und da ist er auch schon. Tigerhaie sind unterwürfige Tiere. Das Überwältigen liegt nicht in ihrer Natur, und sie bewegen sich eigentlich auch nicht schnell durch das Wasser. Wenn ein Tigerhai auf dich zukommt, öffnet er meist sein Maul und rollt die Augen zurück. Dann kannst du deine Hand auf seine Nasenspitze legen und dich mitschieben lassen. Wenn du seine Nase nett und vorsichtig reibst, während er dich vorwärts schiebt, wird er sich nur herumrollen. Dann kannst du ihn wegschieben, und er wird zu einer Seite abdrehen. Danach schwimmt er etwa fünf Meter weg, kommt wieder auf dich zu, und du kannst denselben Vorgang wiederholen. Du kannst ihn so oft du willst wegschieben, der Tigerhai ist kein Problem.

Oft merkt man instinktiv, dass Haie in der Nähe sind. Ich habe schon so lange Erfahrung im Wasser, dass ich ihre Gegenwart spüren kann. Irgendetwas verändert sich – du siehst den kleinen Schatten, der sich in einiger Entfernung über dem Grund bewegt, und du weißt, der Hai ist da.

Die meisten Haie haben Angst davor, angegriffen zu werden. Du brauchst dich nicht schnell zu bewegen, aber du musst den Hai davon überzeugen, dass du nur darauf aus bist, ihn zu töten, falls er in deine Nähe kommt. Haie sind bemerkenswert sensible Tiere. Sie können alles spüren, insbesondere Angriffslust und Angst. Sie haben jede Menge Sensoren an ihrer Nasenspitze und seitwärts bis hinunter zu den Augen. Immer sind sie auf der Suche nach verletzlicher Beute. Deshalb schnappen sich Haie den ängstlichen Fisch im Schwarm oder den verwundeten oder den, der sich in die Hose macht, weil er eine Höllenangst hat – die leichte Beute eben. Während du dich also einem Krokodil gegenüber unterwürfig verhältst, musst du bei einem Hai aggressiv sein. Du musst fest daran glauben und ihm zu verstehen geben: »Komm' mir nicht zu nahe, oder ich bring' dich um.« Tu das, und er kommt nicht heran. Er wird abdrehen – vorausgesetzt, er ist kein Weißer Hai. Der lässt sich nicht abhalten.

Die meisten Leute denken, dass man dazu sehr mutig sein muss, aber das ist nicht der Fall, wenn man mit diesen Tieren aufgewachsen ist und wenn man weiß, wie man sich zu verhalten hat. Es ist wirklich nicht schwer. Im Laufe der Jahre hatte ich Begegnungen mit etwa 30 bis 40 großen Tigerhaien und bin immer noch da, um meine Geschichte zu erzählen.

Ich kann schon verstehen, warum manche Leute meinen, mein Leben sei mit todesmutigen Erfahrungen gepflastert. Einige davon sind der Natur geschuldet, andere hingegen dem, was man gemeinhin als schiere Dummheit bezeichnen könnte. Wie die Geschichte, als ich aus einem Helikopter gesprungen bin, um ein lebendes Wildschwein zu greifen, das ich zu einem Kumpel mitnehmen und dort auf dem Grill bruzzeln wollte. Wir waren mit dem Helikopter unterwegs auf Schweinejagd, als wir eine große Rotte in einem Sumpf entdeckten. Also bogen wir mit dem Heli ein und ich sprang einem der Schweine auf den Rücken und attackierte es. Es gelang mir, es zu töten, dann nahmen wir es mit, würzten es und verspeisten es mit großem Vergnügen. Sowas tut man nicht jeden Tag! Aber die meisten meiner Erlebnisse sind meinem Beruf zu verdanken. Krokodile und Haie gehören nun mal dazu. Ehrlich gesagt liegt mir am meisten das Fischen. Das liebe ich, sowohl als Trawlerkapitän wie auch als Guide für betuchte Gäste an Bord der Superyachten. Boote sind nun einmal mein Lebensinhalt seit den Tagen, als ich zum ersten Mal, im Alter von 11 Jahren, einen Fuß auf jenen Krabbenkutter in Brisbane gesetzt habe. Doch, so viele Abenteuer ich auch im Wasser erlebt habe, so viele unvergessliche Erlebnisse hatte ich auch darauf. Wie zum Beispiel die Wirbelstürme, die ich überlebt habe und die Geschichte, als eines Nachts vor Port Douglas ein Boot unter mir in Flammen aufging und sank.

Wir waren damals mitten in den Trawlergründen etwa neun Meilen vor Port Douglas, als das Undenkbare geschah. Es handelte sich um eines der Schiffe von Michael Wicks, die BRAVE LAURIE, die wegen der Reparatur eines defekten Startermotors (er hatte die Batterien explodieren lassen und das Innere verwüstet) zu einer teuren Überholung in Daintree gewesen war. Nach dem Ende der schiffbaulichen Arbeit sollten ein junger Kerl, Nick, und ich sie zum Farbfinish nach Cairns bringen.

Wir fuhren also den Daintree River hinunter, überquerten etwa bei Sonnenuntergang die Sandbank und drehten nach Süden. So gegen neun Uhr waren wir vor Port Douglas und kamen gut voran. Der junge Kerl war unten und schlief, während ich am Rad stand. Ich steuerte das Schiff und streckte dabei den Kopf durch die Luke oben in der Kabinendecke, um gute Sicht auf alles um uns herum zu haben und jeden Trawler, der möglicherweise unseren Kurs kreuzte, zu sehen. Was ich nicht wusste, war, dass der Zahnkranz des Startermotors blockierte. Er hatte sich verkeilt und dadurch waren die Batterien gewaltig überlastet. Die Leitungen brannten, und die Batterien blähten sich wie Ballons. Dummerweise roch ich nichts, weil ich den Kopf in der frischen Luft hatte. Im nächsten Augenblick tat es einen Riesenschlag: Rumms! Wie Wasserstoffbomben explodierten die Batterien, und ich hatte noch immer keine Ahnung, was los war. Weil ich nicht nach hinten geschaut hatte, meinte ich spontan: »Scheiße. Ein Schiff hat uns von hinten gerammt.« Aber da war nichts. Ich sprang ins Ruderhaus hinunter und merkte plötzlich, dass ich von der Hüfte an voller Batteriesäure war. Was für ein Glück, dass ich keine ganze Mannschaft an Bord hatte, denn die hätte am Tisch im Ruderhaus gesessen und wäre mit großer Sicherheit tot gewesen, weil sich die Batterien unter den mittlerweile verschwundenen Bänken befanden. Der junge Kerl, der in der Koje oben im Bug geschlafen hatte, kletterte heraus und schnappte sich einen Feuerlöscher, weil er das ausgebrochene Feuer löschen wollte. Es dauerte aber nur wenige Minuten, bis wir merkten, dass wir keine Chance hatten.

Nun, dieses wunderschöne Holzschiff war acht Jahre lang

mein Zuhause gewesen, und ich hatte unter anderem tausende Patronen an Bord, fünf 100-Pfund-Gasflaschen zum Langustenkochen plus 1300 Liter Treibstoff für den Außenborder in einem Tank auf dem Dach, weitere mit Benzin gefüllte Reservekanister und, nicht zu vergessen, die vollen Tanks des Schiffs. Wir saßen also nicht nur inmitten eines Infernos, sondern auch auf einer Bombe. Die Lage war wirklich ernst.

Ich nahm den Gang heraus, aber das Schiff fuhr trotzdem weiter, woraus ich schloss, dass die Kupplungsleitung durchgebrannt war. Dann setzte ich einen verzweifelten Notruf ab, wusste aber nicht, ob er von irgendjemandem gehört worden war, denn ich hatte keine Zeit, länger zu warten. Nick sprang kopfüber von Bord und ich hinterher. Wir wollten zum Dingi hinüber, das ich losgebunden hatte, bevor wir gesprungen waren, aber wir konnten es nicht erreichen, weil das Schiff inzwischen gewendet hatte und geradewegs zu ihm zurückfuhr. Im nächsten Augenblick brach die Hölle los: Geschosse flogen in alle Richtungen, sie schlugen Löcher ins Dingi und prallten in das Wasser um uns herum. Jedes Mal, wenn ich hörte, wie ein weiteres Paket explodierte, schnappte ich mir Nicks Kopf, drückte ihn unter Wasser und tauchte dann selbst mit ab. Das Schlimmste aber war, dass das Wasser um uns herum wegen des Treibstoffs, der aus dem Schiff ausgelaufen war, brannte. Uns blieb nichts als abzutauchen und so weit, wie wir irgend konnten, vom Schiff und den Flammen wegzuschwimmen. Als Nächstes gab es eine ungeheure Explosion, als der Treibstofftank auf dem Dach in die Luft ging und die Gasflaschen wie Raketen nach oben schossen, während Trümmer wie Geschosse noch immer über das Wasser pfiffen. Wir wollten in der Nähe des Schiffs bleiben, weil wir wussten, dass wir im Trawlergebiet waren, und falls irgendwer das Feuer sah oder den Notruf gehört hatte, würde man hier nach uns suchen. Als das Ganze eine Stunde nach der ersten Explosion abzuflauen begann, gab es aber noch immer keinerlei Zeichen von Hilfe, und das Schiff, das sich etwa eine Meile von uns entfernt hatte, brannte immer noch und war kurz davor zu sinken. Da hatte ich noch keine

Ahnung, dass ich überall am Körper Brandwunden hatte. Aber ich wusste, dass wir in einem Haigebiet schwammen. Nur, wir konnten nichts dagegen tun. Und die Tatsache, dass wir neun Meilen von der Küste entfernt waren, beunruhigte mich nicht, denn wir waren beide Langustentaucher. Die können ohne Schwierigkeiten 20 oder 30 Meilen am Tag schwimmen. Also traten wir Wasser, unterhielten uns. Der junge Nick zeigte ein wenig Angst. Da sagte ich zu ihm: »Was immer du tust, fang' nicht an durchzudrehen. Wir sind cool, Mann. Wir sind Langustentaucher. Nichts wird sich an uns heranwagen, solange wir keine Panik zeigen. Wenn in ein paar Stunden die Sonne aufgeht, schwimmen wir direkt auf die Küste zu. Wir schaffen das. Der Wind wird uns zur Küste schieben. Möglicherweise landen wir ein ziemliches Stück weiter nördlich als dort, wo wir hin wollen, aber wir werden an Land kommen, Kumpel. Wir schaffen es.«

Wenn wir einen Fehler gemacht haben, dann war es der, an erster Stelle das Schiff retten zu wollen und uns erst an zweiter. Als uns klar wurde, dass wir das Feuer nicht aufhalten konnten, hatten wir keine Möglichkeit mehr, an die Rettungswesten oder Ähnliches zu gelangen. An diesem Tag lernte ich, und werde es nie vergessen, dass man niemals zuerst das Schiff rettet. Erst sorgt man für sich selbst, und dann kümmert man sich um das Schiff.

In dieser Nacht schien kein Mond. Es war unglaublich dunkel, aber unsere Hoffnung auf Rettung stieg, als wir einen Trawler auf das Feuer zufahren sahen. Sie erreichten das, was von unserem Schiff übrig geblieben war, und als sie sahen, dass niemand an Bord oder im Wasser ringsum war, begannen sie zu suchen, indem sie mit dem Schiff immer größere Kreise fuhren. Nach einer Weile fand uns ihr Scheinwerfer, und als er uns traf, streckten wir unsere Hände so weit wie möglichst in die Luft. Es ist kaum zu glauben: Obwohl die Wellen zweieinhalb Meter hoch waren, entdeckte uns der Deckshelfer. Sie kamen herüber, holten uns heraus, blieben noch eine Weile, während wir zusahen, wie unser Schiff sank, und warteten auf die Küstenwache, die uns an Land bringen sollte. Wir waren mehr als drei Stunden im Wasser gewesen.

Ich hatte alles verloren: das ganze Bargeld, das ich gespart hatte, all meine Kleidung, Harpunen, Gewehre, Angelgeräte, Fotos und Videos. Schlimmer aber war, dass ich meinem Kumpel sagen musste, dass wir sein Schiff versenkt hatten.

Ein Feuer an Bord ist wahrscheinlich das Schlimmste, was einem passieren kann. Ich bin sicher, dass es der Grund ist, weshalb so viele kleine Schiffe auf See spurlos mit Mann und Maus verschwinden. Doch in meinem Geschäft, das in den Tropen stattfindet, lauert eine weitere, ebenbürtige Gefahr – Wirbelstürme. Und mit denen hatte ich im Laufe der Jahre viel zu tun. Eines der Probleme mit den Wirbelstürmen ist, dass sie sehr schnell entstehen und eine unvorhersehbare Richtung einschlagen. Das bedeutet, dass man, wenn man weit vor der Küste fischt, leicht in eine Falle geraten kann.

Insgesamt hatte ich mit sieben Wirbelstürmen zu tun, und der bei Weitem furchterregendste, der, den ich mit knapper Not überlebte, rollte heran, als wir an einem Ort fischten, der »Eastern Fields« heißt. Erinnern Sie sich an *The Perfect Storm*? Der kam ihm am nächsten!

Zur damaligen Zeit fuhr man sogar in der Wirbelsturmsaison hinaus, den Daintree hinunter zum Meer. Und wenn man zur Frau sagte: »Wir fahren«, fragte sie: »Wann bist du zurück?« Dann sagtest du: »Naja, so ungefähr in drei Monaten.« Wir fuhren also mit diesem 45-Fuß-Holztrawler die Küste hinauf Richtung Cape York und dann in die Bucht von Neuguinea hinein, wo man weder Funkkontakt hatte noch Wetternachrichten erhielt. Die Eastern Fields bestehen aus einem großen Riff und einer Lagune weit dort draußen, meilenweit entfernt von allem. Dieses Gebiet steuerten wir immer an, weil es dort viel Fisch gab. Wir zogen immer vier oder fünf Dories aneinandergehängt hinter uns her, jedes zwischen 14 und 16 Fuß lang und mit einem 50-PS-Motor bestückt. Sobald wir draußen am Riff vier oder fünf Tonnen Fischfilet im Laderaum hatten, steuerten wir eine Station in der Torres Strait an, luden aus und drehten wieder um.

Als wir diesmal draußen waren, fühlten wir förmlich, dass etwas Schlimmes im Anmarsch war. Es war in der Luft zu spüren. Bald wussten wir, dass ein Wirbelsturm auf uns zu kam, weil jede Menge Vögel auf unserem Schiff Zuflucht suchten, von den hübschen kleinen bunten Tauben und Seevögeln bis zu anderem Flatterzeug, wie tausenden Libellen und großen Motten. Das geschieht normalerweise sechs bis zehn Stunden bevor der Wirbelsturm eintrifft. Die Tiere lassen sich nieder, weil sie wissen, was kommt. Gleichzeitig kannst du zusehen, wie der Zeiger deines Barometers nach unten geht. Ich sagte zu den Jungs: »Da kommt ein Tief auf uns zu. Höchste Zeit, die Biege nach Cape York zu machen.« Das war im Umkreis von etwa 100 Meilen der einzige Ort, wo wir mit einiger Sicherheit ankern konnten, und wir hatten keine andere Wahl, als dorthin zu steuern. Hier draußen zu bleiben machte keinen Sinn, weil es nur zwei kleine Riffe gab, in deren Schutz wir ankern hätten können, aber die würden uns nicht vor den Wellen des Wirbelsturms schützen.

So machten wir uns auf den Weg nach Cape York. Unterdessen wurden die Wellen immer höher und der Wind stieg immer weiter an: von 25 Knoten auf 50 Knoten, 60 Knoten, bis hinauf zu 80 Knoten.

Das Schlimmste für uns war, dass die mitlaufende und stark kreuzende See höher und höher wuchs. In kurzer Zeit erreichte sie ein Stadium, in dem die Wellen brachen und auf unsere Dingis eindroschen, die wir noch immer hinterherzogen, weil wir es uns nicht leisten konnten, sie davontreiben zu lassen. Die Wellen schnappten sie sich und schoben sie an uns vorbei.

Dann überschlugen sie sich und wurden unter Wasser gezogen. Sobald eines davon untergetaucht war, krachte das Hintere in das Vordere hinein. Rumms, Krach, Peng. Inzwischen schwammen alle unsere Dingis unter Wasser und die Riesenbrecher ergossen sich über das Dach unseres Schiffes. Wir mussten mit der Welle laufen, anders ging es nicht. Das Einzige, was ich tun konnte, war, wenn immer möglich in leerlaufähnlicher Geschwindigkeit voraus zu fahren, dann den Rückwärtsgang einzulegen, wenn uns die Welle von hinten hochhob und ringsum brach. Nur so konnten wir die Gefahr verringern, an der Vorderseite der Welle wie ein Surfbrett herunterzuschießen und uns zu überschlagen. Das ganze Schiff bebte, wenn wir mit Vollgas im Rückwärtsgang waren, während es von der Welle hochgehoben wurde, die dann direkt über uns kippte. In diesem Stadium war es wirklich günstig, dass wir die Dories noch immer unter Wasser hinter uns herschleppten, denn sie wirkten wie ein Treibanker. Inzwischen war alles aus ihnen herausgespült worden, ihre Hecks herausgerissen und die Außenborder verschwunden. Wir hatten sie nur deshalb noch nicht verloren, weil wir eine der Schleppleinen durch alle hindurchgezogen hatten. Mit viel Glück würden uns bis Cape York wenigstens noch ein paar Spanten bleiben.

Da war ich also, ein Zwanzigjähriger, der einen Trawler steuerte, mit einer Mannschaft etwa doppelt so alter Männer, die alle vor sich hin heulten und sich im wahrsten Sinn des Wortes in die Hosen machten. Sie waren absolut davon überzeugt, dass sie sterben würden, ich übrigens auch. Ich muss zugeben, dass auch ich Muffensausen hatte, durfte es aber nicht zeigen. Inzwischen waren die Wellen so groß, wie sie dort draußen nicht größer werden können – mehr als 15 Meter hoch, und ich kann gar nicht sagen, wie oft wir kurz davor waren zu verlieren. Die Wellen waren so hoch, dass sie direkt über uns zusammenbrachen. Wir wurden richtig unter ihnen begraben, in grünem Wasser, und jedes Mal, wenn das passierte, taten uns die Ohren weh, weil der Druck in der Kabine so hoch wurde. Wie beim Tauchen eben, wenn beim Tiefergehen die Ohren schmerzen. Der Druck war einfach unglaublich.

Inzwischen war es dunkel geworden, und wir hatten keine Ahnung, wie schlimm es draußen aussah. Das Einzige, was ich wusste, war, dass ich alles nur erdenklich Mögliche tun musste, um das Schiff auf Kurs und sicher zu halten. Es blieb nichts anderes übrig, wenn wir überleben wollten. Wir konnten nicht in den Wind drehen und hinaus auf die See fahren, weil wir nicht genug Treibstoff dabei hatten, um wieder zur Küste zurückzukehren, sobald sich der Wirbelsturm gelegt hätte. Ohnehin könnten wir schon von Glück sagen, wenn wir mit dem Rest im Tank noch Cape York erreichen würden.

Als ob das alles nicht gereicht hätte, spürte ich als Nächstes, dass sich das Schiff schwer anzufühlen begann. Dann merkte ich, wie sich das Motorgeräusch plötzlich änderte. Er hörte sich an wie ein Gurgeln. Die Maschinenraumluke auf dem Deck hinter dem Ruderhaus hatte sich von uns unbemerkt gelöst, und das Schiff füllte sich schneller mit Wasser, als man gucken konnte. Es fing schon an, im Wasser herumzuschlingern, so schnell lief es herein. Ich musste unbedingt hinaus, die Luke wieder schließen und festmachen, dann runter und die Bilgepumpen anwerfen. Von den älteren Kerlen konnte ich keine Hilfe erwarten, die hatten zu viel Angst. Also schnappte ich mir den 16-jährigen Burschen und ließ ihn das Schiff steuern. Ich schlang ein Seil um mich als Sicherungsleine und wagte mich in die Masse weißen Wassers, die über das Deck spülte. Sobald ich die Luke wieder an Ort und Stelle hatte, kletterte ich nach unten und schmiss die Bilgepumpen an. Sie sind vom Motor unabhängig, und glücklicherweise war der Wasserstand im Maschinenraum nicht so hoch, dass sie nicht funktionierten.

Als sich alles wieder normalisiert hatte, fuhren wir weiter Richtung Cape York durch die noch immer stockdunkle Nacht. Nach einer Weile fühlten wir, wie Wind und Seegang nachließen, ein sicheres Zeichen dafür, dass der Wirbelsturm sich von uns entfernte. Aber unsere Lage war alles andere als sicher. Es war noch immer dunkel, als wir am Kap ankamen, und unsere einzige Möglichkeit, den sicheren Hafen zu erreichen, wäre gewesen, uns durch ein Riff zu schlängeln – ein Ding der Unmöglichkeit in der Nacht. Also blieb uns nichts weiter übrig, als bis zum Anbruch des Tages unter schrecklichen Bedingungen direkt vor dem Riff Runden zu drehen.

Schließlich aber brach der Tag an, und wir gelangten in Sicherheit. Eines aber weiß ich gewiss: So etwas will ich nie mehr erleben müssen. Eine grauenhafte Erfahrung, insbesondere für einen 20-Jährigen, der noch nie Ähnliches durchgemacht hatte.

Den anderen wirklich schlimmen Wirbelsturm erlebte ich vor der Küste Westaustraliens, damals in den 1990er-Jahren. Wir fuhren auf der WICKED von Geraldton Richtung Norden, als wir uns sechs Stunden hinter dem Wirbelsturm befanden, der sich von Exmouth aus voranbewegte. Nun, das ist offene See von der Küste bis hinüber nach Afrika, und plötzlich waren wir in der Falle. Die Wellen bauten sich schneller auf, als man sich vorstellen kann. Und weil wir nirgendwohin konnten, mussten wir weitermachen. Wir fuhren an Ningaloo, etwa 70 Meilen südlich von Exmouth vorbei. Dort stürmte es mit etwa 80 Knoten, und die Wellen barsten. Kein Scheiß, die Dünung war etwa 100 Fuß hoch. Sie sahen aus wie Berge mit brechenden Kämmen. Die WICKED ist ein verdammt großer und starker Katamaran. Trotzdem waren wir in echten Schwierigkeiten. Alles, was wir tun konnten, war, an der Vorderseite dieser Riesenwellen mit 17 Knoten Richtung Nordost zu fahren und dabei die beiden Motoren im Rückwärtsgang laufen zu lassen, um unsere Geschwindigkeit zu drosseln. Eine der Wellen schossen wir so schnell hinunter, dass eines der Ruder einfach abbrach. Dann stürzte eine weitere Monsterwelle mit solcher Kraft über uns herein und tauchte das Schiff vollständig im weißen Wasser ein. Wir lagen so tief in der Dünung, so weit unter Wasser, dass die beiden Rettungsflöße, die wir auf dem Kajütdach verstaut hatten, sich öffneten und aufbliesen. Eigentlich sind sie so gebaut, dass dies erst in einer Wassertiefe von drei Metern geschieht. Jetzt mussten wir also auch diese beiden roten Dinger im Wasser an ihren Leinen hinter uns her schleppen. Dabei waren wir voll im Rückwärtsgang, immer bemüht, das Schiff davon abzuhalten, mit der Nase voran in ein Wellental hinunterzustechen. In dieser Situation gab es nur eine einzige Möglichkeit: Wir mussten die Rettungsflöße losschneiden. Wenn wir das nicht getan hätten, wären sie unter das Schiff gesaugt worden und in den Schrauben gelandet. Dann ist man wirklich verloren. So hieß es also: »Rettungsflöße loswerden und Schiff retten.«

Wenn man wie ich lebt, scheint immer irgendwo eine tödliche Gefahr zu lauern, egal, was du tust. Irgendwie ist das wie beim Russischen Roulette. Und doch möchte ich nicht anders leben. Man mag es fast nicht glauben, aber sowohl riesige Tiere wie Krokodile als auch so winzige wie Kegelschnecken können dich umbringen. Ich weiß gar nicht mehr, wie oft mich Steinfische erwischt haben (wohl oft genug, um mich gegen ihr Gift zu immun zu machen), und obwohl ich nie von Seeschlangen gebissen wurde, haben sich Hunderte um mich herumgewickelt. Sie verursachen mir immer ein Gruseln, weil sie einen aus irgendeinem Grund gern hinten am Hals lecken. Andere Male hatte ich, aus eigener Dummheit, einige Zusammenstöße mit Irukandji-Quallen. Sie werden in der Nacht von den Deckslichtern angezogen und treiben da so herum. Wenn man also morgens aufwacht und ins Wasser springt, um den Kopf klar zu kriegen, fällt man direkt auf so ein Tier. Platsch! Es ist ein unglaubliches Gefühl, weil, egal wo sie dich erwischt, es immer ein wenig so ist, als würde es hinten am Hals kitzeln. Dann kriecht das Kitzeln um den Hals herum, und der Schmerz setzt ein. Wenn er dann auf dein Rückgrat zugreift, weißt du, dass du Probleme hast. Du beginnst, dich zusammenzukrümmen und bekommst so heftige Krämpfe, dass es sich anfühlt, als würde deine Wirbelsäule von innen heraus zerbersten.

Wie man sieht, habe ich die Qualle überlebt, aber ein Tier hätte mich beinahe wirklich erledigt – die Kegelschnecke. Als es passierte, wusste ich nicht, was mich erwischt hatte. Ich war auf etwa 18 Metern Tiefe und suchte nach Langusten an einer Stelle, die »Dead Man's Peanut« heißt und vor Cape York liegt. Warum heißt sie so? Weil sie aus zwei Riffen besteht. Auf dem einem wurde vor Jahren ein toter Mann angeschwemmt gefunden und das andere hat die Form einer Erdnuss. Echt originell! Doch gibt es dort viele Langusten. Ich schwamm um einen Stein herum, so groß wie ein Esstisch, und suchte unter einem Überhang, der etwa einen Fuß über dem Grund lag, nach Langusten. Und tatsächlich waren einige ziemlich schöne Exemplare dort. Ich streckte also meinen Arm hinein, um eine herauszuziehen, und spürte einen leichten Stups auf der Hand. Er durchdrang meinen Kevlar-Handschuh und im gleichen Moment hatte ich eine so unglaubliche Gefühlserfahrung, dass ich wusste, dass dies das Schlimmste war, was mich jemals im Leben berührt hatte. Jeder Haarfollikel, jede Pore, jeder Fingernagel, jeder Zahn, alle Geschmacksknospen, jede Sinnesempfindung in meinem Körper reagierte. Eigenartigerweise hatte ich keine Schmerzen.

Zurück an der Oberfläche, erzählte ich meinem Doryfahrer Macca, was passiert war. »Mann, du hast dir heute morgen zu viel Schnupfenspray reingezogen. Du bist auf einem leichten Trip.« Damals nahmen wir noch ein starkes Schnupfenspray, um öfter tauchen zu können. Es hält die Nase schleimfrei und verringert den Druck in den Augen. Die meisten Kerle waren so süchtig danach wie Junkies.

Ich sah einen kleinen schwarzen Fleck auf meiner Hand – den Fleck habe ich heute noch –, pechschwarz und etwa so groß wie ein Ein-Cent-Stück. Ich zupfte daran und fand einen kleinen Stachel, den ich herauszog. Ich hielt ihn für den Stachel eines Stachelrochens, der unter den Steinen gelegen hatte. Aber dann sagte Macca: »Das sieht aus wie der Stachel einer Kegelschnecke. Geh' mal lieber wieder hinunter und schau, ob da welche sind.« Es tat nicht weh und ich halluzinierte nicht, daher beschloss ich, wieder hinunterzutauchen und noch ein Paar Langusten zu holen. Währenddessen konnte ich mich um den Stein herum umsehen. Auf der einen Seite fand ich ein paar Langusten, die ich einsackte, dann schwamm ich weiter herum, dorthin, wo ich vorhin gewesen war, und begann den Sand wegzuwedeln. Und tatsächlich, da war eine tiefrote Kegelschnecke. Sofort wusste ich, was mich erwischt hatte, machte mir aber keine übermäßigen Sorgen. Und weil ich keinen Schmerz spürte, schwamm ich zu einem weiteren Stein hinüber, der vor Langusten überquoll. Ich begann eine nach der anderen herauszupflücken, konnte aber plötzlich meine Hand nicht mehr zu Greifen schließen. Sie war dick angeschwollen und steif. »Scheiße«, sagte ich mir, weil ich wusste, dass ich nicht einmal mehr den Handschuh abbekommen würde. Ich machte mich auf den Weg nach oben, und als ich auf 10 Metern Tiefe war, wurde der Schmerz fast unerträglich. Ich erreichte die Oberfläche, schob mich ins Boot und schnitt den Handschuh auf. Meine Hand war schwarz und wollte nicht aufhören anzuschwellen. Ich sah meine Finger rasch dick werden. Es ist unfassbar, wie schnell Haut schwellen kann. Macca preschte mit mir eiligst zurück zum Schiff. Weil wir 80 Meilen von Nirgendwo waren, konnte er nur eines tun: Ans Funkgerät gehen und den Medizinischen Beratungsdienst anrufen. Wir erklärten den Fliegenden Ärzten, was mit mir los war und dass ich meinte, vom Stachel einer Kegelschnecke erwischt worden zu sein. Der Arzt sagte: »So, so, eine Kegelschnecke?«

»Absolut sicher.«

»Naja. In Queensland wurden ein paar gestochen. Nur einer hat überlebt. Zwei sind gestorben.«

»Na prima«, sagte ich.

»Wie fit bist du?«

»Wie Supermann. Ich schwimme 11 Stunden pro Tag. Esse viel. Esse Fisch. Alles was gut ist. Nehme keine Drogen. Trinke nicht oft Alkohol. Fit. Fit.«

» Hast du eine Druckbandage am Arm angelegt?«

»Ja. Schon erledigt.«

»Dann kannst du Glück haben. Aber Folgendes wird dir passieren: Du wirst einen Schlaganfall haben und einen kleinen Herzinfarkt. Zudem wird eine einseitige Lähmung eintreten. Du musst aufrecht stehen bleiben, wenn du kannst. Was nicht der Fall sein wird, denn du wirst ohnmächtig werden. Stelle also sicher, dass dich die Jungs in aufrechter Position halten, und du musst herumlaufen. Wenn du die nächsten fünf oder sechs Stunden schaffst, wird alles gut.«

Während des Funkkontakts begann bereits die Ohnmacht einzusetzen. Also musste Jung-Mick, der 16-Jährige, das Schiff übernehmen und sich gleichzeitig um mich kümmern. Zum Glück hatten wir medizinische Sicherheitsübungen an Bord für einen Fall wie diesen trainiert. Also wusste jeder ziemlich genau, was er zu tun hatte.

Inzwischen war das Schiff unterwegs in Richtung Küste und ich verlor schnell das Bewusstsein. Also hielten mich zwei der Jungs aufrecht, und als sie müde wurden, übernahmen zwei andere. Sie wussten, dass sie mich in der Vertikalen zu halten hatten, damit mein Herz nicht aufhörte zu pumpen. Deswegen schubsten sie mich herum, als ich anfing, das Bewusstsein zu verlieren. » Bleib wach, Damo. Bleib wach.«

Und tatsächlich konnten sie beobachten, wie ich den Schlaganfall hatte und gelegentlich aufhörte zu atmen. Dann mussten sie mich Mund zu Mund beatmen und reanimieren. Keiner von ihnen war davon wirklich begeistert. Ich war ein verdammt schlechter Küsser. Später machten natürlich Scherze die Runde: »Ich habe die Zunge in dich hineingesteckt, Damo, und du hast es nicht einmal bemerkt, oder?«

Wir steuerten Thursday Island an, das am nächsten gelegene Stück Land, um ärztliche Hilfe zu bekommen. Etwa 20 Meilen vor der Küste sahen die Jungs, dass der Seegang flach genug war, um mich in das Dingi zu setzen und so schneller als mit dem Trawler an Land zu bringen. Was der Arzt mir nicht gesagt hatte, war, dass meine Beine so stark anschwellen würden, dass die Haut wirklich aufplatzen würde und dass es zwei Wochen so bliebe. Du kannst dir weder die Schwellung noch die Schwärze vorstellen. Es war unglaublich!

Egal, die Jungs setzten mich in das Dingi und preschten so schnell wie möglich Richtung Küste. Aber dann setzte der Wind ein, die Wellen wuchsen und das Boot hopste auf und ab. Dadurch pumpte es das Gift noch schneller in meinen Organismus, und ich erlitt einen weiteren Anfall. Der Kerl am Steuer des Dingis flippte aus, konnte aber nichts daran ändern. Ich sagte zu ihm: »Keine Sorge, Mann. Fahr' so schnell du kannst. Es ist egal, ob du langsam oder schnell fährst, das Gift fließt trotzdem in mir herum. Drück' einfach ordentlich auf die Tube. Wenn ich durchkommen soll, komme ich durch. Wenn nicht, sag' Kimmi, dass ich sie von ganzem Herzen liebe.« Es war mir ernst. Er schaute mich nur an und sagte: »Ich hoffe, dass ich das nicht muss, Mann.«

Wir düsten also geradewegs Richtung Thursday Island, und die Jungs hatten schon zu den Fliegenden Ärzten hinübergefunkt, um zu sicherzugehen, dass an der Mole ein Rettungswagen auf uns wartete. Aber wie sollte es schon anders sein: Der Rettungswagen war zwar da, aber die Krankenschwester war eine Eingeborene und sprach kein Englisch. Sie wollte nur wissen, ob meine Versicherung den Krankenwagen bezahlen würde, und wollte mich nicht ins Krankenhaus bringen, bis sie die Antwort hatte.

Als wir schließlich das Krankenhaus erreichten, hatte nur eine Station geöffnet, und die war voller alter Damen, die nur in ihren Betten herumlagen. Auf der Insel nennen sie das Krankenhaus nur »Das Haus, das Jack gebaut hat«, nach dem alten Kinder-Abzählreim. Daher eben der Name. Als ich dort ankam, war gerade eine Abschiedsparty für einige Schwestern und Ärzte im Gange, und alle waren sternhagelvoll. Ein junger chinesischer Akupunkteur versuchte mir weiszumachen, dass ich gar nicht von einer Kegelschnecke erwischt worden war, sondern unter Wasser nur mein Handgelenk verstaucht hatte. Die körperlichen Erscheinungen seien auf die Taucherkrankheit zurückzuführen.

Ich brüllte ihn an: »Das ist vollkommener Blödsinn, Mann. Du hast keine Ahnung, was ich in den verfluchten letzten sechs Stunden durchgemacht habe!« Dann meinte er, er wolle mir zwar helfen, könne es aber nicht. Also begann der Junge, der mich mit dem Dingi hergebracht hatte, ihn anzuschreien: »Du Scheißkerl. Verpiss' dich. Gib' ihm was gegen die Schmerzen.« Da kam also diese halb besoffene Schwester, um mich in den Arsch zu stechen. Aber sie ritzte mich nur leicht an. Während ich mich nach vorn beugte, verfehlte sie ihr Ziel und verspritzte das meiste auf meiner Haut. Sie hatte keine Ahnung, wie viel sie in mich hineingespritzt hatte, und so blieb ihr nichts weiter, als nochmals auf mich einzustechen und den Rest in mich hineinzupumpen. Das tat sie dann auch, und es fühlte sich an, als würde sie meinen Knochen perforieren. In diesem Zustand ist der Körper so empfindlich, dass sich der kleinste Nadelstich wie der Einschlag einer Kugel anfühlt.

Uns reichte es. Wir wussten, dass ich keine Überlebenschance hätte, wenn wir hier blieben. Und weil ich sechs Stunden nach dem Stich der Kegelschnecke noch immer am Leben war, beschlossen wir, weitere 60 Meilen nach Süden zu preschen, nach Hicks Island, wo wir einen Kumpel hatten mit einer guten medizinischen Ausrüstung im Haus. Als wir dort ankamen, setzte ich mir die Spritze selbst, und der Schmerz begann nachzulassen. Das wiederholte ich dann jeden Tag, bis er schließlich völlig verschwunden war.

In solch einer Lage lernst du die Männer zu schätzen, die mit dir auf dem Trawler arbeiten. Das Band zwischen euch ist einzigartig, weil du von einer Sekunde zur anderen an der Schwelle des Todes sein kannst, und so weit von der Küste entfernt ist es unmöglich, sofort ärztliche Hilfe zu bekommen.

Bis ich mich vollständig von dieser Kegelschnecken-Erfahrung erholt hatte, dauerte es ein Jahr. Ich verlor jedes Gefühl auf der einen Seite meines Körpers: Einen Fuß schleifte ich nach, mein Gesicht war schief an einer Seite und ein Augenlid hing herunter. Auf dieser Seite konnte ich nicht einmal meinen Arm heben. Wenn ich trinken wollte, musste ich mir den Mund an der einen Seite zuhalten, sonst wäre mir die Flüssigkeit auf die Schulter geflossen. Und fast jedes Mal, wenn ich das tat, biss ich mir entweder auf die Zunge oder in die Wange. Es gab Zeiten, wo ich glaubte, ich würde mich nie mehr erholen. Das Beste, was ich tun konnte, war, so oft wie möglich zu schwimmen und mich dazu zu zwingen, diese Körperseite zu benutzen. Anfangs schwamm ich immer nur im Kreis, aber mit der Zeit renkten sich die Dinge wieder ein, und ich verwandelte mich zurück in den alten Damo.

7

In die Geschichtsbücher torpediert

Poon Lim war kaum mehr als ein mit Haut überzogenes Skelett und dem Tode nahe, als er aus einem sich auflösenden Floß aus dem Atlantik gezogen wurde. Sein Verstand jedoch war noch immer wach genug, um zu wissen, dass er einen wenig beneidenswerten Rekord hielt, einen Rekord, von dem er hoffte, dass ihn niemand je brechen würde.

Der von der chinesischen Insel Hainan stammende 25-jährige Seemann hatte unglaubliche 133 Tage auf einem Floß überlebt, nachdem die SS BENLOMOND, auf der er als Steward arbeitete, durch einen von einem deutschen U-Boot abgefeuerten Torpedo in die Luft gesprengt worden war. Das war am 23. November 1942, mitten im Zweiten Weltkrieg. Als die BENLOMOND in das Visier des nach Beute jagenden U-Boots geriet, war sie gerade mit 55 Mann Besatzung etwa 750 Meilen östlich des Amazonas auf der Fahrt von Kapstadt nach Holländisch-Guyana unterwegs. Das Schiff war eine leichte Beute, weil es auf dieser Fahrt ohne Geleitschutz fuhr. So musste die deutsche Mannschaft ihr U-Boot lediglich in Position bringen, einen Torpedo abschießen, und in Sekundenschnelle besiegelte ein Volltreffer das Schicksal der BENLOMOND. Die gewaltige Explosion, die den Rumpf aufriss, war so stark, dass das Schiff sofort unterging, was den wenigen Besatzungsmitgliedern, die der Explosion entkommen waren, kaum eine Chance ließ, sich zu retten.

Poon Lim aber gelang es, sich eine Rettungsweste zu greifen und sie anzulegen, bevor er über Bord sprang. Er wusste, dass er so schnell und so weit wie möglich wegschwimmen musste, denn, sobald die Kessel im Maschinenraum mit dem kalten Atlantikwasser in Berührung kommen würden, gäbe es eine weitere vulkanartige Explosion. Als er wegschwamm, konnte er die Verzweiflungsschreie der Besatzungsmitglieder hören, die in den Trümmern eingeschlossen waren. Einmal sah er fünf andere, die sich an ein Carley-Floß klammerten, das zu dieser Zeit alleinige Rettungsfloß. Aber es trieb so schnell davon, dass er es nicht erreichen konnte. Ihm wurde klar, dass diese fünf Seeleute die einzigen Überlebenden außer ihm selbst waren. Leider verschwanden sie auf Nimmerwiedersehen.

Gleich nachdem die BENLOMOND in einem Schwall von Blasen unter der Oberfläche verschwunden war, begann Poon Lim in dem Treibgut herumzuschwimmen, in der verzweifelten Hoffnung, irgendetwas zu finden, das groß genug war, ihn zu tragen. Immer wenn er von einem Wellenberg angehoben wurde, suchte er fieberhaft die Umgebung mit den Augen ab, doch erst nach zwei Stunden wurden seine Gebete bestmöglich erhört. Er erspähte ein weiteres Carley-Floß, nur 30 Meter weit weg, schwamm hin und zog sich hinauf.

Carley-Flöße wurden aus 30 bis 50 cm dicken Kupfer- oder Stahlrohren gebaut, die zu einem ovalen Ring zusammengeschweißt waren. Der Ring wurde umkleidet, meist mit Kork und darauf eine Gewebeschicht, die dann mithilfe von Farbe oder einer imprägnierenden Flüssigkeit wasserdicht gemacht wurde. Der Boden des Floßes bestand aus einem Gitterrost, gefertigt aus Holzlatten oder Gurten.

Für Poon Lim war dieses Floß ein wahres Geschenk des Himmels. Als Erstes stellte er fest, dass die Notrationen an Bord nicht von der Explosion vernichtet worden waren. Seine Vorräte bestanden aus einigen kleinen Dosen mit Keksen, einem Kanister Wasser, Leuchtraketen und einer Taschenlampe. Trotzdem war ihm sofort bewusst, dass er nur geringe Chancen hatte, lange genug zu überleben, um entweder gerettet zu werden oder an Land zu gelangen. Schließlich war die Welt in einen intensiven Krieg verstrickt und er nichts weiter als ein unscheinbarer Punkt mitten im Atlantischen Ozean. Wenn er halbwegs eine Überlebenschance haben wollte, dann musste er von Beginn an äußerste Selbstdisziplin üben, und so verordnete er sich sofort eine Rationierung. Mit ihr würde er, nach seiner Schätzung, wahrscheinlich einen Monat überstehen können.

Aber außer der Nahrungsknappheit bestanden noch weitere ernsthaften Bedrohungen, denn das Floß hatte keinen Unterschlupf. Daher war Poon Lim den Elementen ganz und gar ausgeliefert – der sengenden Sonne ebenso wie den ausdörrenden Temperaturen und den Stürmen. Und doch konnte dies alles unglaublicherweise seinen Überlebenswillen nicht schwächen.

Im ersten Monat war er zwei Mal der Überzeugung, dass seine Rettung bevorstand. Das erste Mal, als ein Frachter in Rufweite vorbeifuhr, das zweite Mal, als ein Aufklärungsflugzeug der American Navy über ihn hinwegbrummte. Ein anderes Mal wurde er von einem deutschen U-Boot gesichtet, aber statt ihn an Bord zu nehmen, beschloss die Besatzung, ihn seinem Schicksal zu überlassen. Das bestärkte ihn in seiner Überzeugung, dass sein Schicksal ganz allein in seinen Händen lag, umso mehr, als er keine Leuchtsignale mehr hatte.

Er wusste auch, dass er ein gewisses Maß an Fitness aufrechterhalten musste, weshalb er, wann immer möglich, um das Floß herumschwamm, trotz der Gefahr, von einem Hai angegriffen zu werden. Dieses Training zahlte sich aus, denn es gelang ihm, erstaunlich gut bei Kräften zu bleiben, obgleich er erheblich an Gewicht verlor.

Die Selbsterhaltung war sein einziges Ziel, es war seine persönliche Art des »Rette sich, wer kann«. Da sein Lebensmittelvorrat dahinschwand und keine Rettung in Sicht war, verlegte er sich aufs Fischen, um an die so dringend notwendige Nahrung heranzukommen. Irgendwie gelang es ihm, einen simplen Angelhaken aus dem Material (Metall und Draht) zu formen, das er aus dem Inneren der Taschenlampe geholt hatte. Der Wasserkanister diente ihm dabei als Hammer. Er brauchte Tage, das Metall in eine zweckdienliche Form zu biegen und zu hämmern und eine Angelleine aus der Hanfschnur zu fertigen, mit der die Notrationen im Floß befestigt waren.

Als das alles fertig war, spießte er ein Stück Keks als Köder auf die Spitze des Hakens und ließ ihn sanft in das Wasser gleiten. Zu seiner großen Freude dauerte es nicht lange, bis er seinen ersten Fisch gefangen hatte. Es gelang ihm, den Fisch zu filetieren, indem er die scharfe Kante einer Keksdose als Messer verwendete. Von dem rohen Fleisch vertilgte er sofort etwas, genoss dabei jeden Happen und legte einiges auf die Seite, um es in der Sonnenglut zu »backen«. Das würde eine Abwechslung in seine dürftige Kost bringen. Die Innereien jedes gefangenen Fisches nutzte er als wertvolle Köder.

In diesem wiederkehrenden Kreislauf überlebte er länger als einen Monat, bis Seevögel auf der Szene erschienen. Poon Lim ersann eine erstaunliche Methode, diese Vögel zu fangen. Aus dem Seegras, das sich am Boden des Floßes festgesetzt hatte, baute er eine Art Nest und legte einige Stücke halb verdorbenen Fisch daneben. Dann verharrte er regungslos auf den Boden des Floßes und wartete darauf, dass ein Vogel landete. Wenn das geschah, griff er blitzschnell zu, packte den Vogel am Hals und musste dann einige Kratzer und Bisse von seiner Beute einstecken, bis sie überwältigt und getötet war.

Wie immer in solchen Situationen macht Not erfinderisch. Es gelang ihm, einen losen Nagel aus dem Holz des Bodens herauszuziehen, dann nahm er seine Schuhe als Hammer und hackte aus einer Konservendose eine brauchbare Art Messer heraus. Nun hatte er ein Werkzeug, mit dem er den Vogel in essbare Portionen zerlegen konnte.

Die ganze Zeit über war es ihm gelungen, seine begrenzten Wasservorräte immer wieder aufzufüllen, indem er die Schutzhülle einer Rettungsweste nahm und damit bei Regen das kostbare Nass auffing.

Wen würde es wundern, dass Poon Lim sein Training im Wasser unterließ, wenn er einen Hai sah. Stattdessen versuchte er ihn zu fangen, wobei er die Überreste eines Vogels als Köder benutzte. Glücklicherweise erwies sich sein so schlau konstruiertes improvisiertes Angelgerät als stark genug, um einen Hai auf das Floß zu ziehen. Aber was dann folgte, hatte er nicht bedacht. Denn sobald der Hai erkannte, dass sein letztes Stündlein geschlagen hatte, griff er Poon Lim an – es war ein Kampf auf

Leben und Tod in einem winzigen Ring von 10 Quadratmetern. Erst einige harte Schläge mit dem metallenen Wasserkanister auf den Kopf des Hais brachten schließlich den entscheidenden Sieg für Poon Lim.

Mittlerweile hatte es einige Zeit lang nicht geregnet, und er trocknete stark aus. So stillte er mit dem Blut, das er aus der Leber des Hais saugte, seinen brennenden Durst. Das hielt ihn bis zum nächsten Regen auf den Beinen. Zudem versorgte ihn dieser Fisch mit einem Leckerbissen, den er so oft in seinem Heimatland genossen hatte: an der Sonne getrocknete Haifischflossen.

Woche um Woche blieb sein Tageslauf eintönig und wiederholte sich ständig: Fische fangen, Wasser auffangen, versuchen zu überleben und sich all die Zeit am zu- und abnehmenden Mond zu erfreuen. Einzig die Hoffnung hielt ihn am Leben, aber die schwand dahin wie der abnehmende Mond, besonders als er wahrnahm, dass die Kerben, die er in ein Stück Holz im Floß geritzt hatte, anzeigten, dass er schon mehr als vier Monate dahintrieb.

An dem Tag, an dem er die 131. Kerbe in das Holz geritzt hatte, bemerkte er eine Veränderung in seiner Umgebung: Die Farbe des Ozeans hatte sich von tiefdunklem Blauschwarz in eine zarte seegrüne Schattierung verwandelt. Auch zeigten sich viel mehr Vögel über ihm und es trieb Seegras. Das waren Mut machende Anzeichen – hinter dem Horizont könnte sich Land befinden.

Und das Wunder trat tatsächlich ein, als Poon Lim am 133. Tag in der Ferne ein winziges Segel entdeckte und wie wild zu winken begann, in dem verzweifelten Versuch, auf sich aufmerksam zu machen. Er schaute wie gebannt auf das Segel und dann geschah der großartige Augenblick, als er sah, wie das Boot seinen Kurs änderte und auf ihn zuhielt. Es war der 15. April 1943, als drei ungläubig staunende brasilianische Fischer ihr Boot an sein Floß heranlenkten und daran gingen, den ausgemergelten, aber immer noch kräftigen Poon Lim in die Zivilisation zurückzubefördern. Diese unglaubliche Irrfahrt hatte ihn bis fast direkt vor die gewaltige Mündung des Amazonas geführt – er war über etwa den halben Atlantik getrieben.

Die Fischer nahmen ihm mit nach Belém, einer Stadt direkt in der Amazonasmündung, und von dort aus verbreitete sich seine wunderbare Geschichte. Niemand hatte bislang so knapp und unter so extremen Umständen überlebt.

Poon Lims entschlossenes Bemühen, seine Kräfte zu erhalten, ermöglichte ihm, ohne Hilfe an Land zu gehen, obgleich er 20 Pfund Gewicht verloren hatte. Er wurde in eine brasilianische Klinik gebracht, wo er vier Wochen lang die Auswirkungen seines Kampfes mit den Elementen auskurieren konnte.

Die Nachricht von dieser bemerkenswerten Tat, diesem unglaublichen Durchhalten, ging rasch um die Welt, und bald wurde dieser bescheidene Schiffssteward, der einzige Überlebende der SS BENLOMOND, von der Königlichen Familie und von Politikern gefeiert. Er reiste nach New York und Washington, wo Senat und Repräsentantenhaus ein Sondergesetz verabschiedeten, das ihm die Staatsbürgerschaft der Vereinigten Staaten gewährte. In England verlieh ihm König Georg VI. persönlich den höchsten Zivilorden, die British Empire Medal. Die britische Marine ließ Broschüren mit Poon Lims Überlebenstechniken drucken und in allen Rettungsflößen anbringen.

Poon Lim ließ sich in Brooklyn nieder, am Fluss gerade gegenüber von New York City. Er starb im Januar 1991 im Alter von 72 Jahren.

8

HALF-SAFE im Hurrikan

Es begann mit einer lässigen Bemerkung, im März 1946, als der Australier Ben Carlin auf dem Flugfeld Kalaikunda in Indien war. Dort standen Hunderte von Fahrzeugen herum, die die United States Air Force nach dem Ende des Zweiten Weltkrieges zugunsten der indischen Regierung ausgemustert hatte. Diese Vehikel interessierten Carlin nicht besonders, im Laufe des Krieges hatte er sie alle schon gesehen. Zumindest dachte er das, bis ihm ein kleiner zerbeulter amphibischer Jeep in den Blick geriet. Wie angewurzelt blieb er stehen: Ihm kam eine spontane Gedankenverbindung, angestoßen von seiner Liebe zur See und zu kleinen Booten einerseits und der zu ungewöhnlichen Fahrzeugen andererseits. In den nächsten 15 Minuten turnte er auf, um und unter dem ramponierten kleinen Boot auf Rädern herum. Er stellte sich vor, wo es während des Krieges gewesen sein und was es dort geleistet haben mochte. Und dann sagte er versonnen zu seinem Begleiter: »Weißt du was, Mac, das Ding ein bisschen aufmöbeln, und man könnte mit sowas um die Welt reisen.«

Mac meinte nur: »Blödsinn!«, aber das kam bei Carlin nicht an. Dazu war es schon zu spät, denn von diesem Moment an hatte er sich in ein Abenteuer verbissen, das, so wie ein rollender Schneeball zu einer Lawine, von einer Idee zu einer der größten Leistungen des vergangenen Jahrhunderts anwuchs, ein Unterfangen voller Mut und Entbehrungen. Es war der Beginn eines mühsamen Abenteuers gewaltigen Ausmaßes, wie es die kriegsmüde Welt bewundern würde – ein Wagnis gegen alle Widrigkeiten.

Carlin wurde 1912 in Northam in West-Australien geboren, besuchte die Guildford Grammar School in Perth, studierte an der Universität und wurde Bergbauingenieur. 1939 ging er nach China, wo er in einem Kohlebergwerk nahe Peking arbeitete. Seine Berufskarriere wurde durch den Zweiten Weltkrieg abrupt beendet. Er trat den Indian Army's Royal Indian Engineers bei und tat Dienst im Mittleren Osten und in Italien.

Nach Kriegsende war Carlins letzter Einsatz beim Militär, die Bodeneinrichtungen zu inspizieren, die die Amerikaner als Geschenk für die indische Regierung zurückgelassen hatten, und so kam er denn an diesem schicksalhaften Tag auf diesen Flugplatz – wo ein Schwimmjeep in sein Leben platzte.

Vor diesem Moment der Liebe auf den ersten Blick war Carlins überwältigendes Verlangen gewesen, die indische Armee zu verlassen und schleunigst nach Australien zurückzukehren. Nun sah es anders aus: Er war wie besessen von dem amphibischen Jeep und dem Geruch nach Abenteuern, den der ausströmte. Andere Leute würden seine sich flugs entwickelnde Idee, doch tatsächlich via Land und See um die Welt zu fahren, als reine Fantasie, als weit hergeholt und als verrückt ansehen. Er sah es als etwas, das »ganz rational möglich« sei. »Es wäre schwierig genug, um interessant zu sein. Zudem eine nette Übung in Technik, Masochismus und Risiko, und eine Art von Sport. Vielleicht ließe sich auch etwas Geld damit machen.«

Von da an war Carlins Leben von diesem Projekt, seinem Abenteuer, ausgefüllt. Er war überzeugt, dass er für die Vollendung nur 12 Monate brauchen würde, und es wäre »der letzte Flügelschlag vor dem unvermeidlichen Rücksturz ins bürgerliche Dasein«. In den nächsten zwei Wochen hatte er an seine militärischen Vorgesetzten geschrieben, man möge seine Reise zurück nach Australien in eine in die Vereinigten Staaten umtauschen, wo er den zentralen Gegenstand seines Planes zu finden hoffte, einen ausgemusterten amphibischen Jeep aus dem Zweiten Weltkrieg. Seiner Bitte wurde stattgegeben, und bald darauf befand er sich an Bord eines Schiffs nach San Francisco via Hongkong.

Bei seinem Zwischenaufenthalt in Hongkong erwartete ihn eine heiß ersehnte und höchst erfreuliche Überraschung: Elinore, eine attraktive amerikanische Rotkreuzschwester aus Boston, die er in Indien kennengelernt hatte, war dort, um ihn aufs Herzlichste willkommen zu heißen.

Carlin versuchte verzweifelt, Elinore nicht erklären zu müssen, warum er seine Pläne geändert hatte – dass er auf dem Weg nach Amerika war, weil er sich in einen amphibischen Jeep verliebt hatte, dass er ein Abenteuer fast jenseits jeder Vernunft plante. Aber wie es so oft mit Frauen ist, Elinore spürte, dass man ihr ein Geheimnis vorenthielt, das sie unbedingt wissen wollte. Schließlich wuchs der Druck, ihr alles zu eröffnen, so stark, dass Carlin nachgab. Die Worte strömten nur so von seinen Lippen – und zu seinem Erstaunen war die Reaktion nicht, dass man ihn in eine Nervenklinik einweisen müsse. Kaum zu fassen: Elinore war von dem Plan gerade so begeistert wie dessen Schöpfer, und sie wollte mitmachen! Aber Carlin gefiel dieser Vorschlag überhaupt nicht, so wenig, dass er bis zu dem Moment, wo das Schiff in Hongkong ablegte, »Nein!« schrie – dies sei kein Abenteuer für eine Frau.

Sobald er amerikanischen Boden unter den Füßen hatte, begann Carlin, seine kühne Absicht zu realisieren, die Welt so zu erkunden, wie es noch niemand zuvor getan hatte. Das Ganze hatte sich zu einem unstillbaren, nicht aufzuhaltenden Verlangen entwickelt, wie eine mit Entschlossenheit geladene durchgehende Lokomotive, obgleich ihm bei jedem neuen Anlauf völlige Frustration und Ablehnung entgegenschlugen. Mögliche Sponsoren und Unterstützer verstanden entweder den Plan nicht oder sie waren nicht im Geringsten daran interessiert, und er kämpfte darum, einen Jeep aufzutreiben.

Zu diesem Zeitpunkt besaß er gerade einmal 10 000 Dollar und ein ramponiertes Auto der Marke »Plymouth«, und er schwankte, was er nun tun sollte. So beschloss er, als erstes Ziel Toledo in Ohio anzusteuern, denn dort war die Produktionsstätte der Willys-Overland-Jeeps. Und tatsächlich kam ein Gespräch mit dem Leiter der Vertriebsabteilung zustande, der aber war nicht hilfreich, wie Carlin berichtete: »Das war so einer aus dem Mittleren Westen, ein schlaues Kerlchen und kein Feigling – so sagte er mir. Ja, dieser Typ hatte wohl schon mal etwas vom Atlantik gehört, aber offensichtlich glaubte er nicht daran. Was machte es da schon, dass er den Atlantik mit Atlantis verwechselte. Er fragte mich, welche Erfahrungen ich mit amphibischen Jeeps im Wasser oder außerhalb habe. Keine! Ich hatte nur einen gesehen. Ob ich schon ein größeres Gewässer überquert habe, so wie etwa den Erie-See? Nein. Ob ich schon einmal über den Atlantik gefahren sei? Nein!«

Also sagte der Mann von Willys-Overland auf das Hilfsersuchen Carlins: »Nein!«, und desgleichen auch jeder der größeren Autohersteller, bei denen er anfragte. Es gab nur eine Lösung: Wenn er das Projekt zuwege bringen wollte, musste er es mit eigenen Mitteln tun. So entschlossen, warf er seinen alten Plymouth an, schmiss seine wenigen Habseligkeiten hinein und »machte sich nach Washington DC auf, um die Witterung eines echten und erschwinglichen Jeeps aufzunehmen, seiner Spur zu folgen und ihn erfolgreich zur Strecke zu bringen.«

Bingo! Kaum in Washington angekommen, fand er heraus, dass im benachbarten Aberdeen zwei ausgemusterte amphibische Militärjeeps zur Auktion standen. Es war im Januar 1947, und es gelang ihm, beim Bieten mit der Hilfe eines Kumpels eine Schummelei einzufädeln und sich dadurch einen von ihnen für 901 Dollar zu sichern. Dennoch erwies sich dies als ein in doppeltem Sinne holpriger Start, denn der Motor des betagten Schätzchens war jahrelang nicht in Betrieb gewesen. Von Anfang an waren Carlins Fähigkeiten als Mechaniker gefordert, und als er ihn mit großem Einsatz schließlich anlassen konnte, blieb er kaum am Laufen. Als er dann dennoch mehr oder weniger stetig vor sich hin ratterte, blieb immer noch die Herausforderung, ihn hinreichend straßentauglich für die 110 Kilometer weite Fahrt nach Annapolis zu machen, der großartigen majestätischen alten Stadt am Ufer der Chesapeake-Bucht, wo er seine Heimatstation einrichten wollte. Hier sollten die Vorbereitungen für den ersten Abschnitt seines unglaublichen Plans ausgebrütet werden – die Querung des Atlantiks.

Unterwegs auf der Straße nach Annapolis begeisterte er sich mehr und mehr an seinem Kauf. Je weiter er auf der Straße vorankam, desto besser rieben sich die klemmenden Ventile frei, und bald hatte sich die leidende Maschine freigehustet und feuerte mit allen vier Zylindern. Und die Geschwindigkeit war wahrlich bewundernswert: bei Vollgas 80,5 km/h!

Bald nach seiner Ankunft in Annapolis wurde Carlins Optimismus gedämpft, ihm dämmerten neue Einsichten. Es gab einen massiven Realitätsschock, als er sich an die geplanten Umbauten begab. Das erste Mal seit jenem Moment auf dem Flugfeld in Indien wurde ihm das Ausmaß seines Unterfangens klar, nämlich die Fortbewegungsart und die Route, die er vorhatte. Ihm schwante, dass es eine unsinnige Idee sein könnte. Beispielsweise war der Jeep zwar schwimmfähig, aber seine plumpe Form unter Wasser erlaubte eine Höchstgeschwindigkeit von gerade einmal vier Knoten, und das bei einem fürchterlich hohen Benzinverbrauch von mehr als 10 Litern pro Stunde! Insbesondere aber war das Gewicht erschreckend, das nötig war, um das schon von sich aus nicht hochseetüchtige Fahrzeug zur Ozeanquerung aufzurüsten: Das Gesamtgewicht des Jeeps, 1100 kg, würde auf 1660 kg steigen. Auch musste man hinnehmen, dass das Vehikel nur 5,56 m lang und dürre 1,6 m breit war und somit nicht größer als ein überdimensionales Spielzeug!

Carlin schilderte seine Probleme: »Im militärischen Einsatz hatten sich diese Fahrzeuge als fast unbrauchbar erwiesen. Unbeladen hatte das offene Cockpit nicht einmal 40 cm Freibord, außer in stillen Binnengewässern schlug es leicht voll. Wegen seines relativ großen Gewichtes und seiner plumpen Form waren die Reaktionen des Jeeps zu langsam, um ihn in den Wellen so zu steuern wie ein normales Boot. Er war den Wellen völlig ausgesetzt und musste sie eben über die Seiten kommen lassen. Eine Menge von ihnen, vielleicht Hunderte, hatten nicht einmal ihre erste Wasserung überstanden.

»Ich sah es so, dass mein Problem schlicht darin bestand, für ein hinreichendes Ungleichgewicht zwischen der Wassermasse innerhalb des Rumpfes und der außerhalb desselben zu sorgen, und darin, genug Bunkerraum für den Treibstoff vorzusehen, sodass der Motor 2000 Meilen über die See schaffen würde, aber ohne dass die Beweglichkeit auf Land zu sehr eingeschränkt würde. Wohl kaum jemand würde vermuten oder glauben, dass man auf dem Trockenen vergleichbaren Problemen ausgesetzt sein könnte. Es ist kinderleicht, ein kleines Boot zu bauen, das robust genug ist, jedem Seegang zu trotzen, und es macht keine Mühe, ein Fahrzeug zu ersinnen, das sich durch die Wüste bewegen kann. Aber es ist etwas ganz anderes, das robuste Boot leicht genug zu bauen, sodass es sich selbst auf zwei Jeep-Achsen durch Kontinente tragen kann. Was auch immer ich dem Jeep hinzufügte, ich musste an das Gewicht denken.

Das ganze Fahrzeug musste so wasserdicht gemacht werden, dass es ein kurzzeitiges völliges Untertauchen überstehen konnte. Das Cockpit und den Maschinenraum konnte ich in eine wasserdichte Abdeckung einschließen. Die Kühlerklappe durfte auf See nicht geöffnet bleiben, deshalb musste ich eine andere Kühlung für den Motor vorsehen. Ich schätzte meinen Benzinverbrauch auf 0,5 Liter pro Kilometer, also würde ich etwa 2000 Liter mitnehmen müssen. Der einzige zur Verfügung stehende freie Raum innerhalb des Fahrzeuges lag vor dem Kühler, knapp 100 Liter würden dort unterzubringen sein. Der Rest an Treibstoff, Öl und Trinkwasser musste außerhalb des Rumpfes gelagert werden und musste sich durch den eigenen Auftrieb tragen.

Der ursprüngliche Bug war breit und flach, in kurzen Wellen würde er also heftig aufschlagen. Er war solide gebaut und konnte einen 400-Liter-Tank als eine falsche Bugnase tragen. Das Heck war eckig und gedrungen. An seinem Spiegel konnte ich einen 100-Liter-Tank für Süßwasser anbringen. Ich baute den ursprünglichen 40-Liter-Benzintank um und zog einen frei schwimmenden Tank mit Treibstoff hinterher.«

Damit die Stahlplatten, die punktverschweißt die Karosserie des Jeep bildeten, sich nicht lockerten und Wasser einließen, strich Carlin die ganze Außenseite seines Bootes bzw. seines Fahrzeuges mit Neopren, das er wie Farbe aufbrachte. Ende Oktober waren alle notwendigen Arbeiten an dem noch namenlosen Machwerk vollbracht, so wurde es denn für vorläufige Tests auf Seetüchtigkeit zu Wasser gelassen, Tests, die es »auf seine Art irgendwie« bestand.

Als Carlin sein Auto verkauft und alle Rechnungen bezahlt hatte, blieben ihm nur noch 300 Dollar übrig. Das konnte nur eines bedeuten – er hatte keine andere Wahl, als seine Reise um die Welt hier und jetzt zu beginnen, denn er konnte sich nicht leisten, noch länger an Land zu bleiben. Das bedeutete auch, dass er dem ungastlichen Atlantischen Ozean im Winter die Stirn bieten musste, aber das machte ihm keine großen Sorgen. Er schritt in seinem Plan fort und entschied sogleich, dass der Ausgangspunkt für seine Unternehmung, hinein in die oft wilden Weiten des Atlantiks, New York sein sollte. Nach ein paar Tagen steuerte er sein unansehnliches und schwerfälliges Boot über die Chesapeake-Bucht und nahm durch die küstennahen Wasserwege Kurs auf New York.

Jedoch wollte es das Schicksal wohl anders. Es war, als sei es ihm nicht bestimmt, sich der Gnade des Atlantiks in dieser Jahreszeit auszuliefern. Der Jeep wurde auf der Fahrt nach New York von einer Unzahl Problemen befallen, und bis die behoben waren, war der Winter schon vorüber.

Die ganze Zeit hatte Carlin gehofft, dass er einen Reisebegleiter finden würde, der verrückt genug wäre, ihn auf der Fahrt über den Atlantik zu begleiten, jemanden, mit dem er die körperliche und mentale Last teilen könnte, die mit dem Betrieb des Bootes verbunden wäre, und mit dem es nicht langweilig würde. Er wusste aber auch, dass er bereit wäre, alleine zu fahren, wenn er niemanden finden würde.

Elinore, zurückgekehrt in ihre Heimat Amerika, verbrachte viel Zeit mit Carlin. Sie war unentschieden, welche Rolle sie in diesem Abenteuer spielen sollte, und überhaupt über ihre Ziele im Leben. Also beschloss Carlin, all dieses den ganzen Winter andauernde »Ja, ich komme mit«, »Nein, ich komme nicht mit« zu Ende zu bringen. Der 8. Juni war zufällig ein »Ja-Tag«, »... und weil ich noch keinen Wecker gekauft hatte, der mich regelmäßig aufwecken würde, falls ich die Fahrt allein machen sollte, schlenderte ich mit ihr zur Mittagszeit zum Rathaus hinüber. Dort sagte ein Mann: ›... erkläre ich Euch zu Ehemann und Ehefrau, küss' die Braut und schick' das nächste Paar herein.‹«

Jetzt hatte er seine Besatzung!

Keinesfalls durfte man diesen schwimmenden Jeep jemals als auch nur entfernt seetüchtig bezeichnen. Voll beladen, konnte er sich eines Freibordes von knapp 30 cm rühmen! Aber das ließ die beiden zukünftigen Abenteurer nicht zurückzucken. Nur acht Tage nach ihrem Ehegelöbnis kletterten sie an Bord, ließen die Maschine an, legten vom Dock ab und fuhren langsam den East River hinunter, vorbei an der Freiheitsstatue, hinaus auf die freie See. Bis sie die Flussmündung erreicht hatten, hatten die Jungvermählten reichlich Zeit zum Überlegen gehabt, so viel Zeit, dass sowohl der Ehemann als auch die Ehefrau zu der Erkenntnis gelangt waren, dass ihre Unternehmung vielleicht doch keine so gute Idee sei. Carlin beschrieb die klaustrophobische Enge, der sie ausgeliefert waren: »Du sitzt links auf dem Fahrersitz, vor dir die normalen Bedienungselemente, dazu vier zusätzliche Hebel, die den Propeller ankuppeln, die Lenzpumpe in Betrieb nehmen, das Vierradgetriebe einschalten und die Feingliederung zwischen den High-and-Low-Fahrstufen regeln. Einen halben Meter rechts von dir ist ein zweiter Fahrersitz und darunter die Toilette, daneben eine von Hand zu betreibende Bilgepumpe. Auf dem Boden zwischen den Sitzen befinden sich zwei Klappen, die den Zugang zur Bilge und zum Getriebe gestatten. Direkt hinter den Sitzen erstreckt sich eine anderthalb Meter lange Koje, entsprechend der Breite des Fahrzeuges. Ein Bord mit einem Sende- und Empfangsgerät ragt über das hintere Ende der Koje. Direkt hinter dir, wo eigentlich das Rückfenster sein sollte, befindet sich eine Plexiglastür, 50 cm x 50 cm groß.

Es gibt keine Polsterung und das Innere ist völlig karg, eher einer Werkstatt ähnlich als einem Auto. Jeder verfügbare Platz wird von Schubfächern, Borden, Beuteln und Schachteln eingenommen, mit Nahrung, Werkzeug, Ersatzteilen, Dosen und Kleidung. Die Windschutzscheibe erstreckt sich auf beiden Seiten zurück bis dort, wo du sitzt, aber draußen ist alles schwarz. Wenn du das Deckenlicht ausschaltest, bleibt die Windschutzscheibe schwarz, weil sie von draußen mit einem Schutz aus Segeltuch bedeckt ist. Aber ein paar Zentimeter daneben kannst du durch die Seitenfenster gelegentlich das Flimmern und Blinken des Lichts auf dem Wasser sehen, manchmal unterhalb deiner Taille und manchmal oberhalb deiner Schultern. Drinnen sieht man nichts außer einem schwach schimmernden Kompass einen halben Meter vor deinen Augen.

Du spürst keine Unebenheiten wie auf einer Straße, aber das Auto schwankt wie betrunken in alle Richtungen. Du hörst kein Differenzial jaulen, aber aus derselben Richtung übertönt das dröhnende Rumpeln des Propellers gelegentlich das ständige Brummen des Motors. Die Luft ist wohltuend warm und mit dem Duft von Benzin und Öl durchsetzt.

Dir ist schon vom Geruch und von den Bewegungen schlecht, und du sollst noch endlose vier Wochen oder so in diesem verrückten Gehäuse sitzen oder liegen. Du kannst dir vorstellen, was Elinore dachte, als sie hoffnungslos seekrank in dieser ersten Nacht nach dem Reisebeginn von Annapolis im Jeep lag.«

Was Carlin bei seiner Beschreibung der einer Zelle gleichenden Behausung, ihres neuen Heimes, nicht zugab, ist, dass sowohl er als auch Elinore starke Raucher waren, eine Gewohnheit, die die ohnehin dunstgeladene Luft noch Übelkeit erregender machte.

Als der kalte Gegenwind mit 25 Knoten blies und der Seegang verhinderte, weiter voranzukommen, begann Carlin klar zu werden, dass er an Bord eines nicht seetüchtigen Traumes war, eines Traumes, der zu scheitern drohte. Sie sahen sich mit zu vielen mechanischen und konstruktionsbedingten Problemen konfrontiert, also kehrten sie um und nahmen Kurs auf die Küste.

Es stellte sich heraus, dass sich diese Änderung ihres Planes sehr günstig für sie auswirkte. Das *Life*-Magazin hatte von der geplanten Reise nach Europa erfahren und Carlin stimmte zu, für die eindrucksvolle Vergütung von $ 500 zurückzukommen, damit das Magazin ihre Abreise aufwendig fotografieren konnte.

So großartig die Summe auch sein mochte, sie ging schnell für die wichtigen Reparaturen drauf, die er vor ihrer »offiziellen« Abreise am 3. Juli durchführen musste. Die Blitzlichter der Kameras leuchteten auf, und eine kleine Menschenmenge winkte zum Abschied, dann steuerte Carlin seinen schwimmenden Ziegelstein da entlang, wo sie zuvor schon gefahren waren. Aber es stellte sich abermals als Fehlstart heraus, denn es gab noch eine Menge Schwierigkeiten der Art, dass die meisten Menschen daraufhin das Unternehmen wohl aufgegeben hätten. Nicht so Carlin! Er kehrte noch einmal in den Hafen zurück (diesmal ohne Ankündigung), um die Probleme auszubügeln und einen neuen Start zu wagen.

Mitte August standen sie dann doch kurz vorm Aufgeben. Carlin und seine Frau waren aufs Meer zurückgekehrt und 300 Meilen in den Atlantik hinaus gekommen. Zum ersten Mal sah alles vielversprechend aus, aber jeder Gedanke daran, dass sie nun endlich auf dem Weg waren, wurde bald zunichte. Schlechtes Wetter und ein mechanisches Problem mit der Propellerachse stellten sich als so ernst heraus, dass sie sich darauf vorbereiteten, ihr Boot zu verlassen und es den Elementen preiszugeben. Sie hatten keine andere Wahl, als sich retten zu lassen.

»Es waren oft Dampfer in Reichweite, doch wir hatten es nicht eilig damit, sie herbeizurufen«, sagte Carlin. »Aber nach wenigen Tagen kam ich zu der Überzeugung, dass es eine unnötige Dummheit wäre, den Abschied noch weiter hinauszuzögern. Es war die Wirbelsturmsaison und wir bewegten uns innerhalb einer häufig befahrenen Schifffahrtsstraße. Doch waren wir immer noch wählerisch und verwarfen manche Möglichkeit für eine Rettung, weil sie nach Süden fuhren, weil sie zu groß und prächtig waren oder zu klein und rostig.

Schließlich angelten wir uns am 26. August einen amerikanischen Tanker. Wir nahmen an, dass er auf dem Weg nach Boston sei. Als er stoppte, hielten wir unsere Wertsachen bereit, sodass wir das Boot verlassen konnten, und wir hatten einen Hammer zur Hand, um ein Loch in die Beplankung des Jeeps zu schlagen, damit er unterging. Ich kletterte eine Leiter hinauf und fragte den Kapitän, Hans Brown (ein alter Norweger und ein Juwel), ob wir an Bord kommen dürften. Er sagte: ›Zum Teufel, Ihr werdet doch nicht diesen verdammten Jeep da herumliegen lassen?‹«

Also winschten sie den Jeep an Bord und der Tanker machte sich wieder auf den Weg – nach Montreal! Eigentlich wollten Carlin und seine Frau nicht unbedingt dorthin, aber zumindest befanden sie sich in Sicherheit. Und als sie an Bord waren, bestand die Mannschaft darauf, dem kaum amphibischen Jeep den Namen HALF-SAFE zu geben.

In Montreal angekommen, blieb die HALF-SAFE immer noch Bestandteil ihres Lebens, und so tauchte Carlins Vision einer Weltumrundung immer wieder auf. Also machten sie sich daran, die Probleme auszubügeln, die sich während ihrer »Erprobungsfahrten« ergeben hatten.

Ein Jahr später stand eine gründlich umgebaute HALF-SAFE für einen erneuten Anlauf zur Phase eins der Atlantiküberquerung bereit. Sie hatte einen torpedoförmigen 1060 Liter fassenden Zusatztank erhalten, den sie hinterherschleppen konnte. Ihr offizieller Startpunkt war Montreal, und in Halifax, in Neuschottland, sollte sie zu Wasser gelassen werden.

»Ich kann mir keinen besseren Ausgangspunkt vorstellen als Halifax: Ich würde es mit Kusshand auf jede Weise jederzeit in jede beliebige Richtung verlassen«, sagte Carlin. Während sie auf geeignetes Wetter warteten, bekamen sie Besuch von der Royal Canadian Mounted Police, die dort als Küstenwache eingesetzt ist. »Mit dem Notizbuch in der Hand fragte ein Mountie ernsthaft und höflich nach unseren Absichten. Ebenso ernsthaft antwortete ich: ›Corporal, wir gehen fischen.‹ Er unterdrückte ein Lächeln, machte seinen Eintrag und verschwand. Da wurde niemand zum Narren gehalten und nichts konnte uns nun mehr von unserem Selbstmord abhalten.«

Am 19. Juli 1950 begab sich die HALF-SAFE wieder auf den Atlantik: Ihr Ziel waren die Azoren, etwa 2900 km weit in der Ferne. Das Boot war mit 2800 Litern Benzin, 120 Litern Wasser, 30 Litern Öl und genügend Verpflegung für eine Überfahrt von sechs Wochen beladen. Schwer zu glauben, aber es gab keinen Kocher an Bord, so kamen die Mahlzeiten meist direkt aus der Dose.

Elinores Logbucheintrag für den ersten Tag lautete: »Wir verließen die Neanderthal-Gefilde um 11.45 Uhr ... Der neue Tank lässt sich traumhaft gut schleppen. Nun kommen wir an McNab's Insel vorbei (die kann er behalten) ... Das Gefühl großer Erleichterung wird nur von dem Gedanken getrübt, dass wir möglicherweise noch einmal wegen irgendeiner Kleinigkeit zurückfahren müssten.«

Ihr Aufbruch bei gutem Wetter war bestens berechnet, und nach drei Tagen Motorfahrt konnte Carlin die erste Peilung mit dem Sextanten machen. Sie ergab, dass sie 125 Meilen bei einer Durchschnittsgeschwindigkeit von 3,1 Knoten zurückgelegt hatten, eine Geschwindigkeit, die wohl jeder Seemann als enttäuschend bezeichnet hätte. Am vierten Tag kamen sie aber noch langsamer voran, weil der Nordostwind zunahm. Elinore wurde so heftig seekrank, dass sie ihre Ruderwache nicht antreten konnte, und Carlin, völlig erschöpft von unzähligen Stunden im Fahrersitz, kam nicht umhin, die Maschine herunterzufahren und ein wenig zu schlafen. Es war Nacht, und gerade bevor er in einen komatösen Zustand verfiel, spielte ihm sein Gehirn einen Streich. Er hatte eine Halluzination. Das Dröhnen des Motors ließ ihn glauben, dass die HALF-SAFE mit ihrer Straßengeschwindigkeit von 50 km/h durch das Wasser flitzte, dabei waren es nur magere 2,5 Knoten. Zwei Tage später, als Elinore immer noch mit ihrer Seekrankheit kämpfte, sah sich der übermüdete Carlin noch mehr verwirrenden Erfahrungen ausgesetzt: »Also, das war komisch. Da waren weite Flächen Linoleum ringsum, mit

Blumenmustern. Die Farben wechselten, so entsprossen rote Rosen aus der Mitte der Muster, aber schon waren es rosa Tulpen. Wie interessant ... ›Vorsicht!‹ Ich riss das Lenkrad herum, gerade noch rechtzeitig, um einer Schafherde auszuweichen. Knapp gutgegangen! Aber jetzt ist alles schwarz ...«

Jäh riss es ihn in die Wirklichkeit zurück. Die reale Welt war wieder da. »Schwarz, Blödsinn! Es konnte kein Kantstein einer Straße gewesen sein, der mich wachgerüttelt hatte, es muss eine Richtungsänderung gewesen sein. Ich starrte auf den Kompass. Der zeigte 350 Grad – wir fuhren Richtung Neufundland. ›Verdammt!‹ Ich steuerte auf 160 Grad zurück, langsam, um der Leine auszuweichen, mit der der Benzintank geschleppt wurde.«

Als sie 11 Tage auf See waren und ein Viertel des Weges zu den Azoren zurückgelegt hatten, begannen ihnen ungewöhnliche Geräusche aus dem Motor Sorgen zu machen. Eine mögliche Quelle waren klemmende Ventile, also schaltete Carlin den Motor aus und wurde zum Bordingenieur. Er nahm den Motor auseinander und entfernte Kohleablagerungen, in der Hoffnung, so das Problem zu lösen. Die Maßnahme war erfolgreich, aber die HALF-SAFE musste danach wegen schlechten Wetters fast 48 Stunden beidrehen. Als sie wieder unterwegs waren, gerieten sie in einen transatlantischen Schifffahrtsweg: »Wir waren erleichtert, dass keiner der vorbeifahrenden Dampfer (zwei davon auf nur 100 Metern Abstand) die HALF-SAFE bemerkt hatte«, berichtete Carlin. »Denn wir hatten die Erfahrung gemacht, dass die Kapitäne beim Anblick des winzigen und ›hoffnungslos seeuntüchtigen‹ Jeeps in Panik gerieten und uns retten wollten.«

Nach 25 Tagen auf See waren sie noch immer auf richtigem Kurs, allerdings ging es langsam voran. Sie hatten ein reichhaltiges Wechselspiel des Wetters überlebt, von glatter See bei Windstille bis zu Winden von 35 Knoten und hohem Wellengang. An einem besonders ruhigen Tag ergriff Carlin die Gelegenheit, eine Angelschnur auszuwerfen, in der Hoffnung auf einen Fisch, nicht, um ihn zu essen, sondern als Zeitvertreib, um die Langeweile zu durchbrechen. Zack! In wenigen Sekunden hatte er eine Goldmakrele am Haken. Anstatt sich zu wehren, schwamm sie mit dem Haken wie ein Hund, der einen Stock apportiert, und kam fast ohne Hilfe an Bord. »Ich war mir bis zum Schluss sicher, dass sie meinte, dieses sei Spiel oder schlechtestenfalls ein böser Scherz. Ich hatte ein schlechtes Gewissen – als wenn ich meine Oma mit einer Kaninchenfalle gefangen hätte –, aber wir mussten eben ein Farbfoto machen. Elinore drosselte die Maschine und wir beeilten uns, die Aufnahme zu machen, sodass wir den Fisch rechtzeitig ins Wasser zurückgeben konnten. Aber nein, er starb in meinen Armen und ich hätte vor Scham heulen können.«

Da sie keinen Kocher hatten, erfand Carlin ein neues Kochverfahren: »Ich filetierte den halben Fisch, schnitt die Hälfte in Streifen und wickelte sie mit Draht um das Auspuffrohr. Das zeitigte unterschiedliche Ergebnisse: Die Außenseite war roh, das Innere hatte sich in verbrannte Fetzen verwandelt, aber die Mitte war köstlich, und Elinore schmauste ohne Ende.«

Sie mussten die HALF-SAFE in regelmäßigen Abständen anhalten, damit Carlin die Maschine wieder auseinandernehmen konnte, um dem alten Knaben durch kleinere Reparaturen neues Leben einzuhauchen. Und dann stellte sich heraus, dass die HALF-SAFE ein Leck hatte. Um den 30. Tag herum begann Elinore die Reise zuzusetzen. Ihr Eintrag in das Logbuch lautete: »Irgendwo ein Leck – viel Wasser in der Bilge, und der Motor kann jederzeit aufgeben ... Heute wird es klar für mich – bis zu den Azoren und nicht weiter.«

Am nächsten Tag hatten sie gerade die HALF-SAFE abermals für eine Reparatur angehalten, da gab es das erste Mal seit ihrer Abreise aus Kanada einen Grund zum Feiern: In der Ferne konnten sie die Inseln Flores und Corvo sehen! Kaum zu glauben, die HALF-SAFE war intakt geblieben – knapp –, aber es stand noch einiges Unheil bevor. Der Motor war schnell wieder angelassen, und als sie sich langsam den Inseln näherten, waren sie immer deutlicher zu sehen. Die Maschine der HALF-SAFE stotterte und pustete noch, aber dann war es abermals still. Wieder eine Betriebsstörung, Wasser im Vergaser. Wieder retteten Carlins Fähigkeiten als Mechaniker den Tag. Dies sollte der letzte, nur 30 Minuten dauernde Zwischenstopp sein, bevor sie nach einer weiteren Nacht auf See dann an Land kämen. Die HALF-SAFE tuckerte weiter durch die Nacht, und als es hell wurde, begannen die Carlins sich zu entspannen: Die steilen roten Lavaklippen ragten vor ihnen auf. »Als die Spannung nach 31 Tagen à 24 Stunden voll Sorgen und Erschöpfung von uns abfiel, überschwemmte uns eine Woge der Erleichterung«, berichtete Carlin. »Wir hatten es noch nicht um die Welt geschafft, aber wir hatten nach drei Jahren Plackerei bereits gezeigt, dass etwas möglich war, das alle Experten als total unmöglich eingeschätzt hatten.«

Als die HALF-SAFE eine winzige Bucht ansteuerte, erschien eine kleine Barkasse, um sie einzuschleppen. Carlin lehnte das Angebot höflich ab, und als man ihn fragte, erklärte er in gebrochenem Portugiesisch, dass sie aus Kanada kämen. Aus der Barkasse tönte ein Kauderwelsch der Art, die keinen Zweifel ließ – man glaubte ihnen nicht. Die HALF-SAFE wurde in der Bucht von den 200 Einwohnern begrüßt, und auch die hatten Schwierigkeiten zu glauben, dass etwas, das eher einem halb untergegangenen Sarg glich, weither aus Kanada herübergekommen war. Carlin erinnerte sich, wie es war, den festen Boden zu betreten: »Während unserer ersten Minuten an Land bewegten wir uns im Freudenrausch: Wir bogen uns, wir wankten und taumelten zu aller Erheiterung herum. Einen Monat lang hatten wir nie aufrecht stehen können, ohne uns auf die Arme zu stützen. Wir beide hatten an Gewicht verloren: Elinore, weil sie wenig gegessen hatte, und ich durch den Schlafmangel. Aber beide waren wir sehr gesund und bei Kräften.«

Kaum an Land, verschwand Elinores auf dem halben Wege geäußertes Verlangen, das Abenteuer aufzugeben und nach Amerika zurückzukehren, in der Versenkung. Die Mühen und die Nöte, die sie die Tage zuvor hatte erleiden müssen, lagen ihr nicht länger auf der Seele. Sie war bereit weiterzufahren. Doch einige Wochen später sollte sie es bereits bereuen, dass sie ihren ursprünglichen Wunsch aufgegeben hatte, denn da fuhr die HALF-SAFE geradewegs in einen Orkan hinein.

Wenige Tage nach ihrer Ankunft ging Carlin daran, die Probleme mit der Technik zu beheben, die im ersten Abschnitt so oft ihr Überleben gefährdet hatten. Dies geschafft, wurde es Zeit, sich wieder auf die See zu begeben, und so hüpften sie von einer Azoreninsel zur nächsten. In jedem Hafen stellten sie die HALF-SAFE gegen Entgelt zur Schau. Damit konnten sie ihre Rechnungen bezahlen und ihre Kasse wieder auffüllen, in der nur noch 200 Dollar lagen. Als Zwischenhalt wählten sie Ponta Delgada, die Hauptstadt von San Miguel. Von dort aus sollte es mit ihrer Atlantikfahrt weitergehen – 520 Meilen nach Madeira.

Aber wieder lief es nicht so wie geplant: Sie hatten drei Fehlstarts, jedes Mal zwangen technische Defekte sie zum Umkehren. Das war äußerst frustrierend, besonders beim dritten Mal, als sie nach 107 Meilen und bei bestem Wetter nach Ponta umkehren mussten.

Die Carlins verabschiedeten sich schließlich am 17. November von den Azoren – es war ein Freitag, ein nach Meinung abergläubischer Seeleute schlechter Tag, um in See zu stechen.

Um den 22. November hatte der Seegang die Durchschnittsgeschwindigkeit ihrer Überfahrt auf nur 2,25 Knoten gedrückt, und es brauten sich einige bedrohliche Anzeichen zusammen, als Wind und Wellen zulegten. In der Nacht erreichte der Wind Sturmstärke, und die Gewalt der auf Karosserie und Aufbauten der HALF-SAFE hämmernden Wellen ließen Carlin keine andere Wahl, als als Erstes für die Sicherheit zu sorgen. Er stoppte das Boot und brachte über das Heck einen Treibanker aus. Der Benzintank, der sonst hinterhergeschleppt wurde, lag nun vor dem Bug.

»Der Wind steigerte sich während des Tages auf 70 km/h«, berichtete Carlin. »See und Himmel waren düster grau – kalt, böse und bedrohlich. Die HALF-SAFE benahm sich mit dem Heck voran viel besser: Ihre Flanken waren den Wellen nicht so sehr ausgesetzt, aber die Heckseite der Aufbauten musste eine Menge Prügel einstecken.« Als weitere Vorsichtsmaßnahme setzte er am Heck einen Ölsack aus. Dessen Öl sickert langsam aus dem Sack und verbreitet einen dünnen Ölfilm auf der Meeresoberfläche. Das beruhigt die See ein wenig, und es verringert die zerstörerische Wucht der herannahenden Wellen.

Unter diesen Umständen konnte man höchstens mit Unterbrechungen schlafen, denn das Wasser in der Bilge und der Jeep insgesamt mussten regelmäßig überprüft werden. Um Mitternacht herum steckte Carlin den Kopf aus der Dachluke der Kabine, um die Außenwelt zu beoachten– und erblickte »im Licht des abnehmenden Mondes, etwa 20 Meter entfernt, ein auf und ab tanzendes Bündel von Gegenständen«.

»Ich kratzte mich am Kopf, und es durchlief mich eiskalt. Das war unsere Seenotausrüstung, einschließlich Gummifloß! Blitzschnell sprang ich über Bord und hatte das Zeug an Bord, bevor Elinore auf mein Geschrei reagieren konnte. Die Seenotausrüstung muss für den Fall eines schnellen Verlassens der HALF-SAFE oben auf dem Boot befestigt sein, aber nicht so fest gesichert, dass man sie nicht lösen kann.«

Nach 57 schrecklichen Stunden, der Ungnade des Wetters ausgeliefert, wurde Carlin zunehmend besorgt darüber, wie weit die HALF-SAFE solch höllische Wetterbedingungen überstehen konnte. Gewaltige Brecher, einige gut 10 Meter und mehr hoch, drohten unablässig das plumpe Gefährt mitsamt seinen Insassen unter sich zu begraben. Es ging ums Überleben. Er beschloss, eine neue Taktik zu versuchen. Dazu startete er den Motor und fuhr mit dem Wind, er behielt den Antrieb bei, um herauszufinden, ob das mehr Sicherheit brächte. Nur einige Minuten und er stellte fest, dass dieses Manöver sogar noch riskanter war, denn so wurden die tobenden Wellen noch gefährlicher für sie. Also setzten sie erneut den Treibanker am Heck, schalteten den Motor aus und trieben wieder langsam immer weiter ins Ungewisse.

Inzwischen hatten sie bereits 10 Tage auf See verbracht. Das war die Zeit, innerhalb derer sie eigentlich den ganzen Weg bis Madeira geschafft haben wollten, aber sie waren nur halb so weit gekommen! Weil ihr Treibstoffvorrat immer geringer wurde, entschied sich Carlin, auf Nummer Sicher zu gehen. Und damit siegte der gesunde Verstand über den dringenden Wunsch voranzukommen, denn obwohl das Leben an Bord bestenfalls als miserabel bezeichnet werden konnte, würden sie nur fahren, wenn das Wetter günstig wäre.

Zwar war die Funk- und Morseverbindung nach Ponta und Madeira nur stockend, aber es gelang ihm, aus den Wettermeldungen herauszubekommen, dass sich nordwestlich ihrer Position ein ausgeprägtes Tief ausgebildet hatte. Was er nicht wusste, war, dass es sich dabei um einen Hurrikan handelte! Sie waren unterwegs vom Regen in die Traufe.

Während der nachfolgenden Tage änderte sich ihre Situation von schlecht zu äußerst schlecht, wie aus den Bemerkungen zwischen den Eheleuten zu entnehmen ist:

»... Elinore und ich schwankten wie in einem feuchten Albtraum umher. Unser Atem kondensierte direkt über uns und überall tropfte es.«

»... Es wird ernst. Das Boot stampft sehr hart ... Einige Wellenschläge werfen uns fast um. Im Jeep ist es ziemlich kalt – und es wird immer kälter ... Außerdem ist das zusammengerollte Bettzeug nass und die Decke auch.«

»Ich frage mich, wie wir uns warm halten sollen, wenn der Brandy alle ist – es sind nur noch vier Schluck drin.«

»Früher dachte ich immer, dass die Leute übertreiben, wenn sie von 10, 14 oder 17 Meter hohen Wellen erzählten. Jetzt habe ich sie auch gesehen ... verdammt riesige Wellen, und der Wind bläst mörderisch!«

Carlin hegte die Gewissheit, dass die HALF-SAFE nie kentern könne, aber als der Orkan näher kam, schwand seine Zuversicht. »Wenn der Jeep durch den seitlichen Aufprall einer Welle schlingerte, bewegte er sich eigentlich nur wenig. Aber durch die erschreckende Gewalt schien diese Bewegung ungeheuer viel stärker zu sein.«

Am späten Nachmittag des 15. Tages war der Seegang besonders gefährlich. Das ansteigende Toben um das Boot herum wuchs in erschreckendem Maße, als der Wind auf mehr als 50 Knoten anschwoll. Das Ganze steigerte sich noch dramatischer, als sich der Treibanker durch die schiere Gewalt, der er ausgesetzt war, zerlegte.

»Ich gab den Treibanker auf und ließ den Motor im Leerlauf drehen, um den Bug des Jeeps im Wind zu halten. Bei einem der Wellenschläge merkte ich, dass die am Treibstofftank befestigte Zugleine in den Propeller geraten war.

Eine halbe Minute lang zögerte ich. Einerseits konnte es nach dem Geschleuder eigentlich nur noch besser werden. Und doch – etwas Unheimliches lag in der Luft, ein dort draußen unerbittlich anwachsendes Crescendo – als ob sich die Tür zur Hölle geöffnet hätte. Ich zog mich aus, griff ein Messer, band es um mein Handgelenk und sprang seitlich über Bord.

Zuerst schnitt ich den Treibstofftank frei und befestigte ihn am Heck, dann machte ich mich an den Propeller. Eine unnatürliche Dunkelheit hatte sich herabgesenkt, unter Wasser war alles schwarz. Ich kann mich nicht im Detail daran erinnern, wie es weiterging, wie ich mich anklammerte, festkrallte und sägte, aber ich erinnere mich lebhaft an den wunderbaren Augenblick, als ich den Propeller mit der Hand drehen konnte. Zurück an Bord zog ich mich noch nicht mal an, bevor ich auf den Anlasser drückte und wir uns in Bewegung setzten.

Sekunden später hörte oder spürte ich ein ›Ping!‹. Instinktiv wusste ich, was das bedeutete. Ich riss den Jeep herum und schrie zu Elinore hinüber, nach dem verlorenen Tank Ausschau zu halten. Als sie signalisierte, dass sie nichts sehen konnte, zerrte ich sie herunter zum Lenkrad und schaute selbst nach. Zu spät! Ich bekam nur noch einen flüchtigen Blick auf den Tank, in fliegende Gischt gehüllt, und dann war er weg. Anfangs hatte ich die HALF-SAFE in den Sturm getrieben, weil ich keine zurückgelegte Strecke aufgeben wollte, dann aber krachte eine besonders große Welle auf die Windschutzscheibe, schüttelte uns brutal durch. Das reichte: Ich drehte sofort um und lief vor dem Wind ab. Ich kann die innerhalb weniger Meilen herrschende Windgeschwindigkeit bis zu 60 Knoten schätzen, hauptsächlich anhand der Höhe und dem Verhalten der vom Wind erzeugten Riffel, doch jenseits dieser Grenze verwandeln sich die Riffel in Gischt. Inzwischen wehte es mit weit über 60 Knoten, und die Windgeschwindigkeit stieg weiter so an, wie ich es noch nie erlebt hatte. Jeder Brecher, der auf das Heck des Jeeps auftraf, versetzte ihm einen gewaltigen Schlag. Dort draußen tobte ein ausgewachsener Orkan!«

Elinore hatte dauernd die Sorge, dass die Seenotausrüstung, die auf dem Dach festgezurrt war, von einer über dem Dach der HALF-SAFE brechenden Welle wieder losgerissen werden könnte. Nach jedem dieser Aufschläge machte sie die Luke auf und tastete mit der Hand herum, um sicher zu sein, dass noch alles da war. Carlin erinnerte sich daran, dass sie jedes Mal, wenn sie das tat, »selbstbewusst zu mir herüberschaute. Ich grinste dann, sie machte eine Schnute und fauchte fast unhörbar: ›Ist mir verdammt egal, was du sagst. Ich will mich überzeugen!‹«

Die HALF-SAFE war mehr denn je kurz davor, von der Urgewalt der anrollenden Seen überwältigt zu werden. Aber Angst zu haben würde ihnen absolut nicht helfen. »Es war interessant, wie wir selbst reagierten«, berichtete Carlin. »Elinore und ich sind von eher nervöser Art. Zu Beginn packte uns das Entsetzen, als der Ansturm begann. Vielleicht gingen wir durch die Angst hindurch und über sie hinaus, denn als es dann wirklich ernst wurde, fühlten wir keine mehr – nur Anspannung, wie bei einer strammen Trommel, Wachsamkeit und Erwartung. Allein eines war gewiss: Früher oder später würden die Aufbauten einbrechen, und wir würden in größter Eile hinaus müssen. Mehrere Male ließ ich Elinore die Schritte der Rettungsaktion laut aufsagen – sie brüllte sie mir ins Ohr, während das Heulen des Windes sogar das Geräusch des Motors übertönte: »Du schreist ›Raus!‹ Ich gehe raus und warte. Du kommst nach und greifst die Sachen. Ich folge dir. Zusammenbleiben!«

»Es kam bei diesem Wetter nicht infrage, die Rettungsinsel aufzublasen – aufgepumpt würde sie davonjagen wie ein Panamahut. Aber solange uns unsere Ausrüstungsgegenstände vor dem Nachlassen des Windes nicht aus den Händen gerissen würden, gab es keinen Grund, warum wir nicht am Leben bleiben sollten. Ich hatte keinen Zweifel, was unser Überleben im

Wasser betraf, aber es machte mir Sorgen, ob wir schnell genug hinaus- und wegkommen würden. Sobald die HALF-SAFE ein Leck hätte, würde sie innerhalb eines Wimpernschlages versinken. So saßen wir denn Stunde um Stunde und warteten auf den Moment. Wir fühlten weder die Nässe noch die Kälte. Wir waren nicht müde und nicht hungrig. Ich vermute, dass wir ohnehin nicht hätten frieren können, weil wir sicherheitshalber jeden Fetzen warmer Kleidung angezogen hatten.«

Als morgens früh um drei die HALF-SAFE noch immer von dem widerwärtigen Seegang gebeutelt und in alle Himmelsrichtungen geschleudert wurde, ereignete sich ein weiterer Tiefpunkt – der Motor des Jeeps hustete ein paarmal und verstummte. Sogleich füllte ein intensiver Geruch nach Benzindampf die Kabine. Carlin riss die Maschinenluke auf und sah augenblicklich, worin das Problem bestand. Eine Dichtung der Benzinpumpe war defekt und Benzin lief stellenweise über den heißen Motor. Jetzt hatte sich die HALF-SAFE in eine schwimmende Bombe verwandelt, zudem trieb sie ziellos umher und wurde außen von den rasenden Wellen bombardiert. Es blieb Carlin nichts anderes übrig, als sich eiligst daran zu machen, eine Ersatzdichtung zu improvisieren und so das Problem zu lösen.

Im schwachen Licht in der Kabine bastelte Carlin eine provisorische Dichtung zusammen und baute sie in Rekordzeit ein. Zwar leckte nun das Benzin nicht mehr heraus, aber jetzt stand er vor einem unglaublichen Dilemma. Die Bilge war voll von explosiven Dämpfen und der Funke, den es geben würde, wenn er den Starterknopf drückte, könnte sie und damit ihre Welt in den Himmel jagen. Ebenso aber könnten die draußen wild tobenden bedrohlichen Wellen ihnen ihrerseits den Todesstoß versetzen. Es half nichts, die Entscheidung – den Starterknopf drücken oder nicht – musste gefällt werden. »Ich hielt die Wellen für gefährlicher und drückte den Knopf. Rumms! – Eine orangerote Flamme blitzte auf, jedoch gab es nicht die erwartete große Explosion. Und auch kein Feuer – frag' mich nicht, warum.«

Ohne einen Treibanker, der ihr ein wenig Sicherheit hätte verschaffen können, wurde die HALF-SAFE von der heranstürmenden Kraft des Wirbelsturmes und von der Gewalt der anbrandenden Wellen langsam nach Lee abgetrieben. Die Wetterverhältnisse waren so anstrengend, dass keines der beiden Besatzungsmitglieder in der Lage war, länger als eine Stunde am Steuer zu bleiben. Und dennoch war es erstaunlich, dass sie, obgleich sie keinen Schlaf bekommen hatten, weder geistige noch körperliche Schwäche verspürten. Das Adrenalin hatte eben eine bewundernswerte Auswirkung auf sie.

Carlin berichtete weiter von der Gewalt des Orkans, dem sie ausgesetzt waren, und ihrem verzweifelten Versuch, ihm zu widerstehen: »Bei solchem Wind gibt es keine klare Grenze zwischen Luft und Wasser, lediglich nimmt der Wasseranteil mit zunehmender Höhe ab. Die HALF-SAFE war ständig von einem waagerecht fliegenden Hagelsturm eingehüllt, der höllenlaut auf ihre Verkleidung prasselte. Im Tageslicht sah die See aus wie qualmendes Land nach einem Buschbrand bei Starkwind.

Manchmal krachten innerhalb von fünf Minuten zwei oder drei Brecher auf die HALF-SAFE und tauchten sie unter, aber es konnte auch eine halbe Stunde dauern bis zur nächsten Serie. Manchmal kamen sie mit, manchmal ohne Vorwarnung. Wenn der Brecher noch in weiter Ferne war, donnerte er, eine weiße Wand, wie ein D-Zug heran und übertönte den Dauerlärm der Gischt. Wir kauerten uns eng zusammen und warteten mit Anspannung auf den kommenden Stoß – Wumm! Wisch! –, und dann war er vorüber. Wenn die nächste Welle kurz danach kam, gab es keine Vorwarnung, bevor sie aufschlug. Mehrmals brachen die Wellen direkt hinter uns, faktisch direkt über uns, und schmissen den Jeep mit solcher Gewalt abwärts, dass es uns von den Sitzen hob. Einen Moment später knallten wir mit knochenbrechender Wucht auf die Sitze zurück.

So saßen wir also, von der heulenden, nassen, wilden Natur durch eine durchsichtige, 5 Millimeter dicke Scheibe getrennt, warm, ziemlich trocken und bequem, frei atmend – soweit das bei Kettenrauchern möglich ist –, steuerten locker die Leistung vieler Pferde, die aus einer in Detroit gebauten komplexen Maschinerie stammte und 3400 elektrisch gezündete Explosionen pro Minute machte, und wir waren freiwillig hier. Die meisten Menschen würden Gefängnis lebenslänglich bevorzugen.

Auch nach einem überlebten Tag konnte ich nicht daran glauben, dass der nächste Brecher nicht unsere Aufbauten zerschmettern würde. Ich verstand nicht ganz, warum der Rumpf standhielt. Teils lag es wohl an der Konstruktion und dem Material – eine schöne Kombination aus Festigkeit und Elastizität, eine stählerne Faust in einem Plastikhandschuh –, und teils daran, dass er kein Freibord hatte. Die Geschwindigkeit des waagerecht fliegenden weißen Wassers ist gefährlicher als das Gewicht des grünen, denn je näher das weiße Wasser an der festen Oberfläche ist, desto langsamer fliegt es. (In meinen Augen wirkt zu viel Freibord, als recke jemand sein Kinn vor, damit jemand draufschlägt.) Ein weiterer Grund waren Gewicht und Form der HALF-SAFE. Dadurch benahm sie sich wie vollgesogener Holzbalken, wogegen ein normales kleines Boot viel ›lebendiger‹ ist und sich wild hin und her wirft.«

In dieser Etappe waren sie davon überzeugt, dass sie sterben würden. Es schien sehr unwahrscheinlich, dass sie eine weitere Nacht wie die vergangene überleben würden. Und da es kein Anzeichen für eine Wetterbesserung gab, mussten sie unbedingt jede Überlebensmöglichkeit durchdenken. Dennoch schuldete Carlin es Elinore, sie als Erstes zu fragen, ob sie bereit sei, der Sicherheit Vorrang zu geben und den Jeep zu verlassen oder ob sie es wagen wolle, an Bord zu bleiben. Sie entschied sich für Letzteres.

Carlins Bemühungen, mit der Außenwelt zu kommunizieren, schlugen ständig fehl, hauptsächlich, weil alles an Bord der HALF-SAFE, einschließlich Morse- und Funkgerät, feucht war – diese Dinger hassen das Wasser. Einmal war er so wild entschlossen, dass er einen Gürtel nahm, die Morsetaste an den Oberschenkel schnallte und eine Botschaft hämmerte, ohne Ergebnis. Also waren er und Elinore überzeugt, dass ihre Familien und ihre Freunde annehmen mussten, sie seien tot, denn sie hatten keine Verbindung zu einer Station an Land aufnehmen können und die Außenwelt wusste um die Stärke des Orkans, zudem war ihre Ankunft schon weit überfällig.

Als der Orkan zuschlug, befand sich der Jeep etwa 260 Meilen vor Madeira. In diesem Stadium hatte er noch Treibstoff für mindestens 300 Meilen. Aber das Wetter zwang sie auf einen Kurs nach Südwest – im rechten Winkel zum gewünschten Kurs. Carlins Berechnungen bestätigten seine schlimmsten Befürchtungen: Sie waren viel weiter von ihrem Ziel fortgetrieben worden, und ihr Benzin reichte nur noch für 180 Meilen. Er gewöhnte sich an den Gedanken, dass sie bald das Stadium erreichen würden, in dem sie, um dem Drama zu entkommen, eine Schifffahrtsroute zwischen den Inseln ansteuern müssten, in der Hoffnung, dass ein Schiff sie entdecken und ihnen Treibstoff abgeben würde.

»Ich hatte nichts als Hoffnung im Sinn«, sagte Carlin. »Der Wind war auf 45 Knoten abgeflaut, aber der Seegang blieb überwältigend.«

Während der Sturm draußen noch weitertobte, fiel ein Sonnenstrahl in ihr sonst trübes Dasein dieses Tages: Endlich war es Carlin gelungen, Funkkontakt mit der Küste aufzunehmen, und das bedeutete, dass sich die Nachricht verbreiten würde, dass sie noch am Leben seien. Dennoch war es durchaus nicht gewiss, ob das ihre sichere Rettung bedeutete. Sie blieben auf der Hut.

Jeder Sturm muss einmal aufhören, und so hatte die Windgeschwindigkeit schließlich auf relativ angenehme 30 Knoten abgenommen. Vierundzwanzig Stunden später war er fast vorüber.

Carlin und seine Frau konnten ihr Glück kaum fassen: »Elinore und ich grinsten einander an wie die Affen auf einem Baum«, sagte er. »Und sogleich überkam uns ein Verlangen nach Essen und Schlaf. Ich hatte 72 und Elinore 60 Stunden kein Auge zugetan. Bis 16.00 Uhr, dem Zeitpunkt, zu dem die nächste Funkverbindung geplant war, wach zu bleiben war die Hölle. Von da an kreisten unsere Gedanken nur noch um Funk, Benzin, Essen und Schlafen.«

Zur verabredeten Zeit gelang Carlin erneut der Kontakt zur Küste, und so konnte er veranlassen, dass ein portugiesisches Marineschiff ihnen 200 Liter Treibstoff herausbringen würde. Damit wäre Madeira in Reichweite.

Während sie auf die Bestätigung ihres Treffpunktes warteten, trug Elinore am 20. Tag auf See in ihr Tagebuch ein, wie es mit ihnen wieder bergauf ging: »17.00. Heiße Ravioli gegessen, (auf dem Auspuffrohr erwärmt) und sie hineingeschlungen – das erste Mal seit Wochen hungrig. Mir geht es sehr gut ... bin äußerst vergnügt. Gerade $2^1/_4$ Stunden Wache beendet, was mir gut tut.«

Carlins Glaube, dass sie das Schlimmste hinter sich hätten, zerstob, als er ihre Position mit dem Sextanten bestimmte. Da erkannte er nach Tagen, dass ihr Kompass eine Ablenkung von 16 Grad hatte. Kurz gesagt, sie waren einen Kurs gefahren, der nichts mit dem zu tun hatte, auf dem sie zu sein meinten. Aber ihr Missmut hielt nicht lange an: Später am Tag brachten sie eine feste Funkverbindung mit ihrem Retter, dem Marineschiff FLORES zustande. Das Funksignal war so stark, dass Carlin sogleich die Decksluke aufriss und hinaussprang, um nach dem Schiff Ausschau zu halten – und da war es, gerade einmal zwei Meilen entfernt!

Kurz darauf war die sturmzerzauste HALF-SAFE bereits am Heck der FLORES vertäut wie eine verwahrloste Ratte an einer Schnur, und ihre Besatzung war an Bord, wurde gefeiert und gefüttert. Der Kapitän des Schiffs, Henrique Pessoa, sagte ihnen, dass der Sturm so heftig gewesen sei, dass er sogar sein Schiff beschädigt hatte. Sie hatten Böen bis zu 165 km/h gemessen.

Nachdem er seinen müden Körper mit einer Kraft spendenden Dusche wieder zum Leben erweckt hatte und so bewirtet worden war, dass er sich »wie eine Weihnachtsgans gestopft« fühlte, brachte er den verzweifelt ersehnten Treibstoff auf die HALF-SAFE hinüber. Er und Elinore kletterten an Bord zurück und legten ab. Inzwischen befanden sie sich 115 Meilen vor Madeira.

Dreiundzwanzig Tage nach ihrer Abfahrt aus San Miguel winkte ihnen ein Anblick am Horizont, von dem sie oft gemeint hatten, dass sie ihn niemals zu Gesicht bekommen würden. Elinore schrieb in ihr Tagebuch: »08.00. Wir können Madeira sehen – haben in der Nacht die Lichter entdeckt. Immer noch Gegenwind und wieder ein grauer Tag. Unser letzter Brotlaib – alles andere ist verbraucht – so viel Hunger!«

»16.00 ... Ben kämpft den ganzen Tag mit dem Lenkrad ... die letzten 30 Meilen werden die längsten sein ...«

»Immer noch nicht den westlichen Punkt der Insel erreicht, den wir am frühen Morgen sehen konnten. Schrecklicher Tag in jeder Hinsicht – werde danach eilends in ein Kloster eintreten. Die HALF-SAFE kämpft gegen den Gegenwind und schafft kaum mehr als zwei Knoten. Kenne kein Kloster, das mein Schauermärchen ertragen würde.«

Um 23.00 Uhr des 23. Tages auf See erreichten die Carlins die sichere Zuflucht, aber es gab eigentlich kein rechtes Willkommen. Carlin erinnerte sich: »Um 06.30 Uhr am nächsten Tag fuhr die HALF-SAFE um die Mole, und ich tastete im schlafenden Hafen nach einer Boje. Ich erinnere mich an die Oberfläche dieser Boje, jedes Mal, wenn ich barfuß gehe – ein Stammplatz überernährter Seevögel.

Es war der 12. Dezember, ein Dienstag. Statt einer leichten Vorwindstrecke von 9 oder 10 Tagen waren es höllische 23, bestehend aus schlechtem Wetter, Pech und mangelnder Urteilskraft.«

Nachdem sie diese gewaltige Leistung vollbracht hatten, waren die Carlins bereit, es buchstäblich mit der ganzen Welt aufzunehmen. Die HALF-SAFE hatte alles überlebt, was der Atlantische Ozean aufbieten und ihnen in den Weg werfen konnte. Sie waren der Meinung, dass sie den schwierigsten und gefährlichsten Teil der Umrundung hinter sich hatten. Doch in Wirklichkeit befanden sie sich erst am Anfang dessen, was in der Öffentlichkeit als eines der ungewöhnlicheren Abenteuer wahrgenommen werden sollte, denn es sollte noch viel, sehr viel mehr auf sie warten. Im Augenblick aber hatten sie ihr nächstes Ziel, England, vor Augen.

Von Madeira fuhren sie fast ohne Probleme zu den Kanarischen Inseln und an die afrikanische Küste. Am Kap Juby, an der südlichen Küste von Marokko, verwandelte sich die HALF-SAFE zurück in ein Landfahrzeug, machte sich auf den Weg nach Norden zum Eingang zum Mittelmeer und durchquerte dann, wieder als Boot, die Straße von Gibraltar.

Als sie die Südspitze von Europa erreicht hatten, mäanderten die Carlins durch Spanien und überquerten dann die Grenze nach Frankreich. Nach ihren Maßstäben war die Fahrt recht ereignislos, aber als sie sich Paris näherten, begannen mechanische Probleme aufzutauchen, die Carlin gemahnten, dass er seinem »hässlichen Entlein« nach und nach zu viel abverlangte. »In Annapolis hatte ich den Jeep so ausgebaut, dass er 12 Monate halten sollte, das schien mir ausreichend für die Fahrt um die Erde. Nun, vier Jahre später, zeigte er Verfallserscheinungen, insbesondere begann er von innen zu rosten. Daher benötigte der Jeep, bevor wir Osteuropa und die weiten wilden Strecken durch Asien in Angriff nehmen konnten, umfangreiche Wartung, und Großbritannien bot nicht nur selbstverständlich die am besten geeigneten Werkstätten, sondern auch die aussichtsreichsten Geldquellen, nämlich Ausstellungen, auch wenn das so etwas wie eine Ochsentour werden würde. Also lautete unsere Devise: nach London, so schnell wie möglich.«

Carlin wollte sich direkt von Frankreich nach England aufmachen, aber er änderte seinen Plan, als die Zeitung *Daily Express* einen Vertrag anbot, nämlich den Jeep einen Monat lang in London auszustellen und dafür £ 500 zu zahlen – ein Betrag, mit dem die notwendigen Umbauten an der HALF-SAFE bezahlt werden konnten. Die Zeitung wollte jedoch den Jeep erst in zwei Monaten haben, weshalb die Carlins einige Zeit übrig hatten. Sie beschlossen, sie zu nutzen, und fuhren Richtung Norden durch Europa: nach Belgien, Holland und Deutschland, um dann 14 Meilen auf dem Seeweg nach Dänemark zurückzulegen. »An diesem vollkommenen Abend kam die HALF-SAFE so gut voran, dass wir uns um 19.30 Uhr durch ein Gewirr von Kanus, Ruderbooten und Bojen durchschlängelten und von einer begeisterten dänischen Menschenmenge am Strand von Korsör umringt wurden. Unsere Rettung war Kommandeur Hertz. Er veranlasste, dass wir in der Marinestation ein wohltuendes Bad nehmen konnten, und ließ uns verpflegen. So waren wir proper und munter, als die Pressefotografen aus Kopenhagen auf uns losgelassen wurden. Nach einer im Hotel verbrachten Nacht war der 110 km lange Triumphzug nach Kopenhagen ein ganz neues Erlebnis.

Der Straßenrand war von Menschen gesäumt, die winkten und winkten, und ein halbes Dutzend Mal wurden wir angehalten. Ein alter Däne folgte uns meilenweit, er winkte, lächelte und jubelte. Schließlich hielten wir an, worauf er unsere Hände ergriff und heftig schüttelte und sagte, seiner Meinung nach sei Columbus im Vergleich zu uns ein Waschlappen gewesen, und ob es nicht etwas, irgendetwas, gäbe, das er für uns tun könne.«

Am 13. August 1951 verabschiedete sich die HALF-SAFE aus Kopenhagen, fuhr teils über Land, teils über See zurück nach Frankreich und dann nach England. Mechanische Probleme erschwerten ihr Fortkommen, dazu gehörte unter anderem, dass eine Federaufhängung brach – eine sehr deutliche Warnung an Carlin, dass sein amphibischer Jeep nahe daran war, seinen Geist aufzugeben.

Man sollte erwarten, dass Carlin London freudig und voller Stolz auf seine Leistung erreicht hätte, aber, kaum zu glauben, gerade so wie der HALF-SAFE war auch ihm danach, aufzugeben. Er hatte genug. Sein lange gehegter Wunsch, die Erde zu umrunden, wurde von körperlicher und seelischer Ermüdung ausgehöhlt.

»Es wäre mir nicht schwergefallen, den Abbruch gut zu begründen«, sagte er, als er die Küste Englands erreicht hatte. »Dass die HALF-SAFE es von Montreal nach London geschafft hatte, war wunderbar. Sie hat meinen Freund Mac und den Rest der Welt von der Möglichkeit einer Fahrt um die Welt überzeugt. Sie war ein Achtel so groß wie irgendein Schiff, das je mit Motorkraft den Atlantik überquert hat – und sie war nicht einmal ein Boot. Sie war das einzige amphibische Fahrzeug, das einen Ozean bezwungen hat. Der Jeep hat seine kleine Kerbe in die Säule der Geschichte geritzt.

Fünf Jahre nach dem Beginn des Planes hatten wir erst ein Fünftel der Reise um die Welt geschafft, und der Rest würde noch gefährlicher werden. Ich war nun 39 Jahre alt und hatte dreizehn Jahre aus dem Koffer oder dem Seesack gelebt. Meine Sehnsucht nach Reisen war seit Langem gestillt, und ich sehnte mich nach einem festen Zuhause, einem Rasenmäher und dem Trippeln kleiner Füße. Wenn ich vorher gewusst hätte, dass die Reise länger als ein Jahr dauern würde, hätte ich sie nicht gemacht. Und nun, fünf Jahre später, stand ich noch immer am Anfang.

Auch konnte das Gesetz des Zufalls nicht ignoriert werden: Alles Mögliche kann und wird früher oder später eintreffen. Die ›offensichtlichen‹ Gefahren machten mir keine Angst, obgleich das Meer immer bedrohlich ist und stets bereit, jeden Fehler auszunutzen. Aber es kann nicht zaubern. Als riesiges tölpelhaftes Untier mit unbegrenzter Kraft und Geduld ist es zwar manchmal in der Lage, eine Festung durch den schieren Anprall aufzubrechen, aber nicht gewitzt genug, um einen einfachen Riegel aufzumachen. Mit dem Jeep über den Ozean zu fahren ähnelt dem Stierkampf, wo man als körperlich Unterlegener nur durch Einsatz von List überleben kann. Jedoch, den Stier kann man töten, die See höchstens hoffen austricksen zu können und weiterzuleben, um weiter zu kämpfen.«

Die große Leistung der HALF-SAFE brachte sie england- und weltweit in die Schlagzeilen, und die Anerkennungen strömten nur so herein. Eine der bemerkenswertesten erhielten sie von dem Flugpionier Sir Thomas Sopwith, dem Herausforderer beim America's Cup, einem der großen Sportler des Jahrhunderts. Er schrieb: »Ich bin voller Bewunderung für Ihre Atlantikquerung, aber machen Sie das nicht zu oft!«

Zwar waren die Gründe für den Abbruch fast überwältigend, aber Carlin wusste, dass er nicht aussteigen konnte, ehe er nicht zu hundert Prozent von der Richtigkeit des Aufgebens überzeugt war. Er spürte immer noch einen kleinen Rest Verlangen in sich, das ihm sagte: »Gib nicht auf«, und es dauerte nicht lange, bis der kleine Rest immer größer wurde.

»Es war ein psychologischer Faktor, der den Ausschlag gab. Von meinen dummen Fehlern der Vergangenheit ärgerten mich mehr und länger die, wo ich etwas was verpasst hatte, als die, wo ich Dummes getan hatte. ›Hätte ich bloß die Gelegenheit genutzt ...; hätte ich es damals in ... gewagt, es nochmal bei der hinreißenden Rothaarigen zu versuchen!‹ So ist er, der Jammer, der nachts an einem nagt. Solch eine Gelegenheit würde sich nie mehr ergeben und ich würde Löcher in meinen Sarg treten, wenn ich sie ungenutzt vorübergehen ließe.«

Am Neujahrstag 1952 ergaben sich Carlin und seine Frau schließlich ganz der Übermacht und fuhren ihren Jeep in eine Werkstatt in Birmingham. Dort würde die HALF-SAFE vollkommen auseinandergenommen und dann wieder komplett zusammengebaut werden.

Ihre Odyssee würde weitergehen.

Mehr als zwei Jahre nach ihrer Ankunft in England nahm Carlin seinen Erzählfaden wieder auf. »Der 3. Mai 1954 war ein großer Tag für den Carlin-Clan. Freunde standen dicht an dicht am Ufer, als ich mich langsam durch die Weiden bei Bray-on-Thames voranschob. Es ertönten Jubelrufe, als der Jeep das erste Mal nach drei Jahren wieder aufschwamm – und Sekunden später steckten Ruder und Propeller im Schlamm fest. Abgesehen davon funktionierte er sehr gut, es zeigte sich kein Fehler. Elinore und ich waren überglücklich.«

Die HALF-SAFE hatte sich völlig verändert. Sie machte einen mehr stromlinienförmigen Eindruck und sah viel moderner aus als der amphibische Jeep, der in die Werkstatt in Birmingham zwecks Operation hineingerollt worden war.

Zwar wollten sie dringend wieder auf Fahrt gehen, doch konnten die Carlins England nicht vor April 1955 hinter sich lassen, denn sie hatten Pressetermine – sogar ein Buch und möglicherweise ein Film über ihr mühselige Abenteuer standen an, Aktivitäten, die das so sehr benötigte Geld für die bevorstehende Reise herbeischaffen sollten. Der nächste Abschnitt ihrer Odyssee begann mit der Fahrt über den Ärmelkanal, von Dover zu einem Strand in Calais, wo die HALF-SAFE etwas unrühmlich anlandete, weil sie sogleich stecken blieb, als die Räder des Jeeps den Boden Frankreichs berührten. Erst Stunden später gelang es, sie mit der Hilfe von Einheimischen durch emsiges Schaufeln und mit vielem Stöhnen, Schieben und Ziehen auszugraben und auf eine Straße zu bringen.

Die nächsten Abschnitte der Fahrt führten durch Frankreich, die Schweiz und Italien, dann bog die HALF-SAFE nach Osten ab nach Venedig, Istanbul, Ankara, Damaskus, Bagdad und Teheran, auf Straßen, die wenig mehr als holprige Pisten aus Steinen, Geröll und erstickendem Staub waren.

86 Tage und 15 560 Kilometer nach ihrer Abreise aus London trudelten sie in Kalkutta ein. Der Jeep war in bemerkenswert gutem Zustand, den Carlins jedoch hatte das alles zu sehr zugesetzt. Der Plan, den er sich in England zurechtgelegt hatte, war, dass die HALF-SAFE über Land und Meer nach Süden und weiter nach Australien fahren sollte, insbesondere sein heimatlicher Hafen Freemantle war dort sein Ziel. Aber es wurde deutlich, dass er wegen Problemen, gegen die er nichts tun konnte, zu einem unerfüllbaren Traum wurde. Die einzig mögliche Entscheidung war, die HALF-SAFE mit dem Schiff nach Freemantle zu bringen, von dort aus weiter in Australien herumzufahren und sie dann mit einem Schiff nach Kalkutta zurückzubringen, um weiter nach Osten zu fahren, nach China, Japan, Alaska bis zur Ziellinie – Montreal.

Kalkutta war auch ein Wendepunkt der Emotionen bei den Carlins, wie Ben erläuterte: »Elinores andauernde Seekrankheit auf dem Atlantik hatte ihr sehr zugesetzt. Jedes Mal auf See schwor sie, dass sie bei der nächsten Landung aussteigen werde; jedes Mal wieder an Land vergaß sie es schnell und fuhr fröhlich wieder mit. Nur sehr widerstrebend entschieden wir, dass

Elinore nach Kalkutta durch einen Mann abgelöst werden sollte. Nach dem Mut, mit dem sie mit dem Atlantik fertiggeworden war, die wiederholten Fehlstarts auf sich genommen und (mich und) den Sommer im Mittleren Osten und Indien ertragen hatte, war es eine Affenschande, dass sie nicht beim Triumph dabei wäre, aber ... sie würde mich nach Australien begleiten und dann ein Schiff nach New York nehmen.«

Die HALF-SAFE wurde auf ein Schiff nach Freemantle geladen, wo Carlin nach 17 Jahren Abwesenheit im Oktober 1955 mit seiner Frau und dem weitgereisten Jeep nach Hause kam.

Nach mehr als zwei Wochen Wiedersehensfeiern und Festen kletterten die Carlins erneut an Bord und brachen zu ihrer Reise durch den Kontinent auf. Für einen Teil der Route, die Nullarbor-Ebene, verluden sie die HALF-SAFE auf einen Zug. Diese Strecke war eine in jenen Tagen oft unpassierbare Wüstenpiste, die den größeren Teil der Strecke zwischen Perth und Adelaide ausmachte. Es folgte Melbourne, und dann ging es nach Norden, nach Sydney. Carlin stellte mit Erstaunen fest, dass Elinore absolut nicht von den derben Landgaststätten dieses Teils der Etappe, in denen sie einkehrten, beeindruckt war, und er und seine Frau waren sich einig, dass Canberra, wo Schafe in Sichtweite des Parlamentsgebäudes grasten, »die toteste und uninteressanteste Stadt der Welt« sei.

Als sie endlich in Sydney waren, zeigte Carlin Elinore eine für sie unverständliche Art zu leben. Dies brachte sie zu folgenden Notizen: »Die Australier scheinen in der Vergangenheit zu leben und ständig in alten Erinnerungen zu kramen. Sie bleiben die ganze Nacht auf und reden, reden und trinken – Bier, ganz ohne gutes Benehmen oder Feingefühl. Wenn man einen Drink möchte, schenkt man sich selbst ein, und wenn man in ein Haus kommt, wird man nicht gebeten, den Mantel abzulegen ... Wie sie es doch lieben, in ihrer Vergangenheit zu verweilen«. Carlin war schnell bei der Hand, Folgendes darzulegen: »Australier (und ich) denken anders als Elinore: Ein Gast, der nicht gerade widerwärtig ist, wird als einer aus der Familie angesehen: ›Bedien' dich ruhig selbst, Kumpel!‹«

Im Dezember wurde die HALF-SAFE nach Melbourne zurückgebracht und auf ein Schiff nach Kalkutta verladen.

Wohin auch immer die HALF-SAFE und ihr Besitzer auf ihrer Reise von Kalkutta nach Osten kamen, stießen sie mit ihrem Bericht, wo sie herkämen und wo sie hinwollten auf äußersten Unglauben. Nachdem er den Orkan auf dem Atlantik und einige der tückischsten Straßen der Welt überlebt hatte, ist es nicht verwunderlich, dass Carlin hoffte, dass das Schlimmste hinter ihm läge, aber Burma konfrontierte ihn mit einer Herausforderung geradewegs aus der Hölle. Auf dieser Etappe war ein Bursche namens Barry Hanley zu ihm gestoßen und es war auf den sogenannten »Straßen« in diesem dichten burmesischen Dschungel, wo das Abenteuer fast ein Ende gefunden hätte. »Es wurde immer schlimmer, bis es schließlich nicht mehr zu beschreiben war«, sagte Carlin. »Nach ›höllisch‹ und ›superhöllisch‹ fehlen die Worte, denn bald erreichten wir ein unvergleichlich schlimmeres Wegstück, dann ein noch schlimmeres und ein weiteres ... Ich war geistig nicht mehr richtig vorhanden, losgelöst, wie betrunken, in einer Trance, hervorgerufen von Grauen und Entschlossenheit: Gewisse Sinne und Fähigkeiten sind gewaltig gesteigert. Ich hatte mich in einen trunkenen Supermann auf Rädern verwandelt, auf einem meilenlangen Spießrutenlauf, wie die Hölle gesäumt von übelgesinnten Teufeln, die mit einem endlosen Arsenal von riesigen Keulen und Speeren schlugen und stießen. Ich duckte mich, ich tauchte ab, ich stützte mich ab, es warf mich hin und her, ich schwankte und brach nach vorn weiter, die Knöchel weiß, weil ich trotzig das Lenkrad gepackt hielt. Inzwischen war unsere missliche Lage unumkehrbar. Spürte ich Reue? Und ob! Aber ich verschwendete keinen Gedanken mehr daran, umzukehren.«

Auf dieser Strecke war Hanley der Begleiter. Er tat sein Bestes, Carlin, der am Lenkrad der HALF-SAFE war, die mit bis zu 75 Zentimeter großen, scharfkantigen Felsbrocken übersäte Straße entlang zu lotsen.

»Über Meilen wies mich Barry Schritt für Schritt ein. Oft

hockten er und ich uns hin, um unseren Angriff strategisch zu planen: ›50 Zentimeter vorwärts, voll rechts eingeschlagen. Lenkung gerade, 15 Zentimeter zurück. Halblinks. 28 Zentimeter voran ...‹ Dieser Pfad wäre sogar für eine Schlange anstrengend gewesen.

Obgleich ich einmal 63 Grad im Innenraum auf dem Thermometer ablas, spürte ich die Hitze nicht. Ich bin auf nichts so stolz wie auf die Fahrt dieses Tages. Und obwohl ich nichts anderes getan habe, als den Jeep 46 Kilometer weit zu fahren, war es der anstrengendste Tag meines Lebens. Ich war psychisch vollkommen erschöpft. Die ersten 13 Kilometer waren nicht mehr als 40 Minuten Fahrt, ebenso wie die abschließenden 15 Kilometer, also hatten wir für die 18 Kilometer Bergstrecke 10 Stunden gebraucht.«

Irgendwann erreichte die HALF-SAFE Bangkok, durchquerte die Stadt, fuhr weiter nach Danang und dann über das Südchinesische Meer nach Hongkong. Die nächste Etappe führte sie über die Formosastraße, Taiwan und das Ostchinesische Meer nach Japan.

Von Japan aus ging diese bemerkenswerte Reise mit einer Fahrt durch den Nordpazifik zu den Aleuten und durch die Beringsee weiter, bis schließlich die Räder des Jeeps wieder nordamerikanischen Boden zu fassen bekamen. Nun war Carlin auf Heimatkurs, in einem weiten Bogen durch den nordamerikanischen Kontinent. Die Route führte die HALF-SAFE hinunter nach Vancouver, dann nach Los Angeles und durch Texas nach Buffalo, New York, und endlich nach Montreal. Im April 1958, als er durch Fort Worth in Texas fuhr, bekam Carlin zum ersten Mal eine Ahnung von dem Unglauben, den die Leute zeigten, wenn sie davon hörten, was die HALF-SAFE geleistet hatte – in den Augen der meisten Menschen schien das einfach unmöglich zu sein.

»Die texanischen Städter drucksten beunruhigt herum, als ob sie auf etwas warteten. Die einzige Frage, die mir je jemand in Texas stellte, kam, als ich aus Dallas hinausfuhr. An einer roten Ampel hielt ein Polizeiauto neben mir und der Polizist fragte: »Sind Sie mit dem Ding schon mal im Wasser gewesen?«

Ähnlich war es in Buffalo, New York, nur 700 Kilometer vor dem Ende dieser fantastischen Reise. Dort zeigte ein Tankwart besonderes Interesse an der HALF-SAFE und an den Landkarten, die auf die Karosserie gemalt die Route zeigten, auf der wir um die Welt gefahren waren. Nach 10 Minuten Nachdenken wandte sich der junge Mann an Carlin und fragte: »Sind Sie da irgendwo gewesen oder hat das bloß wer draufgemalt?«

Am 12. Mai 1958 endete diese mutige und unglaubliche Reise, die ein Maß an Ausdauer verlangt hatte, das nur wenige Menschen aufbringen könnten. Die HALF-SAFE erreichte Montreal und vollendete ihre Fahrt um die Welt – atemberaubende 113 000 Kilometer zu Land und 29 000 Kilometer zu Wasser.

Carlin sagte bei der Rückschau auf jede Meile und auf jede der äußerst schwierigen und lebensgefährlichen Erfahrungen, denen er sich gegenübergesehen hatte, dass das Allerschlimmste nicht der Orkan auf dem Atlantik war: »Zweifelsfrei waren es diese fürchterlichen 10 Meilen in Burma zwischen Kawkareik und Myawaddee – das war der Gipfel. Ich wäre stattdessen lieber zwei Mal im Orkan auf dem Atlantik.«

Besonderer Dank gebührt der Guildford Grammar School in Guildford, Westaustralien, für ihre Erlaubnis, Text und Fotos aus dem Buch The Other Half of HALF-SAFE *zu übernehmen, den die Schule als Erste 1989 veröffentlicht hat. Die* HALF-SAFE *ist auf dem Schulgelände ausgestellt.*

9

Die Baileys – eine Wal-Geschichte

s ist allgemein bekannt, dass auf See allzu oft Gefahren lauern, die die Träume der Segler unterwegs zunichte machen können.

Diese Bedrohungen zeigen sich in vielerlei Gestalt. So spürt man bei schweren Stürmen immer eine gewisse Gefahr, begleitet von düsteren Vorahnungen. Ganz zu schweigen von der großen Besorgnis, wenn man sich durch schlecht kartierte Seegebiete bewegt. Nichts aber lässt sich mit dem furchtbaren Schock vergleichen, der bei einem unvermutet auftretenden Großereignis auftritt – wie beispielsweise, wenn plötzlich ein Feuer an Bord ausbricht oder die Yacht mit einem übersehenen Unterwasser-Hindernis zusammenstößt. In diesem Augenblick verwandelt sich ihre Welt der reinen Glückseligkeit in eine der nackten Angst. Dann sind sie nicht mehr segelnd unterwegs, sondern kämpfen um ihr Leben.

1973 waren Maurice und Maralyn Bailey, ein englisches Ehepaar, in der Geborgenheit ihrer eigenen idyllischen Welt unterwegs an Bord der AURALYN, ihrer 9,5 Meter langen Segelyacht aus formverleimtem Sperrholz, weil sie nach Neuseeland auswandern wollten. Ein Jahr zuvor hatten sie England verlassen, hatten den Atlantik überquert und den Panama-Kanal durchfahren. Ihre erste Etappe im Pazifik führte sie von Panama zu den Galapagos-Inseln, wo sie einige Zeit umherzusegeln planten, um von dort aus dann erst die Inseln des Südpazifik anzusteuern und zu genießen, bevor sie Kurs auf ihr endgültiges Ziel nehmen wollten.

Es war der 4. März, und sie kamen in ihrer auf 10 Tage angesetzten Überfahrt von Panama aus gut voran. Zu dieser Zeit befand sich die AURALYN etwa 250 Meilen von den Galapagos-Inseln entfernt, und die Baileys genossen alle Freuden, die nur unterwegs befindliche Segler kennen, in vollen Zügen. An diesem Tag schob sie ein auffrischender Passatwind unter prallen Segeln über eine relativ glatte See direkt auf ihr Ziel zu.

Es war kurz nach 7 Uhr morgens, Maurice war eben von seiner Frau geweckt worden und gerade dabei aufzustehen, um an Deck zu gehen und seine Wache am Ruder zu übernehmen, als die Yacht fast unhörbar, aber unglaublich heftig mit einem unbekannten Objekt zusammenstieß. Der Aufprall war so gewaltsam, dass die Yacht aus dem Wasser gehoben wurde. Bis zu diesem Augenblick war die AURALYN gemächlich, vom Autopiloten gesteuert, vor sich hin gefahren, während Maralyn in der Pantry stand und das Frühstück vorbereitete.

Der Zusammenprall ließ die Baileys ins Cockpit eilen. Maralyn erreichte es als Erste. Sie brauchte nur wenige Sekunden, um zu erfassen, was geschehen war, und rief ihrem Mann zu, dass sie einen Wal getroffen und schwer verletzt hatten – das Wasser um sie herum färbte sich blutrot. Sofort packte sie die Angst, dass die wild schlagende Schwanzflosse des 12 Meter langen Säugetiers, das sich in diesem Augenblick direkt am Heck der Yacht befand, auf sie niedergehen und unglaublichen Schaden anrichten würde. Aber diese Befürchtung wich schnell einer anderen: Was ist mit der Yacht? Ist sie beschädigt? Macht sie Wasser?

Maurice stürzte wie ein Besessener nach unten, und als seine Füße den überfluteten Kajütboden berührten, bestätigten sich seine schlimmsten Befürchtungen. Er zwängte sich nach vorn in den Aufschlagbereich und dort war es – ein Loch unterhalb der Wasserlinie nahe der Pantry an Backbord. Es war so groß, dass er fast durchgepasst hätte. Durch diese klaffende Öffnung strömte das Wasser derart schnell herein, dass er im Handumdrehen erkannte, wie gering die Chancen bereits jetzt waren, die AURALYN flott zu halten.

Nach 40 Minuten verzweifelten Bemühens, das Eindringen des Wassers zu verringern und alles, was sich bereits im Rumpf befand, wieder herauszupumpen (ein der Panik zuzuschreibendes Vorhaben), akzeptierten die Baileys, dass sie die Yacht der See überantworten mussten. Es war hoffnungslos, das Boot schwimmfähig zu halten. Von diesem Augenblick an konzentrierten sie sich nicht mehr darauf, die Yacht zu retten, sondern sich selbst.

Sie brachten die Rettungsinsel und auch das aufblasbare Gummidingi der AURALYN zu Wasser und warfen alles, was sie in kurzer Zeit an Lebensmitteln und Ausrüstung greifen konnten, in das Dingi. Ihre Handlungen waren durchdacht, und, obwohl Angst und Eile vorherrschten, glaubten beide fest daran, dass sie innerhalb kürzester Zeit gerettet werden würden – vor allem deswegen, weil sie sich sehr nahe an einer Schifffahrtsroute befanden.

Weniger als eine Stunde nach dem Aufprall saßen die Baileys in ihrem Ding mit der Rettungsinsel im Schlepptau. Während der ganzen Zeit mussten sie zusehen, wie ihr Lebenstraum in langsamer Agonie in der See versank. Es war, als betrachtete man den Sonnenuntergang: Erst begann der Rumpf einzutauchen, um in einem Meer aus Blasen und wirbelndem Wasser zu verschwinden. Dann entglitten Mast und Segel ihren Augen. Als die oberste Mastspitze von der See verschluckt worden war, blieben als einziges Zeugnis des Geschehenen nur einige kleine herumschwimmende Ausrüstungsteile an der Oberfläche zurück. Es waren Stifte, ein Becher Margarine und Wasserbehälter aus Plastik. Sie waren überrascht, wie wenige Dinge an die Oberfläche trieben.

Kaum war die Yacht verschwunden, tauchten die Baileys in eine Welt totaler Isolation ein, eine, die im Augenblick von Schock und Unglauben beherrscht wurde. Maralyn weinte, während Maurice verzweifelt versuchte, mit dem Geschehenen klarzukommen.

Doch langsam kamen sie wieder zu Sinnen und bald rechneten sie nach, wie viele Tage ihre Vorräte wohl reichen würden: Wenn es sein musste, vielleicht einen ganzen Monat. Dann überlegten sie, wie lange es wohl dauern würde, bis jemand merkte, dass sie verschollen waren. Der nackten Wahrheit aber wollten sie nicht ins Auge sehen, denn seit ihrer Abkehr von England hatte sich ihr Leben in einer Welt ungenauer Ziele und ohne wirklichen Zeitrahmen abgespielt. Hinzu kam, dass, wenn eine Suchaktion eingeleitet würde, man überhaupt nicht wissen konnte, auf welches Gebiet sie sich konzentrieren sollte. Ihre Verzweiflung war in diesem Augenblick so groß, dass Maurice bereits in diesem frühen Stadium darüber nachdachte, wie es sei, zu sterben.

Als Nächstes stellte sich die Frage, wie sie es anstellen könnten, bei klarem Verstand zu bleiben. Der Lesestoff, dessen sie habhaft geworden und den sie ins Dingi geworfen hatten, ließ nur zu deutlich erkennen, wie schnell sie die Yacht hatten verlassen müssen. Sie hatten nur zwei Lesebücher, eines mit dem Titel *Richard III*. Das andere hieß *Voyaging* und war von der Seglerlegende der Zeit Eric Hiscock geschrieben. Am nutzlosesten waren die beiden Wörterbücher.

Zum Glück hatten sie einige Navigationsmittel, einschließlich eines Sextanten, ins Dingi retten können. Tatsächlich aber waren diese Gegenstände von geringem Nutzen, weil das Dingi mit seinem Floß keinen festen Steuerkurs hatte. Anstatt sich also auf die Galapagos-Inseln zuzubewegen, befanden sie sich auf unbekanntem Kurs und brauchten nicht zu navigieren. Und weil die Ungewissheit in ihrem Leben nun so groß war, insbesondere in Anbetracht der Tatsache, dass es nicht sicher war, wie lange sie ziellos umhertreiben würden, waren sie so klug, von Anfang an ihre Nahrungsmittel zu rationieren.

Zunächst machten sich die Baileys daran, in Richtung Galapagos zu rudern. Weil es tagsüber zu heiß und das Rudern deshalb zu anstrengend war, taten sie es bei Nacht. Sie wechselten sich zweistündlich ab. Einer war im Dingi, der andere saß im Floß und ließ sich hinterherschleppen. Das behielten sie bis zum 8. März bei. An diesem Tag zeigte die Navigationsrechnung, die Maurice auf einer Karte eingetragen hatte, dass Wind und Strömung größere Auswirkungen auf ihren Kurs hatten als das Rudern. Sie trieben auf einem Westkurs, der sie weit nördlich an den Galapagos-Inseln vorbeitragen würde. Und realistisch gesehen, würde es nicht einmal etwas bringen, das Floß aufzugeben, um so eine größere Strecke zurücklegen zu können.

Während sie akzeptierten, dass sie nun keine Möglichkeit hatten, die Inseln zu erreichen, trösteten sie sich mit dem Wissen, dass sie sich entlang einer Schifffahrtsroute bewegten, und dies verhieß die besten Rettungschancen. Aber sie mussten sich eingestehen, dass sie extrem verletzlich waren, denn von nun an hing ihr Überleben von zwei aufblasbaren Wasserfahrzeugen ab: einem kleinen runden Rettungsfloß und einem etwa 2,7 Meter langen aufblasbaren Dingi. Sollte deren Außenhaut beschädigt werden, würde mit der Luft auch die Überlebenschance der Baileys schwinden. Das merkten sie nur zu deutlich eine Woche nach dem Sinken der AURALYN, als das Floß, in dem sie die sperrigsten Teile ihrer Vorräte verstaut hatten und das zu ihrem Schlafquartier geworden war, Luft zu verlieren begann.

Weil sie in der Nähe der Schifffahrtsroute trieben, beschlossen sie, sich in einem Drei-Stunden-Wachsystem abzuwechseln: drei Stunden Wache, drei Stunden ruhen. So konnte eine Person schlafen, während die andere nach vorbeifahrenden Schiffen Ausschau hielt. Gleichzeitig hatte die Person, die wach war, die Aufgabe, regelmäßig Luft in das Floß zu pumpen, um den ständigen Druckverlust auszugleichen.

Wegen der Erschöpfung, die das Rudern mit sich gebracht hatte, hatten sie mehr getrunken, und ihr Wasservorrat war schneller geschrumpft als vermutet. Aber zu der Zeit meinten sie keine andere Wahl zu haben. In diesem Stadium war die Dehydrierung ihr größter Feind, und weil es kein Zeichen von Regen gab, wurde sie ihnen auch zur schlimmsten Befürchtung. Die Realität war, dass ihre einzige Hoffnung auf Rettung in einem vorbeiziehenden Schiff lag. Und doch mussten sie sich darein fügen, dass Floß und Dingi nichts als winzigste Punkte in der unglaublichen Weite der See waren. Ihre Chancen, gesehen zu werden, waren, vorsichtig ausgedrückt, gering.

Inzwischen waren acht Tage vergangen, in denen die Baileys an

Leib und Seele den Elementen ausgesetzt waren, als sie plötzlich mit Sicherheit meinten, dass der Tag ihrer Rettung gekommen sei, weil sie in zwei Meilen Entfernung ein kleines Schiff sahen, das sich in etwa in ihre Richtung bewegte. Nach Maurices Schätzung würde es in etwa einer Meile Entfernung an ihnen vorüberziehen.

Als es ihnen am nächsten war, machte sich Maurice daran, eine Leuchtkugel abzuschießen. Die aber versagte. Er nahm sich eine weitere, und sowohl die als auch die nächste funktionierte. Doch zum furchtbaren Entsetzen der Baileys behielt das Schiff seinen Kurs bei. Die Menschen an Bord merkten nichts von der Not der treibenden Segler, die nur zusehen konnten, wie das Schiff weiter auf den Horizont zufuhr.

Zum ersten Mal spürten beide die Verzweiflung der Einsamkeit, zu der sich eine weitere emotionale Belastung gesellte, denn sowohl ihre Wasser- als auch ihre Lebensmittelvorräte begannen zu schwinden. Dass sie gegen den Regenmangel nichts unternehmen konnten, wussten sie, aber um Nahrung konnten sie sich kümmern. Inzwischen hatten sie sich unweigerlich damit abgefunden, dass sie lange Zeit oder gar nicht gerettet würden. Es war also unabwendbar, sich der ihnen aufgezwungenen Umwelt anzupassen. Diese neue Einstellung ließ den Entschluss reifen, sich daran zu machen, zum ersten Mal nach dem Untergang der AURALYN etwas zu fangen, auch wenn es eine der vielen Schildkröten wäre, die sich von Floß und Dingi angezogen fühlten. Diese Schildkröten fanden insbesondere das Floß so anziehend, dass sie mit Vorliebe darunter tauchten und ihre rauen Panzer so heftig gegen den Boden scheuerten, dass die Baileys oft befürchteten, die Gummihaut könnte beschädigt werden.

Der Gedanke, eine von diesen Schildkröten zu töten, behagte dem verlorenen Paar durchaus nicht, aber sie wussten, dass sie sich eine Überlebensmentalität zulegen mussten, wenn sie nur die geringste Chance zum Durchhalten haben wollten. Das erste Schlachten geriet zur Tortur. Verständlicherweise war die Ausführung stümperhaft, wurde sie doch von zwei Menschen durchgeführt, die in ihrer eigenen Welt niemals mit solchen Dingen zu tun gehabt hatten.

Und doch, als hätte die göttliche Hand der Vorsehung mitgewirkt, zeigte sich nach dem Ausführen dieser schrecklichen Tat, dass sie etwas Gutes nach sich zog. Denn als sie die für sie unbrauchbaren Teile der Schildkröte in die See warfen, stürzten sich die ziemlich unbemerkt unter Dingi und Floß schwimmenden Fischschwärme wie wild darauf. In diesem Moment wurde den Baileys bewusst, dass sie eine weitere Nahrungsquelle in Reichweite zur Verfügung hatten, wenn sie nur einen Weg finden würden, sie zu fangen.

Eine rasche Durchsuchung des Floßes förderte metallene Sicherheitsnadeln zutage, die sich geschickt in Angelhaken verwandeln ließen. Mit Schildkrötenfleisch als Köder und einer dünnen Kordel als Angelschnur gelang es ihnen schon Minuten später, ihren ersten Fisch an Bord ziehen. Doch, so aufregend es auch war, beide hatten ordentlich damit zu kämpfen, ihren rohen Fang zu kauen und hinunterzuschlucken. Es war nur ihren geschrumpften Mägen und dem unglaublich verzweifelten Verlangen nach Nahrung zu verdanken, dass sie die mentale Abscheu vor solch primitiver Art zu leben überwinden konnten.

Während die Schildkröten sie weiterhin dadurch belästigten, dass sie sich am Boden des Floßes rieben, brachte ein erschreckendes Zusammentreffen mit einem weiteren Wal, gerade 10 Tage nach dem Beginn ihrer Odyssee, sie an den Rand des Scheiterns. Es tauchte nämlich ein riesiger Pottwal von ähnlicher Größe wie der, der die AURALYN versenkt hatte, zum Floß herauf und kam buchstäblich auf Armeslänge daneben zum Stehen. Maralyn, die nicht schwimmen konnte, war starr vor Schreck, während Maurice sich darin fügte, dass sie absolut nichts an ihrem Los ändern konnten. Es blieb ihnen nichts weiter, als stillzuhalten wie die Enten im Schießstand, und ihr Schicksal abzuwarten. Wenn der Wal am Floß Gefallen finden und es umkippen würde, oder wenn er sich entschließen würde, kopfüber abzutauchen und das Floß dabei mit der Schwanzflosse zertrümmern würde, dann wäre es aus und vorbei mit ihnen. Ruhig verharrte der Meeresbewohner etwa 10 Minuten neben dem Schiff an der Wasseroberfläche, wobei seine einzige Regung aus regelmäßigem und lautem Ein- und Ausatmen bestand, mit dem er einen übelriechenden feinen Sprühregen in die Luft stieß. Den Baileys klopfte das Herz im Hals und sie flüsterten miteinander, was wohl geschehen würde. Schließlich beschloss der Wal, dass das Floß unwichtig sei, erhob seine riesige Fluke in die Luft, tauchte ab und machte sich davon.

Nach zwei Wochen des ziellosen Dahintreibens auf See zeigte sich, dass die Elemente sowohl am Floß als auch am Dingi zehrten. Von den Gummi- und Gewebeteilen waren schon einige durchgescheuert, einschließlich der vermeintlichen Verstärkung, an der der Treib- bzw. Schleppanker angebracht war. Als der verschwunden war – und für ihren Fischfang war es wichtig, dass sie langsam dahintrieben –, gelang es der stets erfindungsreichen Maralyn mit einigem Geschick, einen neuen Schleppanker zusammenzubauen, indem sie eine Ölzeughose nahm, die sich, wenn sie oben am Bund gespreizt wurde, mit Wasser füllte und so den gewünschten Widerstand herstellte. Zudem griff sich Maralyn ein Ruder und stellte es wie einen Mast auf das Floß. Daran befestigte sie orangefarbenes Ölzeug, um das Floß so auffällig wie möglich zu machen, für den Fall, dass ein potenzieller Retter auftauchen sollte.

Während ihre Nahrungszufuhr inzwischen einigermaßen reichlich wurde, öffnete der Himmel erst am 17. Tag ihres Dahintreibens seine Schleusen und schickte den so dringend erhofften Regen, den sie zum Trinken benötigten.

Sie brauchten drei Wochen, um sich darauf einzustellen, dass sie keinerlei Einfluss darauf hatten, wohin sie trieben oder was mit ihnen geschehen würde. Also richteten sie sich in einer Routine ein, die darauf abzielte, ihre Überlebenschancen so groß wie möglich zu halten. Schildkröten und Fisch blieben ihre Hauptnahrung, und jedes Mal, wenn es regnete, füllten sie ihren Wasservorrat aufs Neue.

Weil die Monotonie sie fast am meisten belastete, entschlossen sie sich, aus mitgenommenem Papier Spielkarten und ein Dominospiel zu basteln. Die darauf folgenden unterhaltsamen Spiele verkürzten ihnen zahllose Stunden und lieferten ihnen die für ihren Verstand dringend notwendigen Anreize.

Der 25. Tag brachte ihnen erneute Pein, denn in den frühen Morgenstunden, als es noch dunkel war, sichtete Maralyn ein weiteres Schiff, einen Tanker, der sich auf sie zu bewegte. Er kam so nahe, dass sie das Licht im Inneren des Schiffs deutlich durch die Bullaugen scheinen sahen. Ihre Chance war gekommen! Zuversichtlich, dass das Schiff nahe genug sei, damit jemand die Leuchtkugel sehen konnte, nahm Maurice die erste der beiden verbliebenen und versuchte sie abzufeuern, was ihm aber misslang. Nun war nur noch eine einzige übrig, und sie fragten sich, was sie tun sollten. Ihr Leben stand auf dem Spiel, und die Rettung war fast zum Greifen nah. Die letzte Leuchtkugel musste gefeuert werden, es war ihre einzige Wahl. Und tatsächlich, sie funktionierte und füllte den Nachthimmel mit extrem hellem Licht – leider vergebens. Der Tanker blieb auf seinem Kurs, und die Baileys mussten hilflos zusehen, wie der Schimmer seines Lichts immer schwächer wurde und das helle weiße Hecklicht in der Dunkelheit verschwand. Es blieb ihnen nur, weiterzukämpfen.

Fünf Wochen nach dem Untergang ihres Boots hatten sie ein höchst erstaunliches Erlebnis, als eine große männliche Schildkröte unter dem Floß auftauchte. Sie schnappten sie sich und banden ein Seil um ihre Hinterbeine, um sie festzuhalten und später zu töten. So unglaublich es scheint, in dem Moment, als die Schildkröte wieder ins Wasser gesetzt wurde, begann sie in Richtung der Galapagos-Inseln zu schwimmen und zog dabei Floß und Dingi hinter sich her. Das brachte die Baileys auf verwegene Gedanken: Sie stellten sich vor, wie sie die ganze Strecke bis in den Hafen gezogen würden und die Inseln im Schlepptau einer Schildkröte erreichten. Als sie einige Tage später eine weitere Schildkröte fingen, wiederholten sie das Spiel. Die aber ließ ihren Traum platzen, weil sie beschloss, in die entgegengesetzte Richtung zu schwimmen. Kurzerhand wurden beide verspeist.

Am 37. Tag hatten sie erneut Pech, als am hellen Tag ein weiteres Schiff gerade eine halbe Meile entfernt an ihnen vorbeizog. Wieder sah niemand an Bord, wie sie mit bunten Kleidungsstücken frenetisch herumwinkten. Nur zwei Tage später waren die Baileys besser vorbereitet, als wieder ein Schiff vorbeifuhr, denn Maurice hatte eine Art Rauchfackel gebaut, indem er ein Kleidungsbündel in Kerosin und Methylalkohol getaucht und in eine Kuchendose gestopft hatte. Die Hoffnung stieg mit dem Anzünden des Doseninhalts, aber leider hatten sie auch diesmal kein Glück, denn der Rauch war nicht so stark, wie sie es sich erhofft hatten, und der wenige, der entstand, verflog sehr schnell, weil es sehr windig war. Plötzlich aber schien es so, als hätte es doch funktioniert, denn das Schiff stoppte tatsächlich und fuhr zurück in ihre Richtung. Jubel – endlich war die Rettung in Anmarsch! Aber Minuten später verwandelte sich ihr Hochgefühl in fast tödliche Verzweiflung, als das Schiff in einiger Entfernung stoppte und sich sanft in der Dünung der See wiegte. Die Baileys klammerten sich an die Hoffnung, dass die Personen an Bord die See absuchten, um herauszufinden, wo der Rauch, den jemand gesehen hatte, hergekommen war. Bestimmt wäre es nur eine Frage der Zeit, bis sie gefunden würden. Aber, nach einer schmerzlich langen Zeit des Verharrens, drehte das Schiff ab und nahm erneut Fahrt auf. Niedergeschlagen wie sie waren, blieb ihnen nichts als anzunehmen, dass der Rauch wohl gesehen worden war, und dass, als das Schiff drehte, Floß und Dingi in den Wellentälern versteckt waren und wegen des von der Oberfläche der See reflektierten Sonnenlichts nicht gesehen werden konnten.

Es ist kaum zu glauben, dass die Baileys, trotz ihrer Seelenqualen, so nah und doch so fern der Rettung gewesen zu sein, nicht in ihren Bemühungen nachließen, alles nur erdenklich Mögliche zu tun, um nicht den Mut zu verlieren. Sie begannen ihre missliche Lage als Schicksal zu betrachten. Maralyn setzte Maurice mit dem Vorschlag in Erstaunen, dass sie, sobald sie gerettet sein würden, nach England zurückkehren und eine neue Yacht auf der Grundlage ihrer Erfahrungen mit der AURALYN bauen sollten. Daraufhin verbrachten sie viele Stunden damit, ihrem Durchhaltewillen Auftrieb zu geben, indem sie die Ideen für ihre neue Traumyacht in einem der mitgenommenen Hefte sammelten. Denn sie würden gefunden werden, dessen war sich insbesondere Maralyn sicher – eines Tages.

Im Laufe der Zeit aber stieg die Erschöpfung, und der körperliche Verfall hatte Auswirkungen auf ihr Gemüt, was unter diesen Umständen durchaus zu verstehen ist. Wie sehr die reduzierte Ernährung ihnen zusetzte, zeigte sich am Aussehen ihrer Körper. Sie waren ausgemergelt, und die Rippen zeichneten sich ab, weil die Haut zwischen den Knochen tief eingesunken war. Ihr Mangel an Kraft beeinträchtigte ihr Vermögen und ihren Antrieb, stets nach Schiffen Ausschau zu halten. Das einzig Positive war, dass ihnen schlechtes Wetter nur kurze kraftraubende Zwischenspiele abverlangte.

Etwa sieben Wochen nach dem Verlust ihrer Yacht wurden die Baileys von großer Verzweiflung erfasst. Sie waren so niedergeschlagen, dass sie beide kein weiteres Schiff mehr sehen wollten, sofern es nicht zu hundert Prozent sicher wäre, dass es stoppen und sie finden würde. Sie nahmen es hin, dass sie wie auf einem Förderband in einer östlichen Strömung dahintrieben, die sie in das menschenleere Gebiet mitten in den Pazifik schob. Ihre Verzweiflung verstärkte sich noch zusätzlich durch das Wissen, dass sie mit bis zu 25 Meilen pro Tag dahintrieben und dass sie bei dieser Geschwindigkeit die amerikanische Westküste vermutlich innerhalb eines Monats erreichen würden – möglicherweise dann aber nicht mehr am Leben wären.

Am 24. April, Maralyns Geburtstag, kam es zu einer unliebsamen Überraschung, als Maurice mit einem der Haken, die sie aus einer Sicherheitsnadel gebastelt hatten, einen viel zu großen Fisch fing. Während Maurice ihn an die Oberfläche zog, zeigte der Fisch sehr deutlich, dass er kein Verlangen hatte, sich zu ergeben, und machte plötzlich einen verzweifelten Versuch, sich von dem widerhakenfreien Gerät loszureißen, was ihm gelang. Aber als sich der sprungfederartige Haken aus seinem

Maul löste, sauste dieser durch die Luft und riss ein Loch in das Dingi. Glücklicherweise war der Reparatursatz des Dingis nicht verloren gegangen, und so gelang es ihnen, das Boot zu flicken. Doch die Freude über ihren erfolgreichen Einsatz verwandelte sich schnell in äußersten Verdruss, als sie feststellten, dass, als sie die Seite des Dingis hochgewälzt hatten, um an das Loch heranzukommen, irgendwie einer ihrer großen Wasserbehälter verschwunden war und damit ein Wasservorrat für vier Tage.

Es schien, als stünden all ihre verzweifelten Versuche, am Leben zu bleiben, unter einem gleichbleibend schlechten Stern. Erst löste sich der Flicken, mit dem sie das Dingi so sorgfältig abgedichtet hatten, so mussten sie es zweimal pro Tag aufpumpen. Dann verlor der untere Ring des Rettungsfloßes Luft. Anscheinend war es von einem der dornenartigen Fortsätze der Rückenflosse eines Kaninchenfisches durchbohrt worden, der das Floß zu seinem Unterschlupf mitten im Ozean gewählt und ihm seine allzu große Zuneigung erwiesen hatte. Das Loch war so groß, dass es den Baileys nicht gelang, es zu flicken. Also hatte das Floß ab dem 55. Tag auf See nur noch einen umlaufenden luftgefüllten Ring anstelle von zweien, und damit war ihnen die Hälfte ihres Freibords verlorengegangen. Jetzt konnten sie nur noch beten, dass der verbliebene Ring seine Luft behalten würde, denn das Floß war nicht nur ihr Zuhause, sondern bot mit seinem Wetterdach auch den einzigen, dringend benötigten Schutz vor der brennenden Sonne.

Mittlerweile war bereits der dritte Monat angebrochen und die Hitze ebenso wie die ultravioletten Sonnenstrahlen begannen dem Floß ordentlich zuzusetzen. Auch die Gesundheit der Baileys zeigte zu dieser Zeit erste Ermüdungserscheinungen, was sie ihrer Ernährung und der Umwelt zuzuschreiben hatten, in der sie zu leben gezwungen waren, die man gut und gerne als Wasserfolter bezeichnen konnte. Das Wetterdach über dem Floß hatte sich inzwischen in eine Art Netz verwandelt und war nicht mehr wasserdicht. Deshalb bot es auch keinen Schutz mehr, wenn es regnete, und so kannten sie nur noch zwei Stufen des Elends: nass und nasser. Zudem begann sich das Gewebe, das die beiden aufblasbaren Ringe zusammenhielt, aufzulösen, weshalb durch die entstandenen Lücken Wasser in das Floß eindrang. Und, um das Ganze zu krönen, schwappten bei schlechtem Wetter unaufhörlich Wellen in das Floß hinein, weil ja der eine Ring keine Luft mehr enthielt und das Floß dadurch über weniger als 50 cm Freibord verfügte. Für die Baileys war es, als würden sie in einer aufblasbaren Babyschwimmwanne leben. Dazu kam noch die Hitze, die zum Abbau ihrer Gesundheit beitrug. Ihre Frischwasservorräte in den Plastikbehältern wurden schlecht, desgleichen ließ die Hitze jeden Frischfisch, den sie fingen und aufbewahrten, in sehr kurzer Zeit verderben. Dennoch mussten sie essen und trinken, wenn sie überleben wollten. Sie hatten keine andere Wahl, als irgendeine Form von Nahrung und Wasser zu sich zu nehmen. Das Ergebnis waren schlimme Durchfälle.

Obschon sie diesen Herausforderungen zu trotzen hatten, betrachteten sie ihr Geschick mit zunehmendem Fatalismus. Und Zeit, über ihre Lage nachzudenken, hatten sie mehr als genug. Doch insbesondere Maralyn blieb davon überzeugt, dass eine höhere Macht über sie Wache hielte. In einer Phase besonders tiefer Depression sagte sie sich einmal, dass sie lieber eine Gefängnisstrafe mit festgesetztem Entlassungsdatum absitzen wolle, als diese Hölle zu durchleben.

Am 62. Tag bescherte ihnen die Natur eine besondere Atempause in Form eines schweren Gewitters, das ihnen ermöglichte, ihre Wasservorräte aufzufüllen. Gleichzeitig gelang ihnen ihr größter Fang: eine zufällig an ihr Dingi herangeschwommene, mehr als 100 kg schwere Schildkröte. Mittlerweile hatten sie sich zu ausgesprochenen Experten im Schlachten von Schildkröten entwickelt. Sie wussten, wo die besten Fleischstücke saßen und welches die besten Köder waren. Ganz besonders genossen sie Herz und Leber.

Zwei Tage später gab es eine erneute Enttäuschung, als am frühen Abend ein Frachter leise an ihnen vorbeifuhr. In diesem Stadium hatten sie sich bereits damit abgefunden, dass sie physisch und psychisch nur noch weitere 14 Tage durchhalten würden. Sie hätten also nur noch zwei Wochen, in denen ein Schiff vorbeikommen und sie finden müsste.

Zehn Tage später kam und verschwand das siebte Schiff, das sie sichteten.

Aber am 75. Tag zeigte sich deutlich, dass die in dieser deprimierenden Periode ihres Dahintreibens aufgekommene Vermutung, dass sie bald tot sein würden, durchaus nicht zutreffend war, denn inzwischen hatten sie ihre Apathie überwunden und einfach weitergemacht. Tatsächlich fühlten sie sich sowohl physisch als auch psychisch wohler.

Und dennoch blieb ihr Leben in den nächsten sechs Wochen ziemlich primitiv, denn sie waren kaum mehr als hartnäckig ums Überleben kämpfende Jäger und Sammler. Dass sie in dieser Zeit kein einziges Schiff gesichtet hatten, betrachteten sie ganz nüchtern. Wahrscheinlich waren sie von der Schifffahrtsroute weggetrieben und ihr Schicksal war vorgezeichnet. Aber vorgezeichnet oder nicht, keiner der beiden war auf die schwere und anhaltende Krankheit vorbereitet, die über Maurice gegen Ende Mai hereinbrach. Die Schmerzen, die in seinem Körper wüteten, waren so schlimm, dass sie ihn fast lähmten. Es war wie bei der Rippenfellentzündung, die er vor vielen Jahren erlitten hatte. Er wurde von Hustenanfällen geschüttelt, bei denen er Blut spuckte, und war so krank, dass er meinte, bald sterben zu müssen. Nun war Maralyn für alles zuständig, denn sie musste nicht nur Maurice pflegen, sondern war auch der einzige Versorger.

Am letzten Tag im Mai eilte ihnen das Glück auf interessante Weise zu Hilfe, als Maralyn beim Ausweiden der gefangenen Schildkröte feststellte, dass sie hunderte Eier trug. Dieser Fund schenkte ihnen dringend notwendige Nährstoffe zusätzlich zu ihrer sonst recht kargen Ernährung.

Am selben Tag kam es zu einer großen Aufregung. Zum ersten Mal seit dem Sinken der AURALYN gerieten ihre luftgefüllten Inseln in die Aufmerksamkeit von Haien. Tag und Nach pufften diese Tiere gegen das Floß, indem sie schnell darunter hin und her schwammen und dabei gegen den Boden des Floßes knufften. Verständlicherweise fragten sich die Baileys, ob die Haie auf sie abzielten oder ob sie nur auf der Jagd nach den Fischen waren, die sich unter ihnen versammelt hatten. Diese Haiangriffe, die einige Tage anhielten, waren so heftig, dass die Baileys blaue Flecke davontrugen.

Maurice hatte weiterhin mit seiner kraftzehrenden Erkrankung zu kämpfen. Wegen der scheinbar endlosen Tage mit schwerem Regen und kalten Winden gelang es ihm nur sehr langsam, sich zu erholen. Inzwischen hatte sich ihre Lebensweise vollständig in eine urzeitliche und absolut hemmungslose verwandelt, sogar was das Verrichten der Notdurft betraf. Wenn der Regen etwas Gutes an sich hatte – abgesehen davon, dass er Trinkwasser lieferte –, dann war es das, dass sie ihre Körper und das lange, strähnige Haar (bei Maurice kam noch der struppige Bart hinzu) waschen konnten.

Ein Problem folgte dem anderen. Der letzte improvisierte Treibanker hatte sich losgerissen, was bedeutete, dass sie wieder zu schnell dahintrieben, um Fische fangen zu können. Ihre Lage wurde sogar noch schlimmer, als sie am 93. Tag in einen schweren Sturm gerieten, der riesige, bedrohliche Wellen entstehen ließ, wie sie sie noch nie erlebt hatten. Aber sogar in dieser Lage mussten sie unbedingt fischen – und dieser mutige Einsatz hätte Maurice um ein Haar das Leben gekostet.

Er hatte schon einige Zeit von Dingi aus gefischt und war nicht übermäßig besorgt über die hohen Wellen. Als er sich jedoch daran machte, vom Dingi zum Floß zurückzugelangen, tauchte plötzlich eine riesige Welle auf und bereitete ihm beinahe ein Ende. Sie war so groß und mächtig, dass sie das Dingi umkippte und ihn in die tobende See schleuderte. Maralyn schaute schreckensstarr zu, wie ihr Mann im brodelnden Wasser verschwand. Dann kam die Erleichterung, als sein Kopf einige Sekunden später über dem kochenden weißen Wasser wieder auftauchte. Schwach wie er war, konnte er dennoch genug Kraft aufbringen, um ans Floß heranzuschwimmen und sich an Bord zu hieven. Unglücklicherweise aber kam sie dieser Zwischenfall unglaublich teuer zu stehen, weil alles, was im Dingi nicht festgebunden gewesen war, verloren ging – einschließlich ihrer gesamten Angelausrüstung und der Köder. Und auch die Qualen, die sie in der folgenden Nacht durchlitten, würden sie nie vergessen. Denn die heftigen Bewegungen des Floßes, das in den hohen Brechern herumgeschleudert wurde, prügelten, sie schindend und blauschlagend, auf ihre Körper ein. Schlimmer jedoch waren die schrecklichen Schmerzen, die sie durchlitten, weil ihre mit Schwären bedeckten Körper immer wieder gegen die Seitenwände des Floßes geschleudert wurden. Es fühlte sich an, als würde ihre weiche nasse Haut auf Sandpapier reiben.

Vier Tage dauerte der Sturm. In dieser Zeit mussten sie auf ihren kleinen und sehr wertvollen Vorrat mit Dosennahrung zurückgreifen, den sie sich als absolut letzte Reserve aufbewahrt hatten.

Als der Sturm vorüber war und die Sonne wieder herauskam, machten sie sich daran, neues Angelgerät zusammenzubasteln. Sie entdeckten noch einige Sicherheitsnadeln, die sie sich zu Angelhaken zurechtbogen, geradeso wie sie es schon vor vielen Wochen getan hatten. Wunderbarerweise geriet während dieser Tätigkeit eine Schildkröte zu nahe an ihr Floß heran und wurde innerhalb weniger Minuten in ihre nächste Mahlzeit verwandelt. Maralyns Kreativität ließ eine neue Art Fischfalle entstehen. Dazu nahm sie einen großen Treibstoffbehälter aus Plastik und schnitt die dem Einfüllstutzen gegenüberliegende Seite heraus. Dann band sie einen kleinen Köder an eine Schnur, fasst den Behälter am Griff und taucht ihn knapp unter die Wasseroberfläche. Sie ließen den Köder durch den offenen Einfüllstutzen hinunterbaumeln, und innerhalb weniger Minuten entschieden kleine neugierige Fische, dass diese Mahlzeit für sie unwiderstehlich sei. Kaum waren sie in den Behälter hineingeschossen, um sich den Köder zu schnappen, wurden sie schon ins Dingi hochgezogen.

Am 98. Tag erfuhr ihre Ernährung auf einzigartige Weise einen erfreulichen Wandel, denn auf dem Dingi landete ein Tölpel und leerte sofort seinen Darminhalt in die Wasserbehälter. Maurice versuchte das Tier mit dem Paddel zu verscheuchen, holte aus und traf. Der benommene, wild flatternde Tölpel platschte unbeholfen ins Wasser, würgte vier ganze Fliegende Fische heraus und damit weitere Nahrung für die Baileys. Sie schnappten sich die Beute als willkommene Extrabeilage zum Abendessen.

Im Laufe der nächsten paar Tage befanden immer mehr Tölpel, dass Floß und Dingi eine ideale Unterkunft seien, wodurch die Baileys Gelegenheit hatten, ihre Nahrung weiter anzureichern, diesmal mit Hochseegeflügel. Es war eine willkommene Alternative zum Fisch und hatte noch einen weiteren Vorteil, denn nachdem sie einem Vogel die Flügel abgebrochen hatten, tauchten sie dessen blutige und fleischige Enden ins Wasser, um sie zu säubern. Kaum geschehen, tauchten kleine fresslustige Fische auf und stürzten sich darauf. Sie waren so gierig, dass sie die Flügel nicht loslassen wollten, als die Baileys diese aus dem Wasser zogen. Die Baileys wiederholten den Vorgang und prompt kamen auch die Fische wieder. Diesmal aber wurden sie einfach ins Dingi geschnipst und zum Essen aufbewahrt. Diese Technik und ihre Fähigkeit, Fisch mit einer Sicherheitsnadel als Haken angeln zu können, bedeutete, dass sie jetzt alles, was sie wollten, fangen konnten. Zwar sollte das nicht immer gelingen, dennoch lieferte ihnen das wärmere Gewässer, abgesehen von reichlicher Nahrung, Unterhaltung in Form vieler und unterschiedlicher Fischarten, dazu noch Delfine und eine große Auswahl an Vögeln. Falls es eine Kehrseite dieser Zone gab, waren es die häufigen Gewitter, die wiederum reichlich zum Elend der hilflosen und durchweichten Segler beitrugen.

Und dennoch nahm die Energie der Baileys unter diesen Umständen schneller ab, als ihnen lieb war, weil sie den verbliebenen Luftring des Floßes regelmäßig aufpumpen und Wasser herausschöpfen mussten. In solchen Momenten war ihre Mühsal zuweilen so groß, dass sie sich fragten, wie nahe der Tod wohl sei. Wenn das Wetter schlecht war, wurden sie noch schwächer, denn dann nahmen sie kaum mehr als einen Doseninhalt Essen pro Tag zu sich, den sie sich zudem teilten. Und je öfter sie das von einer großen Welle gekenterten Dingi wieder aufrichten mussten, desto mehr wuchs in diesen extremen

Umständen ihre Erschöpfung. Glücklicherweise waren diese Wellen nicht stark genug, die Rettungsinsel, die sie ihr Zuhause nannten, umzukippen.

Nach 109 Tagen waren die Baileys noch immer am Leben, und sie fragten sich öfter denn je: wie lange wohl noch. Sie hatten durchhalten können, weil sie sich bemüht hatten, Fisch zu fangen und ihre Wasservorräte aufzufüllen, und dies war ein besonders erfolgreicher Tag. Es war ihnen erstaunlicherweise gelungen, drei kleine Haie zu fangen, jeder etwa einen dreiviertel Meter lang. Abgesehen davon, dass das reichlich Fleisch bedeutete, brachten diese Haie eine andere Geschmacksnote in ihre Mahlzeiten. Und auch Vögel standen wieder auf dem Speisezettel, denn sie ließen sich erneut ahnungslos auf der Bordwand ihres Dingis nieder.

Inzwischen bildeten sich auf Maurices Körper wieder vermehrt große Salzwasserschwären, die ihm noch mehr Schmerzen verursachten, insbesondere wenn sie am Boden oder an der Bordwand des sich ständig bewegenden Floßes scheuerten. Um sich Linderung zu schaffen, verbrachten er und Maralyn so viel Zeit wie möglich im Dingi, denn das lag viel ruhiger im Wasser.

Zu dieser Zeit hatte ihr schlängelnder Kurs sie von ihrer Ausgangsposition nahe der Galapagos-Inseln bis weit westlich von Costa Rica getragen – vom Äquator bis 10 Grad Nord –, aber das wussten sie nicht.

Die Morgendämmerung des 30. Juni bedeutete, dass sie am Ende ihres 117. Tages des Dahintreibens waren. Für sie war es ein ganz normaler Tag. Sie taten ihr Möglichstes, ihre Speisekammer zu füllen und ruhten aus, als die Hitze der Sonne sie dazu zwang, sich im Schatten des Sonnensegels ihres Floßes zu verkriechen. Nach einem Mahl aus rohem Fisch schliefen sie ein. Dann, etwa in der Mitte des Nachmittags, merkte Maurice – er kämpfte gerade mit dem unruhigen Schlaf, mit dem sie beide zu leben gelernt hatten –, dass Maralyn ihn schüttelte. Mit aller Macht versuchte sie ihn aufzuwecken, um ihm zu sagen, dass sich ein Schiff näherte. Im Nu kletterte er in das Dingi, richtete sich auf und schwenkte heftig eine Jacke hin und her. Er konnte erkennen, dass das weiße, mit Roststreifen überzogene Schiff in der Ferne ein koreanisches Fischerboot war.

Zur selben Zeit winkte Maralyn mit gleicher Energie im Floß. Es war Grund genug zu echter Aufregung. Der Tag, von dem sie nie geglaubt hatten, dass er kommen würde, war angebrochen.

Das Schiff fuhr bis auf eine halbe Meile an sie heran und dann, kaum zu glauben, hielt es nicht an. Für Maurice war es ein Déjà Vu, wieder so eine Beinahe-Situation. Wieder einmal waren sie nicht gesehen worden. Sein Jubel verflog. Sie würden nicht gerettet werden. Er hörte auf zu winken und fiel vollkommen deprimiert in sich zusammen und in das Dingi hinein. Aber Maralyn, die aus Verzweiflung schrie, das Schiff solle umkehren, hörte nicht auf zu winken. Plötzlich – ein Moment des Unglaubens. Hielt das Schiff nicht an und drehte auf sie zu? Sie starrte es an. Ja, tatsächlich! Es gab keinen Zweifel. Ihre Rettung war nur wenige Momente entfernt. Dann, ebenso schnell, merkten sie, dass sie splitterfasernackt nackt waren und ihre Retter im Anmarsch. Sie suchten schnell ihre wenigen verbliebenen Kleidungsstücke zusammen, um sich zu bedecken und präsentabel zu machen.

Als die WEOLMI 306 an sie herangefahren war und die Mannschaft eine Wurfleine zu den Baileys wie eine Nabelschnur heruntergelassen hatte, waren sie gerettet.

Dann, als Dingi und Floß längsseits des Schiffs festgemacht waren, wurde eine Leiter heruntergelassen. Irgendwie gelang es ihnen hinaufzuklettern, aber in dem Augenblick, wo sie ihre Füße an Deck stellten, brachen sie zusammen. Sie konnten nicht mehr stehen. Vier Monate Sitzen in verkrampfter Haltung forderten ihren Tribut.

Die Mannschaft, die den Anblick der heruntergekommenen und abgemagerten Menschen vor ihnen noch nicht fassen konnten, half ihnen auf eine Decke an Deck, damit sie ausruhen konnten.

Dort angekommen, mussten sich die Baileys gegenseitig davon überzeugen, dass ihr unglaublicher Leidensweg zu Ende war. Und gleichzeitig kam auch die Erkenntnis, dass sie nun ein Versprechen, das sie sich gegenseitig gegeben hatten, erfüllen konnten: Die AURALYN II würde gebaut werden.

Maurice und Maralyn Bailey beschrieben ihre heroische Überlebensgeschichte in dem Buch 117 Days Adrift.

10

Das Horror-Hobart-Rennen

Es war am 27. Dezember 1998, inmitten der Weihnachtsfeiertage in Australien und in der ganzen Welt. Aber das, was auf die 115 Yachten wartete, die am Vortag zu der wohl bekanntesten Hochseeregatta der Welt, der Sydney–Hobart Classic, aufgebrochen waren, hatte durchaus nichts Festliches an sich.

Zu dieser Zeit durchquerte der Großteil der Flotte den gefährlichsten Teil des über 627 Seemeilen führenden Kurses, ein Gebiet vor der südöstlichen Ecke des australischen Festlands. Westlich des Kurses lagen die flachen Gewässer der Bass Strait, östlich die Tasmanische See – eine oft brutale ozeanische Wildnis, die bereits zu viele Menschenleben gefordert hat. Dieses Gebiet wurde oft, und ganz besonders diesmal, von einer schnell fließenden Strömung aufgemischt, die entlang des Festlands Richtung Süden herabkommt.

Als wäre diese Kombination nicht schon schlimm genug, lauerte diesmal in der Höhe ein weiteres tödliches Element: Zwei schlimme Wetterlagen hatten sich kaum bemerkt zusammengetan und wurden damit zum Zünder für eine Wetterbombe von in der 58-jährigen Geschichte des Rennens nie dagewesenen Gewalt. In kurzer Zeit kam es zu Sturmböen mit einer Stärke von 80 bis 100 Knoten, während die Wellen auf riesige Maße anwuchsen, viele waren so groß wie ein zehnstöckiges Gebäude, also etwa 30 Meter hoch. Innerhalb weniger Stunden entwickelte sich eine Hölle auf See, und mittlerweile hatte die Natur bereits Todeskarten an sechs Segler verteilt, fünf Yachten waren gesunken und in Australiens größter Rettungsaktion in Friedenszeiten waren 55 der mehr als 1300 Segler von heldenhaften Hubschraubermannschaften in Sicherheit hinaufgewinscht worden. Die ursprünglich aus 115 Yachten bestehende Flotte war geschrumpft, hoffnungslos auseinandergetrieben in einer gnadenlosen Ozeanstrecke. Lediglich 44 Yachten gelang es, sich durchzukämpfen und Hobart zu erreichen – viele deswegen, weil eine Umkehr nicht möglich war.

Panische Hilferufe kamen unaufhörlich über die knisternden Radiowellen herein, während der Sturm, der in jeder anderen Sprache wohl Orkan oder Zyklon genannt worden wäre, die Flotte in eine Kampfarena hineintrieb, in der nur wenige eine Chance hatten, seiner geballten Wut zu entkommen. Zu oft hatten die Crews keine Gelegenheit mehr, ihr schreckliches Los der Außenwelt mitzuteilen, bevor ihre Yacht überwältigt wurde.

Michael »Zapper« Bell war Crewmitglied an Bord der 44-Fuß-Yacht LOKI des Eigners Stephen Ainsworth. Sie befanden sich etwa 70 Meilen vor der Küste und kämpften sich unter einer winzigen Sturmfock nach Süden, als die Windinstrumente der Yacht eine atemberaubende Bö mit 74 Knoten anzeigte. Gleichzeitig bäumte sich aus dem Nichts ein Kaventsmann von titanischen Ausmaßen auf und drohte über der Yacht – eine hässliche, graue Wasserwand. Die Crew tat das Einzige, was sie konnte, wenn sie den vollen Treffer abschwächen wollte – sie drehten die LOKI mit dem Bug in die Welle. Aber während sie das taten, schauten sie nach oben und merkten, dass die Welle brach – eine Masse weißen Wassers raste an ihrer vertikalen Vorderseite herab. Im Bruchteil einer Sekunde war die LOKI völlig von der Gischt verschlungen, um dann, sich ständig überschlagend, Bug über Heck, in das Wellental hinabzustürzen, wo sie gekentert liegen blieb.

»Was folgte, war die erstaunlichste Erfahrung, die ich je auf See gemacht habe«, sagte Bell, ein sehr erfahrener Hochseesegler, der zu dieser Zeit mit zwei anderen an Deck war und nur hilflos zuschauen konnte, wie sich das Drama entwickelte. »Da war ich nun unter dieser umgekippten Yacht in der allerunglaublich entspanntesten Lage. Ebenso gut hätte ich im Fischteich daheim schwimmen können. Tatsächlich war es so, wie in der Karibik zu schwimmen – klar und warm. Alles war ruhig und schön. Ich sah, wie meine Brille von meinem Gesicht heruntergeschwemmt wurde und musste nur hinlangen, um sie zu greifen. Ich erinnere mich an all die bunten Fallen-Enden, die wie Seeschlangen durch das Wasser wedelten. Ich wunderte mich, dass ich keine Panik hatte. Und ich wusste, dass ich meinen Sicherungsgurt an der Brust lösen musste, um herauszukommen. Aber es gab kein Japsen nach Luft oder Panik, nur bewusste Bewegungen, um mich in Sicherheit zu bringen. Dann, ganz plötzlich, richtete sich die Yacht mit dem Rigg und allem, was noch intakt war, wieder auf und schon brach die Hölle von neuem los. Wir waren zurück in der realen Welt.«

Es wird kaum überraschen, dass es der Crew der LOKI jetzt reichte. Unter diesen Bedingungen war Segeln nicht länger möglich, also setzten sie einen Treibanker und liefen vor Topp und Takel – dennoch mit sieben Knoten – in dem, was für sie der Überlebensmodus war.

Bell erinnerte sich, dass einige aus der Mannschaft die Yacht nach Eden steuern wollten, einen Hafen an der Grenze zwischen New South Wales und Victoria. Der aber lag 70 Meilen gegen den Wind.

»Den Teufel werden wir tun«, sagte Bell heftig. »Wir setzen Kurs nach Osten, Richtung Neuseeland. Das ist zwar 1200 Meilen entfernt, aber ich weiß, dass wir von dort mit Strömung von hinten nach Australien gelangen können. Bei dem Wetter fahren wir nicht gegen den Wind.«

Viele andere auf demselben Abschnitt des Ozeans hatten nicht annähernd so viel Glück, wenn man die Erfahrung der LOKI als glücklich bezeichnen kann. In diesem Wetter wurden Yachten buchstäblich von der Gewalt der Wellen zerschmettert oder sie kenterten. Es schien, als wollte jede Welle die Segler an den Rand des Abgrunds zwischen Leben und Tod bringen, und traurigerweise verschwanden einige darin.

In den Anfängen der sich entwickelnden Katastrophe flog der

von Gary Ticehurst gesteuerte Hubschrauber der ABC News zur Beobachtung über dem Gebiet des schlimmsten Geschehens, wo Yachten untergingen und Crews aufs Dringendste gerettet werden mussten. Er hatte keine Rettungsausrüstung an Bord, also tat Ticehurst das Beste, was er in dieser Lage tun konnte: Er zeichnete die Position der Yachten auf, die in schweren Nöten waren, und gab die Information an die Australian Maritime Safety Authority in Canberra weiter.

Aber bald, als er gegen von vorn kommende 65 bis 70 Knoten Wind zu kämpfen hatte und der Treibstoff knapp wurde, wusste Ticehurst, dass er umkehren musste, wenn er die Küste sicher erreichen wollte. Aber genau in dem Augenblick, als er seinen Helikopter Richtung Land drehte, drang ein weiterer markerschütternder Notruf durch seine Kopfhörer: »Mayday, Mayday, Mayday. Hier ist WINSTON CHURCHILL, WINSTON CHURCHILL!«

Ticehurst antwortete umgehend: »WINSTON CHURCHILL, WINSTON CHURCHILL, ABC-Hubschrauber, geben Sie Ihre Position an. Over.«

»Wir sind 20 Meilen südöstlich von Twofold Bay. Over.«

»Wie ist Ihre Notlage? Over.«

»Sehr ernst. Wir bringen die Rettungsflöße an Deck. Wir haben ein Leck und nehmen schnell Wasser. Der Motor springt nicht an, wir können nicht pumpen. Over.«

Ticehurst versicherte den neun Leuten auf der WINSTON CHURCHILL, dass er ihren Notruf erhalten habe und sowohl an das Funkschiff des Rennens, die YOUNG ENDEAVOUR, als auch an Land weitergeben werde. Er befand sich in einem äußerst belastenden Dilemma, aber mehr konnte er nicht tun. Es war ihm nicht möglich, eine eigene Suche zu starten, obwohl sich die Yacht vermutlich im 10-Meilen-Bereich des Hubschraubers, also nur fünf bis zehn Minuten entfernt, befand. Das Einzige, was er tun konnte, war, den Notruf nach Canberra weiterzuleiten und dann langsam nach Mallacoota zum Auftanken zurückzufliegen.

Die WINSTON CHURCHILL war bei der Hobart-Regatta in diesem Jahr die klassische Yacht par excellence, hatte doch dieser 1942

gebaute, stäbige 55 Fuß lange Holzkutter sein erstes Sydney–
Hobart-Rennen bereits im Jahre 1945 bestritten. Nachdem sie
1997 vom Yachtsportler Richard Winning erworben worden
war, wurde jedes Teil ihres traditionell beplankten Schiffskörpers tip-top restauriert. Einer aus dem Team, der bei der Restau-
rierung geholfen hatte, war John »Steamer« Stanley, ein 51 Jahre
alter, hochgeachteter Bootsbauer, der im Laufe der Jahre mehr
Segelmeilen zurückgelegt hatte als die meisten der Regattateil-
nehmer. Es ist also kaum verwunderlich, dass Winning nicht
zögerte, Stanley in jenem Jahr seine Mannschaft bei der Hobart-
Regatta anführen zu lassen. Und als sie nach dem Finish stolz
über ihr Ergebnis den Kai entlangliefen, beschlossen sie auf der
Stelle, dass die Yacht auch an der 1998er-Regatta teilnehmen
würde. Zudem schlossen sie einen Pakt: »Es war die pure Freude am Spaß, die mich erneut teilnehmen ließ«, sagte Winning.
»Wir nahmen uns vor, es jedes Jahr zu wiederholen – bis wir zu
alt sein würden.«

Winning hatte eine erfahrene und gut ausgeglichene Mannschaft versammelt, die neben »Steamer« Stanley aus weiteren
sehr erfahrenen Seglern wie Bruce Gould und Jim Lawler bestand. Zu Goulds beeindruckender Erfahrungsliste gehörten
32 Sydney–Hobart-Rennen, wogegen Stanley »nur« 16 aufwei-
sen konnte.

Aber nicht einmal Männer dieses Kalibers in der Welt des
Hochseesegelns, und übrigens auch kein anderer, hätte sich die
gewaltige Größenordnung des Sturmes vorstellen können, die
Mutter Natur in diesem Jahr auf die Flotte loslassen sollte.

Wie all die anderen Yachten, die das Rennen nicht abbrachen,
hatte die WINSTON CHURCHILL bereits am frühen Morgen des 27.
ihre Segelfläche auf ein Minimum reduziert. Schon da begannen
Schaumfetzen von den Kronen der Wellen abzureißen, die von
mit 50 bis 55 Knoten tobenden Winden wütend aufgepeitscht
wurden. Gelegentlich ertönte der Alarm des Windmessgeräts,
ein Zeichen dafür, dass eine Windbö die 60 Knoten überschrit-
ten hatte.

So rau das Wetter auch war, Winning, Stanley und Gould

zeigten sich mehr als zufrieden damit, wie das »alte Mädchen« mit der Situation zurechtkam. Was allerdings das Steuern anbelangte, konnte keiner von ihnen länger als 30 Minuten am Rad durchhalten. Mehr war wegen des heftigen Regens nicht möglich, und zudem peitschte der wütende Wind Schaum in ihre Augen und Gesichter. Am frühen Nachmittag stand Gould eine halbe Stunde am Steuerrad. Sie segelten unter einem Sturmklüver und fuhren mit etwa fünf Knoten in einem Winkel zwischen 50 und 60 Grad zu den Wellenfronten. Sie beratschlagten, was sie tun sollten, falls die Lage sich verschlechtern würde, und beschlossen, dass es nicht sicher wäre, nach Eden umzudrehen. Stanley äußerte einige Vorbehalte dahingehend, ob es wirklich sicher sei, in solch hohen Wellen beizudrehen, weil sie dann die Yacht nicht über sie hinweg steuern könnten.

Um etwa 15.30 Uhr stand Winning am Ruder und John Dean, ein Crewmitglied, saß ganz in seiner Nähe, in dem geringen Schutz, den das Deckshaus, ein kastenartiger Aufbau nahe dem Heck, zu bieten hatte. Stanley lag in seiner Koje im Deckshaus, während Gould versuchte, auf dem Boden in der Hauptkajüte zu schlafen, dem trotz der von einigen ärgerlichen Lecks durch das Deck dringenden Wassertropfen bequemsten Platz. Währenddessen durchpflügte die WINSTON CHURCHILL weiterhin auf beeindruckende Weise die riesigen Wellen – 25 Tonnen und fünf Knoten schienen gut miteinander zurechtzukommen.

Doch plötzlich und absolut schlagartig änderte sich alles.

»Wir wurden von einer massiven Welle getroffen, die geradewegs aus dem Nichts aufgetaucht war und sich über uns aufbäumte«, erzählte Stanley. »Ich konnte sie von meinem Platz im Deckshaus aus spüren. Sie hob die Yacht, ein 25-Tonnen-Boot, hinauf und ließ sie an ihrer Vorderseite wieder herunterrollen, wo sie in einem Winkel von 45 Grad im Wellental landete. Der Aufprall fühlte sich an, als wären wir auf eine Steinmauer aufgeschlagen.«

Die Gewalt der Welle verpasste der WINSTON CHURCHILL einen unbarmherzigen Schlag. Es war, als hätte eine Riesenhand einen Felsen ergriffen und ihn mit aller Gewalt auf den Boden geschleudert. Die Yacht lag auf der Seite, unter Tonnen weißen Wassers begraben, und dennoch kämpfte sie unentwegt, sich wieder aufzurichten, wie ein niedergeschlagener, benommener Boxer, der versucht, von der Matte wieder auf die Beine zu kommen.

Stanley fand sich an die Luvseite des Deckshauses gequetscht, dessen drei Fenster an einer Seite zertrümmert waren. Er hörte die oben an Deck um Hilfe rufen, also strampelte er sich frei und eilte hinauf, wo er Winning und Dean vorfand, die wie Marionetten in den Backstagen und um den Baum herumgewickelt hingen, die Füße hoch über dem Deck. Stanley machte sich schnellstens daran, ihre Sicherungsgurte zu entwirren, um die Männer herunterzuholen.

Unter Deck war das Crewmitglied John Gibson damit beschäftigt, in der Hauptkajüte herumzuwühlen. Er war gerade dabei gewesen, aufzuräumen und die nach unten gebrachten Segel zu verstauen, als die Welle zuschlug. Die Rollbewegung der Yacht schleuderte ihn mit einem Schlag fast drei Meter quer durch die Kajüte und ließ ihn in die Seitenwand krachen. Er prallte so heftig auf, dass er das Bewusstsein verlor. Als er wenige Sekunden später wieder zu sich kam, merkte er, dass er einen kompletten Purzelbaum geschlagen hatte, denn er lag, blutbedeckt, ausgestreckt und verkehrtherum. Das Blut stammte aus einer hässlichen Platzwunde an seinem Kopf.

Als sich die WINSTON CHURCHILL wieder aufgerichtet hatte, kam Gibson wieder auf die Füße und sah, dass alle Planken des Kajütbodens herausgebrochen waren. Als er in die Bilge schaute, überfiel ihn sofort die Angst. Er konnte sehen, dass das Boot Wasser machte, aber er konnte nicht erkennen, von wo es hereinkam und wie schlimm der Schaden war. Gould und er rannten gleichzeitig zum Deck hinauf und sahen, wie Stanley noch immer versuchte, ihre hängenden Kameraden zu befreien.

»Weil keiner am Steuer stand, griff ich es mir«, sagte Gould. »Ich spürte sofort, dass das Boot eine Menge Wasser genommen hatte. Ich blieb am Steuer, weil die anderen sich besser als ich im Boot auskannten. Steamer rannte herum und versuchte das Durcheinander an Deck und darunter aufzuklaren. Er sagte zu Richard, er solle versuchen, den Motor anzuwerfen und die Lenzpumpen in Gang zu bringen.«

Winning drehte den Zündschlüssel, und der Motor sprang an. Er lief gerade einmal fünf Sekunden, fing an zu stottern und ging aus. Inzwischen war Gould sich sicher, dass die Yacht kurz vorm Sinken war. Also schlug er vor, einen Notruf abzusetzen. Das Hauptfunkgerät war im eingedrungenen Wasser abgesoffen, also ging Winning zu seiner einzigen Funkverbindung, dem Kurzwellen-VHF-Gerät. Es war lebenswichtig, ihre exakte Position anzugeben, aber die Welle, die den HF-Funk erledigt hatte, hatte auch die Karten und das GPS der Yacht verschlungen. Winning konnte die Position der Yacht also nur erahnen und eine grob geschätzte Position angeben.

Als Stanley nach unten in die Hauptkajüte gehen wollte, sah er, dass das schwere Holzschanzkleid mittschiffs auf zwei Metern Länge vollständig zertrümmert war. Die Beplankung war weggerissen und die Spanten lagen frei. Kein Wunder, dass die WINSTON CHURCHILL am Sinken war.

Unten angekommen, sah er noch weit Schlimmeres: Das Wasser stand schon 50 cm hoch über den Bodenbrettern und überall lagen Trümmerteile herum. Er schrie dem Rest der Crew zu, sie sollten an Deck gehen und die beiden Rettungsinseln mitnehmen. Was sie auch taten – und das sehr schnell!

»Wir beschlossen, dass wir die Rettungsflöße erst dann ins Wasser lassen würden, wenn das Deck überspült wäre«, erinnert er sich. »Ich hatte von Leuten gehört, die die Flöße zu früh zu Wasser brachten, weshalb sie dann in die eine Richtung trieben, das Boot hingegen in die andere. Außerdem sollte man immer in die Rettungsinsel hinaufklettern und nicht hinab.«

Mitten in diesem Drama meinte Stanley trocken zur Crew: »So Jungs, das scheint das Ende unserer Hobart-Regatta zu sein.«

Während sich das Team darauf vorbereitete, das Schiff zu verlassen, drehte Gould die WINSTON CHURCHILL auf einen Kurs direkt vor dem Wind. Die Sturmfock wurde eingeholt, aber beim Herunterholen schlugen die Schoten wie tödliche Stahlstangen gefährlich in der Luft herum. Aber Mike Bannister mühte sich tapfer damit ab, sie niederzuholen, und der Rest der Mannschaft zeigte kein Zeichen von Panik. Alle arbeiteten unermüdlich und methodisch daran, sich und ihre Kameraden zu retten. Dann stellte sich die Frage, ob das EPIRB aktiviert worden sei, was mit »Ja« beantwortet wurde.

Etwa 20 Minuten nach den Aufprall wurde es Zeit, das Schiff zu verlassen: »Wir trieben in diesen hohen Wellen unter raumachterlichem Wind, während wir immer tiefer ins Wasser sanken«, berichtete Gould. »Als Nächstes brach eine riesige, mehr als 40 Fuß hohe Welle über uns herein und überspülte uns. Sie füllte das Boot. Ich sagte zu Richard: ›Es ist so weit. Sag' den Jungs, dass wir das Schiff verlassen.‹«

Gibson, der als einer der Letzten das Schiff verließ, stieg nach Lawler in ein Floß. »Als die Flöße ins Wasser gelassen wurden, dachte ich, ich möchte zu Jimmy Lawler ins Floß. Einfach deswegen, weil ich ihm vertraute, und daher tat ich genau das. Außerdem war dort zufällig ein Platz frei. Ich hätte auch in das andere Floß einsteigen können, aber ich hatte einfach ein gutes Gefühl dabei, weil ich Jim als meinen Kumpel betrachtete. Wir waren im selben Club, und auch John Stanley war im dem Floß.«

Die WINSTON CHURCHILL sank schnell, aber die Sicherungsleine des Floßes war noch immer an ihr befestigt. Die Sollbruchstelle an der Rettungsinsel riss mit einem lauten Knall. Gould erinnerte sich, dass er von einer weiteren riesigen Welle getroffen wurde, bevor er schließlich das Steuer losließ. Er rannte nach vorn, machte einen Kopfsprung in Richtung der offenen Zeltklappe des ihm nächsten Floßes und wurde hineingezogen.

Allen neun Männern war es gelungen, sich in die Flöße zu retten. Und als sie zurückschauten, sahen sie mit Ehrfurcht zu, wie die einst mächtige WINSTON CHURCHILL in den Wellen versank. Schon bevor sie in die Rettungsinseln gestiegen waren, hatten sie gewusst, dass sie noch keineswegs in Sicherheit waren. Nun lag ihre einzige Hoffnung, diese schreckliche Lage überleben zu können, in den Flößen. Und damit befanden sie sich im Angesicht eines neuen Kampfes, denn sie mussten eine Nacht überleben, die traumatisch und schrecklich werden sollte.

In dem Vier-Mann-Floß von Richard Winning und Bruce Gould befanden sich auch der 19 Jahre alte Hobart-Neuling Michael Rynan und Paul Lumtin. Im anderen Floß bei Stanley, Lawler und Gibson waren Mike Bannister und John Dean. Man wollte die beiden Flöße unbedingt mit einer kurzen Leine aneinander gebunden halten, insbesondere deswegen, weil sich in Winnings Floß die eine EPIRB befand, die die Yacht auf der Regatta dabei haben musste. Aber bald erwies sich die Leine als zu schwach für die Stoßbelastungen durch die Wellen, die die Flöße auseinandertrieben. Es riss – und von diesem Augenblick an trieben die beiden Teams auseinander.

In Stanleys Floß befand sich ein Treibanker, den sie setzten, um ihre Driftgeschwindigkeit zu verringern. Kaum aber war er ins Wasser gelassen worden, verheddete er sich. John Gibson versuchte heldenhaft, die dünne Leine festzuhalten, und das gelang auch ganz gut, bis sie ihm von einer heranrollenden Welle mit so viel Kraft durch die Finger gezogen wurde, dass die Leine das Fleisch seiner Hand bis auf die Knochen aufschnitt. Sogleich wünschte er sich, er hätte nicht einmal versucht, die Leine festzuhalten, denn der Treibanker war ohnehin zu schwach für die Belastung und riss ab.

Dann geschah das weit größere Unglück: »Plötzlich traf uns eine große Welle und hob meine Seite des Floßes an«, erinnerte sich Stanley. »Das Problem bestand darin, dass mein Körper nach oben gerissen wurde, wogegen meine Füße immer noch unter den Beinen des anderen Kerls festgeklemmt waren. Dabei brach ich mir den Knöchel. Ich konnte nur noch stöhnen: ›Oh mein Gott, mein Knöchel ist gebrochen. Das ist nicht gut.‹ Somit waren Gibbo und ich außer Gefecht.«

Was Stanley in diesem Moment noch nicht wusste, war, dass auch die Sehnen an seinen beiden künstlichen Hüftgelenken gerissen waren.

Wie auch beim anderen Floß riss der Treibanker an Winnings Floß ebenfalls innerhalb einer Stunde, nachdem sie die

WINSTON CHURCHILL aufgegeben hatten. Als sie sich so gut wie möglich eingerichtet hatten, machten sich die vier Männer daran, ihre Vorräte zu durchsuchen. Sie hatten Ähnlichkeit mit den Probepackungen, die man bei Messen erhält: geringe Mengen an Grundlebensmitteln, Wasser, medizinische Versorgung und andere Rettungs- und Überlebensausrüstung, eine Notfall-Luftpumpe für das Floß, ein Messer, Fackeln und ein Spiegel, um auf sich aufmerksam zu machen.

Das Segelschulschiff der Australischen Marine, die YOUNG ENDEAVOUR, eine 44 Meter lange Brigantine, hatte die Flotte als Relais-Schiff für die Funkverbindung begleitet. Die an Bord befindlichen Organisatoren der Regatta vom Cruising Yacht Club of Australia erhielten den Notruf der WINSTON CHURCHILL im gleichen Moment, als der ABC-Helikopter ihn auffing. Deshalb ließen sie die YOUNG ENDEAVOUR sofort den Kurs auf das vermutete Suchgebiet hin ändern.

Schnell verwandelte sich das Ganze für die Crew an Bord in eine albtraumhafte Fahrt direkt vor dem Wind. Nicht weniger als drei Mal flog das riesige Schiff mit seinem stählernen Schiffskörper unkontrollierbar wie ein Dingi die Wellen hinab, die über die Hälfte ihrer 52 Meter hohen Masten reichten. Sie schoss ungefähr mit ihrer maximalen Geschwindigkeit von 14 Knoten voran. Ihre Decks wurden vom Wasser überspült, und einmal war der Druck des über der Backbordseite hereinbrechenden Wassers so groß, dass die 25 mm dicke Glasscheibe eines stahlgefassten Bullauges zerbrach. Die Sichtweite lag bei dürftigen 100 Metern, und die Wetterbedingungen waren so rau, dass der größte Teil der Mannschaft von Seekrankheit niedergestreckt war.

Als sie in der Nähe des Ortes angelangt waren, an dem sie vermuteten, dass sich die WINSTON CHURCHILL beim Absetzen des Notrufs befunden hatte, meldeten sie der AMSA in Canberra, dass von der Yacht nichts zu sehen sei. Was sie nicht wussten, war, dass sie nach Rettungsflößen Ausschau halten mussten.

Auf die Männer in den Flößen gingen die Angriffe der massiven Brecher weiter, aber sie blieben bis etwa zum Einbruch des Abends unversehrt. Dann wurde Richard Winnings Floß so hart von einem Brecher getroffen, dass es durchkenterte. Die vier nun in einer kleinen Luftkammer im Inneren des umgekippten Floßes Gefangenen versuchten die Zeltklappe zu öffnen, konnten es aber nicht, weil sie mit einem Nylonseil zugebunden war. Sie hatten nur eine Möglichkeit: sich mit dem Messer einen Weg nach draußen freizuschneiden. Als dies geschehen war, streifte Winning seine Rettungsweste ab, tauchte durch das Loch und schwamm an die Oberfläche – eine unglaublich mutige Tat, weil er dies ohne Sicherungsleine machte, denn es gab im Floß keine passende. Er packte den Rand des wild auf und ab tanzenden Floßes. Schließlich fand er den Aufrichtgurt, nahm seine ganze Körperkraft zusammen und stemmte das Floß mithilfe des Windes wieder in seine ursprüngliche Position zurück. Dann zogen die drei im Inneren ihn wieder herein. Kaum geschehen, stellten sie ein weiteres Unglück fest, denn während des Vorfalls war die Antenne des EPIRB geknickt und das Gerät damit nahezu nutzlos geworden.

Um Mitternacht herum brach unvermutet eine weitere Riesenwelle über das Floß herein, ließ es erneut kentern, und wieder wurde es aufgerichtet.

Gegen Morgen verschlechterte sich die Lage: Die untere der beiden Luftkammern des Rettungsfloßes begann Luft zu verlieren. Die vier machten sich Sorgen, dass, wenn sie alle Luft verlieren würde, auch das Schutzdach zusammenbrechen würde. Sie schauten in der Anleitung nach, wie man das Floß per Hand aufpumpt, entdeckten aber dann, dass der Adapter, den sie dafür brauchten, bei einem ihrer Purzelbäume verloren gegangen war. Also mussten sie improvisieren und zogen aus dem Ende des Pumpenschlauchs ein Nylonstück heraus, stopften es in das Ventil und wickelten Klebeband herum. Es funktionierte. Und während das Floß auch weiterhin herumgeworfen, durchgeschüttelt und durchgeschleudert wurde, blieben die vier eng aneinandergequetschten Passagiere darin in aufrechter Position.

Kurz danach, als ob sie noch nicht genug durchgemacht hätten, erschien ein 5 cm langer Riss im Boden des Floßes und bald saßen sie in einer Art Kleinkinder-Planschbecken.

»Keine Ahnung, was das Loch gerissen hat«, sagte Gould. »Vielleicht war es der Gaszylinder außen am Floß oder die zerbrochene Antenne des EPIRB. Wir suchten nach einer Pütz, konnten aber keine finden, also beschlossen wir, einen Schwamm in das Loch zu stopfen. Es endete damit, dass wir die ganze Zeit zwischen 15 und 60 cm Wasser im Floß hatten. Wie hoch es war, hing von der Größe der Welle ab, die jeweils über uns zusammenbrach. Nach einiger Zeit sagte jemand: »Hey, da ist ja der verdammte Reparatursatz.« Wir rissen das Päckchen auf und lasen die Anleitung: *Oberfläche anrauen, Oberfläche muss sauber und trocken sein. Flicken aufkleben* ... und warfen das Zeug über Bord.«

Sie probierten alles Mögliche aus und stellten bald fest, dass sich das Wasser am besten mit den Seestiefeln und einer Plastiktüte, in der eines der WINSTON CHURCHILL-T-Shirts eingepackt gewesen war, das einer der Kameraden sich geschnappt hatte, als sie das Schiff verließen, herausschöpfen ließ. Das Vorhandensein des T-Shirts brachte den Überlebenden eine Art Abwechslung – es erhellte die Stimmung. Sie diskutierten darüber, ob das Shirt, das von einer inzwischen gesunkenen Yacht stammte, ihnen nun Glück bringen würde oder nicht. Und sie beschlossen, es dem Wasser zu schenken, ein wenig, um die Wettergötter zu besänftigen. Also wurde auch dies der Tiefe übergeben.

In unbekannter Entfernung befanden sich die fünf Männer im anderen Floß in einer weit schlimmeren Lage. Sie mussten wie Sardinen auf dem Boden des quadratischen Floßes liegen, während sie die ganze Zeit von den riesigen Wellen herumgeschleudert wurden. »Niemand schien beunruhigt zu sein«, sagte Gibson. »Die Stimmung im Floß war hervorragend. Nur Johns Leid machte uns Kummer. Nicht, dass er sich beschwert hätte. Es war nur so, dass er ab und zu, wenn wir herumgeworfen wurden, unwillkürlich vor Schmerzen ›oh Gott‹ stöhnte. Wir versuchten, es ihm so bequem wie möglich zu machen und uns von seinen Beinen fernzuhalten. Wir durchsuchten die Tasche mit den Sachen, die wir gefunden hatten, und sprachen über das Zeug darin. Wir fanden einige Angelhaken und ich erinnere mich, dass wir darüber scherzten, was wir wohl als Köder verwenden sollten. Deanie und ich sagten auch, wie schön es wäre, wenn wir etwas Scotch hätten, mit dem wir das Wasser in den kleinen Plastikflaschen anreichern könnten.«

Bei Anbruch der Nacht hatten sie sich dareingefügt, dass es wenig wahrscheinlich war, vor dem nächsten Tag gerettet zu werden. Die Wellen stellten weiterhin die Hauptgefahr für ihre Sicherheit dar. Es schoben sich ganze Serien 12 bis 20 Meter hoher Wellen unter ihnen durch. Jede davon bot reichlich Gelegenheit, das Floß im herabstürzenden Wasser kentern zu lassen. Dann geschah das Unvermeidliche: Eine fast vertikale Wasserwand, geradewegs vor dem Brechen, kippte das Floß um. Bevor sie wussten, wie ihnen geschehen war, standen alle fünf auf dem aufgeblasenen Bogen, der in das Floß eingebaut war, um das Schutzdach zu stützen. Was vorher der Boden des Floßes war, hatte sich nun in die Decke verwandelt. Und doch hatten sie noch keine große Angst.

»Es war überraschend bequem, aber wir wussten, dass uns die Luft ausging«, sagte Stanley. »Man konnte geradezu merken, wie die Luft ein wenig dicker wurde. Jim Lawler lag der Öffnung am nächsten. Er wollte seine Weste ablegen und hinaus, um uns auf irgendeine Weise wieder aufzurichten. Aber dort draußen tobte es. Daher beschlossen wir alle zusammen, dass es zu gefährlich wäre, wenn wir nacheinander aussteigen würden, um das Ding wieder aufzurichten. Denn es hätte nur eine einzige böse Welle gebraucht, um die draußen zu verlieren.«

»Wir diskutierten sehr ruhig etwa 20 Minuten«, erinnerte sich Gibson. »Dann kamen wir zu dem Schluss, dass das verdammte Ding so auf dem Kopf gedreht viel bequemer als andersherum ist.« Zudem war es viel stiller. Michael sagte so etwas wie: »Wir müssen raus und das Ding aufrichten, sonst bekommen wir echte Probleme.« Ich erinnere mich, dass ich zu ihm sagte (und meine Worte sind mir unvergesslich ins Gedächtnis gebrannt): ›Michael, dort draußen wartet der Tod.‹ Als ich das sagte, dachte ich bei mir: ›Gott, sowas zu sagen ist wirklich dramatisch. Es ist ein wenig übertrieben.‹ Aber ich machte mir wirklich große Sorgen, weil es stockdunkel war und sehr, sehr große Wellen heranrollten. Jeder dort draußen hätte schwer zu kämpfen, um sich an etwas festhalten zu können.«

Inzwischen standen die fünf hüfttief im Wasser. Es war stockdunkel. Sie zückten die Taschenlampen und machten sich daran, ihre auf den Kopf gedrehte Unterkunft zu untersuchen.

»So war es definitiv sicherer, deshalb beschlossen wir, ein kleines Loch in den Boden des Floßes zu schneiden, um Luft hereinzulassen. Schließlich war er ja nun unser Dach«, erklärte Stanley. »Am Boden gab es einen Griff, der an beiden Seiten eine Verstärkung hatte. Wir schnitten ihn längs 10 cm auf. Quer wäre besser gewesen, aber da wäre der Schnitt nur 5 cm groß geworden und hätte nicht genug Luft hereingelassen. Wegen des Schnittes tauchte das Floß nun einige Zentimeter tiefer ein. Das war nicht so schlimm, jetzt hatten wir wenigstens genug Luft zum Atmen.«

In dieser auf den Kopf gestellten Position zu liegen war »sehr bequem und sie waren ziemlich zufrieden«, während ihr neues »Dach« wie ein riesiger Gummibalg auf und ab gedrückt wurde, was frische Luft ins Floß hinein pumpte. Sie trieben, wie ihnen schien, wenige Stunden umher, bis sie hörten, dass eine weitere Riesenwelle sich ihnen näherte. Es hörte sich an, als seien sie in einem dunklen Eisenbahntunnel gefangen und eine unbeleuchtete Lokomotive würde auf sie zurasen.

Die Welle donnerte heran, schnappte sich das Floß wie einen Beachball und schmiss es in seine ursprüngliche Position zurück. Sie landeten kreuz und quer übereinander, und schon war die Welle vorüber. Sofort zählten sie durch. Alle waren da.

Es war der Startschuss zu einer Nacht des unglaublichen Grauens. Das Wetter wurde immer schlimmer, sodass ihr Floß etwa dreißig Mal von marodierenden Wellen gerollt, geschleudert und gedreht wurde. Dadurch begann der Boden dort aufzureißen, wo sie den Schnitt gemacht hatten. Sie konnten zusehen, wie er immer größer wurde. Auch das Schutzdach begann sich zu zerlegen.

Bald war das Schutzdach völlig zerfetzt und der Boden weit aufgerissen. Die fünf konnten sich nur noch an das Gurtband und die Griffseile innen und außen am Floß klammern, das inzwischen aussah wie eine aufgeblasene rechteckige Röhre. Andere Möglichkeiten hatten sie nicht. Gibson hatte beim Verlassen des Schiffs all seine Segelbekleidung getragen, einschließlich seiner Seestiefel und den vollständigen Sicherheitsgurt. Den befestigte er klugerweise am Schutzdachträger, der noch immer hielt. Die meisten anderen trugen sperrige Rettungswesten um den Nacken. Bislang waren alle von der Seekrankheit verschont geblieben.

Irgendwann in den frühen Morgenstunden des 28. Dezember näherte sich die Mutter aller Wellen.

»Normalerweise gab es irgendeine Vorwarnung. Sie hört sich an wie donnernde Brandung«, erinnerte sich Stanley. »Aber diese gottverdammte Welle gab keine Warnung ab. Wir fünf stürzten ganz einfach ab. Das Floß wurde vom Wellenkamm heruntergeworfen und taumelte im Schaumwirbel ihrer Vorderseite herab – 40, 50, 60 Fuß. Ich konzentrierte mich darauf, mich festzuklammern. Ich schlang meine Arme um den Schutzdachträger, klammerte mich mit aller Kraft fest und hielt den Atem an, bis die Welle durch war. Ich wusste, dass ich sterben würde, wenn ich mich nicht festhielte. Gott weiß, wie lange das Ganze dauerte, aber es war wirklich lange. Als wir schließlich unten gelandet waren, strampelte ich nach oben und schnappte nach Luft. Ich hing immer noch am Schutzdachträger, war aber außerhalb des Floßes. Ich schrie: ›Wer ist da?‹, und nur Gibbo antwortete.«

Stanley schaute zurück und sah einen breiten weißen Wasserschleier, der sich 350 Meter in die Nacht erstreckte. Und dort, mitten im Strudel, konnte er ziemlich weit entfernt zwei Menschen sehen.

»Ich bin nicht sicher, wer das war«, sagte er mit bewegter

Stimme. »Alles, was ich tun konnte, war, unter das Floß zu tauchen und von unten wieder hineinzukommen, damit ich den Schutzdachträger wieder zu greifen bekam, um mich daran festzuhalten. Ich sagte zu Gibbo: ›Mensch, wir sind allein. Für die Jungs können wir nichts tun, weil der Wind uns schneller davonblasen wird, als die schwimmen können, und wir kommen nicht zurück. Wir können nur hoffen, dass sie bis Tagesanbruch durchhalten und von einem Suchflugzeug gefunden werden.‹«

John Gibson erinnert sich noch ganz lebhaft an diese Nacht: »Wir hatten uns in dieser Nacht ganz angenehm miteinander unterhalten, aber zu der Zeit dösten bereits alle halb vor sich hin. Wir trieben so herum und klammerten uns dabei fest. Als Nächstes erinnere ich mich an einen scharfen Zug an meinem Gurtzeug, und dann brach die Hölle los. Ich erlebte den, und nur so kann ich es beschreiben, außergewöhnlichsten Ritt meines Lebens. Offensichtlich befand ich mich in weißem Wasser und trieb mit ungeheurer Geschwindigkeit durch Zeit und Raum, umgeben von gewaltigem Brüllen. Ich wurde an meinem Gurtzeug mit unglaublicher Geschwindigkeit durchs weiße Wasser gezogen und dabei hin und her geschleudert. Es gab nichts mehr, woran ich mich festhalten konnte, und mein Körper wurde in alle Richtungen durchgebeutelt. Ich kann mich nicht erinnern, Angst gehabt zu haben. Das Einzige, was ich noch weiß, ist, dass ich dachte ›Das ist das Außergewöhnlichste, was ich bislang erlebt habe.‹ Ich weiß nicht mehr, ob ich Probleme mit dem Luftholen hatte. Nur, dass es nicht aufhörte und nicht aufhörte und nicht aufhörte, daran erinnere ich mich noch. Und ich konnte es nicht glauben.

Ich fügte mich einfach darein und kämpfte nicht dagegen an. Es dauerte lange, unglaublich lange. Ich hatte das Gefühl zu fallen. Ich wusste, dass ich fiel. Ich wusste, dass ich mich in schnell dahinrasendem Wasser befand. Ich wusste, dass ich in weißem Wasser war und doch hatte ich nicht das Gefühl, bald zu ertrinken. Ich wusste nur nicht, was passieren würde. Ich versuchte mich irgendwie mittreiben zu lassen, nicht dagegen anzukämpfen und gleichzeitig herauszufinden, was zum Teufel als Nächstes geschehen würde. Aber zu keinem Zeitpunkt kam mir die Idee, dass ich sterben würde. Dann auf einmal hörte alles auf. Es hörte schlichtweg nur auf und es war dunkel. Ringsumher tobte weißes Wasser und das Floß stand still. Nichts war zu hören. Ich sah mich um und niemand war da. Dann hörte ich eine Stimme. Sie kam von außerhalb des Floßes. Es war John. Er schrie: ›Wer ist da?‹ Und ich sagte: ›Gibbo‹. Dann tauchte er von unten ins Floß herein. Offensichtlich hatte es ihn aus dem Floß herausgeschleudert, aber er hatte sich festgeklammert. Wie er das geschafft hatte, weiß ich nicht.

Wir drehten uns um und versuchten herauszufinden, was los war. Weil ich so schlecht sah, meinte ich, meine Kontaktlinsen verloren zu haben. Ich war mir des weißen Wassers bewusst, aber, wenn ich mich recht erinnere, hatte ich meine rechte Linse noch im Auge, denn ich konnte erkennen, dass eine Blinkleuchte anging. Ich wusste genau, wer das war, Jim Lawler, weil er außer mir der Einzige war, der eine hatte. Auch ich schaltete meine an und hielt sie hoch. Ich dachte: ›Jetzt kann er sehen, dass ich noch lebe‹, aber er war sehr weit hinter mir. Dann hörte ich Stimmen. Keine Ahnung was sie sagten, aber ich meine sowas gehört zu haben wie: ›Wo bist du?‹ oder ›Wer ist da?‹ oder ›Wo bist du, Mike?‹ Ich weiß es nicht mehr genau. Es waren Menschenstimmen im Dunkeln, weiter hinten im weißen Wasser.«

Stanley und Gibson gelang es durch ein Wunder, göttliche Fügung oder durch ihren puren Mut und schiere Beharrlichkeit, weiterhin dem Schicksal in dieser Nacht zu trotzen. Stanley sagte, dass sie mindestens fünf Mal durchgerollt wurden, bis der Tag anbrach.

Auch am Vormittag des 28. Dezember waren die Wetterbedingungen für die Überlebenden in ihren zwei Flößen noch unverändert schrecklich. Den vieren in Richard Winnings Floß war es irgendwie gelungen, die Nacht des grausamen Wettergeschehens relativ unverletzt zu überdauern, aber es gab noch immer keine Gewissheit, dass sie überleben würden.

Erst später am Tag begann sich der Sturm zu legen. Bruce Gould erinnert sich, dass der Wind auf etwa 30 Knoten abflaute und auf südwestliche Richtung drehte, während die Wellen, die noch immer riesig waren und in regelmäßigen Abständen brachen, kleiner wurden.

In Winnings Floß beschäftigten sie sich den Rest des ziemlich ereignislos verlaufenden Tages damit, immer wieder die Luftkammer aufzupumpen und das Wasser herauszuschöpfen. Meistens war es Winning, der an dem engen Eingang saß und den Himmel nach einem Suchflugzeug absuchte. »Den ganzen Tag sah ich Schiffe und U-Boote, und ich hörte Flugzeuge. Das waren keine Halluzinationen, sondern vermutlich nur Wunschdenken.«

Um etwa 15 Uhr hörten sie ein Flugzeug – und dann sahen sie es auch. Aber bis sie eine Signalrakete gefunden, ausgepackt und gezündet hatten, hatte das Flugzeug schon abgedreht, und sie konnten nur noch zusehen, wie es hinter dem Horizont verschwand. Dann, etwa 20 Minuten später, erschien das Flugzeug von Neuem. Offensichtlich flog es ein festgelegtes Suchraster ab. Die rote Leuchtkugel, Goulds und Winnings letzte, schoss in den grauen Himmel. Es vergingen angsterfüllte, qualvolle Sekunden, in denen vier Augenpaare verzweifelt nach einem Anzeichen suchten, dass sie gesehen worden war. Ihre Hoffnung stieg, als die zweimotorige Maschine, ein privates Suchflugzeug, begann, eine leichte Kurve zu fliegen, die langsam immer enger wurde. Es drehte um! Aber nein – nicht zu ihnen hin. Es kreiste einfach weiter – zweimal um sie herum.

Was die vier im Floß nicht wussten, war, dass die Suchmannschaft im Flugzeug fieberhaft herauszufinden versuchte, woher die Leuchtkugel gekommen war. Tatsächlich mühten sie sich ab, einen kleinen schwarzen Punkt, mit einem winzigen Fleck Orange obendrauf, irgendwo auf der Oberfläche des wilden, sturmgepflügten grauen Ozeans wenige hundert Fuß unter ihnen auszumachen.

Die im Flugzeug strengten ihre Augen an – und dort war es! Ein Rettungsfloß! Die Daumen zeigten nach oben und das Flugzeug drehte ab. Sofort wurde die Nachricht an AusSAR Search and Rescue Headquarters in Canberra weitergegeben, auf die

die Ehefrauen, Familien, Segelkameraden und Medien in ganz Australien fast 24 Stunden schon bangend und fast ohne Hoffnung gewartet hatten. 80 Meilen vor der Küste war ein Rettungsfloß mit Besatzung gefunden worden!

Etwa 20 Minuten später hörten die vier Überlebenden »das schönste Geräusch, das man sich überhaupt wünschen kann – einen verdammt großen Helikopter, der auf uns zukam.«

Schon eine einzige erfolgreiche Such- und Rettungsmission war wie ein Sechser im Lotto, umso mehr gerieten der Rettungsassistent Cam Robertson und der Rest des Teams an Bord des Helimed 1-Helikopters, der von La Trobe in Victoria gestartet war, nun aus dem Häuschen, hatten sie doch an diesem Morgen bereits die SOLO GLOBE CHALLENGER gefunden und diese Mission erfolgreich hinter sich gebracht. Danach erhielten sie den Auftrag, einige der vielen EPIRBs, die noch immer Notrufe absetzten, zu suchen und zu identifizieren. Gegen Mitte des Nachmittags schienen sich die Dinge zu beruhigen, bis AusSAR sie kontaktierte und beauftragte, herauszufinden, was es mit der Leuchtkugel auf sich hatte, die von einem Ein-Mann-Rettungsfloß ausgegangen war, das einem Flugzeug etwa 80 Meilen vor der Küste gesichtet hatte. Der Pilot Stef Sincich bestätigte den Auftrag und wendete den mächtigen rotweißen Hubschrauber auf das Ziel hin.

»Es gelang uns ohne Schwierigkeiten, es zu orten«, sagte Robertson. »Wir schauten uns das Floß an und sprachen darüber, dass es sich nicht um ein Ein-Mann-Floß handelte. Es war größer, aber wir wussten noch immer nicht, woher es stammte und wer an Bord war. Die Jungs winschten mich hinunter, ich strampelte hinüber und steckte meinen Kopf hinein. Ich mochte meinen Augen kaum trauen. Da saßen doch tatsächlich vier Kerle drinnen und freuten sich sehr, mich zu sehen. Das Hubschraubergeräusch war so laut, dass ich brüllen musste, um sie zu fragen, ob jemand verletzt sei. Alle schienen okay zu sein. Ich sagte zu dem Kerl, der am nächsten zur Öffnung saß (wie sich herausstellte, war es Richard Winning), dass ich ihn als Ersten herausholen würde. Ich fragte ihn, ob er sich zutrauen würde, ins Wasser zu gehen, damit ich ihm die Rettungsschlinge anlegen könnte, und er sagte, das sei kein Problem. Ich wies die anderen Männer an, das Schutzdach zusammenzuklappen und daraufzuklettern, damit das Floß dem Rotorenwind des nach unten kommenden Helikopters standhalten könne.

»Alles lief absolut glatt. Erst als wir nach oben gezogen wurden, schrie ich dem ersten Kerl die Frage zu, ob es ihm gut gehe, was er bejahte. Dann erkundigte ich mich, von welcher Yacht sie denn kämen, und er sagte, von der WINSTON CHURCHILL. Ich konnte das nicht glauben. Es war ein richtiger Schock. Für mich war das ein ganz besonderer Augenblick, weil viele Leute, die an der Suche teilnahmen, geglaubt hatten, dass die WINSTON CHURCHILL verloren sei und dass wir wohl kaum Überlebende finden würden. Innerhalb kürzester Zeit hatten wir alle vier im Hubschrauber. Was für ein Gefühl zu wissen, dass wir diese Männer gerettet hatten. Manchmal denkt man sich, wie besonders es ist, Menschen zu retten, und diesmal stimmte es wirklich.«

Gould erinnert sich: »Erst als wir oben im Hubschrauber waren und auf die See hinunterschauten, konnten wir richtig einschätzen, was wir durchgemacht hatten. Wir sahen nichts als eine weiße Wellenmasse. Es war das reinste Chaos. Da wurde uns auch klar, wie schwer es für die armen Jungs im Suchflugzeug gewesen war, uns zu finden.«

Die vier Überlebenden erkundigten sich nach ihren fünf anderen Kameraden. Man sagte ihnen, dass man sie nicht gefunden hatte – eine Nachricht, die sie betroffen machte. Aber gleichzeitig barg die Tatsache, dass sie selbst überlebt hatten, nichts weniger als die Hoffnung, dass auch die anderen noch sicher in ihrem Floß und irgendwo in der Nähe sein könnten.

Das war nicht der Fall, denn zu diesem Zeitpunkt hatten sich die Flöße bereits sehr weit voneinander entfernt.

Zudem war inzwischen fast ein ganzer Tag seit dem Sinken der WINSTON CHURCHILL vergangen und das Suchgebiet war riesig. Was aber die Aufgabe für die Suchmannschaften noch schlimmer machte, war die Tatsache, dass die Wolken inzwischen so tief lagen, dass sie bestenfalls nur noch wenige Kilometer Sichtweite hatten.

»Steamer« Stanley und John Gibson hatten darauf gehofft, am Morgen des 28. ein Suchflugzeug zu sehen. Ihr Floß hatte sich so sehr zerlegt, dass es inzwischen aus wenig mehr als einem schwarzen Ring bestand, der in einem wütenden Ozean umhertrieb – und dadurch fast unmöglich von Luft oder See aus entdeckt werden konnte. Zudem hatten sie bei ihren unzähligen Überschlägen die Seenotmunition und andere Rettungsmittel verloren. Nach ihrer Schätzung mussten sie sich inzwischen mindestens 50 Meilen von der Stelle entfernt haben, wo die Yacht gesunken war.

Mit dem Fortschreiten des Tages begann ihnen zu klar zu werden, dass die anderen drei Männer kaum überlebt haben konnten. Und doch hofften sie noch immer, dass sie selbst gerettet würden, weil sie wussten, dass das andere Floß ein EPIRB mitführte und die Suchmannschaften alarmieren würde. Aber weil die Antenne gebrochen war, hatte sie nicht lange senden können, nachdem alle neun die WINSTON CHURCHILL verlassen hatten.

»Wir befanden uns in einem Stadium, wo wir etwas tun mussten, um uns ans Floß zu binden, weil von ihm nur noch ein aufgeblasener Ring übriggeblieben war«, sagte Gibson. »Verlagerte man sein Gewicht auf eine der Kammern des Rings, tauchte er unter und das ganze Ding kippte um. Also galt es sehr vorsichtig zu sein. Wir mussten uns etwas ausdenken, mit dem wir das Geschehen unter Kontrolle halten konnten, und dabei nicht vergessen, dass John sich nur sehr eingeschränkt bewegen konnte. Inzwischen hatte das Floß völlig seine Form verloren. Es schien sich willkürlich verändern zu können.

Wir rechneten uns aus, dass, wenn wir uns einander gegenüber positionierten und John sein unverletztes Bein in meine Weichteile legen und dort abstützen würde, wir unsere Schultern irgendwie über die Floßwand schieben und uns verklemmen könnten. Wir legten uns parallel zum Schutzdachträger, wodurch wir uns auch daran festhalten und abstützen konnten.

Unsere Körper gaben uns ebenfalls etwas Auftrieb, weil wir uns mit dem Rücken gegen die Gummiwand pressten. Diese Position nahmen wir in den frühen Morgenstunden ein und behielten sie bei, bis wir gegen 23 Uhr in dieser Nacht herausgezogen wurden.

Alles, was ich bezüglich dieser Liegeposition sagen kann, ist, dass mir John nun einige Biere schuldet, weil er bei dem Spiel auf der Gewinnerseite war. Sein Fuß drückte wirklich hart auf meine Eier. Und eines muss ich sagen: Hinterher war mein ganzer Unterkörper schwarz, und die Eier hingen mir direkt unter den Augen.

Wir halluzinierten die ganze Zeit. Ich erinnere mich, dass ich absolut sicher meinte, es gebe einen Teil im Floß, der einen ganz weichen Boden hat, auf dem ich herumgehen und auf den ich meine Füße setzen könne. Danach halluzinierte ich von einem harten Boden. Es gab einen Flur, den ich entlanglief, und dort konnte ich ganz einfach stehen. Es war ein Gefühl reiner Freude. Beide sahen wir Unmengen von Schiffen und Segelbooten, Kutter und Schoner. Millionen davon zogen an mir vorbei.

John erzählte mir genau dasselbe. Da waren beleuchtete Schiffe, die an uns vorbeifuhren. Außerdem verbrachte ich lange Zeit mit den schönen Dingen in meinem Leben, insbesondere den romantischen. Ich sah all die schönen Menschen des anderen Geschlechts, die ich je gekannt habe, vor mir. Ganze Stunden verbrachte ich mit ihnen. Es war ein Riesenspaß und trug gewiss dazu bei, die Zeit zu vertreiben. Ich will nicht ins Detail gehen, nur so viel: Es war es viel schöner, als Schafe zu zählen. Dann dachte ich an Jane, mit der ich seit drei Jahren verheiratet war – wundervolle, schöne Gedanken. Ich unterhielt mich ein wenig mit John, und obwohl er ein guter Erzähler ist, verbrachten wir lange Stunden mit Schweigen. Ich spürte, dass es wichtig sei, uns irgendwie miteinander zu unterhalten. Und weil ich wusste, dass John Schmerzen hatte, machte ich mir große Sorgen um ihn.«

Irgendwann im Laufe des Nachmittags landete ein wunderschöner Albatros im Wasser, ganz in der Nähe des Floßes, und sah die beiden einsamen Segler traurig an. Dann flog er hinüber und setzte sich direkt neben Gibson. Beide hielten dies für ein Glückszeichen.

»Wir lagen nur eine lange Zeit still vor uns hin. Ich erinnere mich, dass ich dachte: ›Gott, ich sollte ein bisschen Leben in die Sache bringen‹, und sagte zu John: ›Meinst du, dass wir auf einer Dampfer- oder Schifffahrtsroute sind?‹ Er antwortete: ›Nein, Gibbo.‹ Dann lümmelten wir einfach weiter vor uns hin im Wasser, und das Floß machte plitsch, platsch, plitsch, platsch.

Nach einer Weile fragte ich: ›Steamer, glaubst du, dass irgendeines von den Hobart-Booten hier herauskommt?‹

›Nein, Kumpel.‹

›Steamer, wo meinst du, dass wir sind?‹

›Ich schätze, etwa 90 Meilen östlich von Eden.‹

›Aber Steamer, hier sind keine Boote.‹

›Nein, Gibbo.‹

›Keine Yachten.‹

›Nein, Gibbo.‹

›Wir sind 90 Meilen vor der Küste.‹

›Das ist richtig, Gibbo.‹

›Mensch, wer wird wen zuerst fressen?‹

Keine Antwort, nicht einmal ein Brummen.

Wir trieben weiter vor uns hin und ich begann meine Hände anzusehen. Aus beiden quoll Blut. Auch Steamer sah auf sie, und dann schauten wir einander an. Wir sagten kein Wort, aber beide dachten wir das gleiche: ›Old Jaws‹, der Hai, hatte bestimmt schon unsere Fährte aufgenommen. Wieder etwas, wozu wir nicht bereit waren. Und schon ließen wir diesen Gedanken einfach fallen. Inzwischen begann Kälte meinen Körper zu durchdringen. Muskelzucken, Schütteln und Schauer setzten ein. Ich erinnere mich ganz deutlich daran, dass ich versuchte, meine Schultern nach oben zu schieben, um so viel wie möglich meines Oberkörpers aus dem Wasser herausragen zu lassen. Dazu musste ich mich immer mehr an John abstützen, was mir immer schwerer fiel.«

Die ganze Zeit hielten die beiden Ausschau nach Suchflugzeugen und horchten.

»Gibbo versuchte die ganze Zeit zu plaudern – vermutlich weil er Rechtsanwalt ist«, erinnert sich Stanley. »Aber er klagte nie wegen seiner Hände, nicht ein einziges Mal. Ich glaube, ich habe auch nicht wegen meines Knöchels gejammert. Gibbo hatte seine Kontaktlinsen verloren und konnte nichts sehen. Also war ich der Ausschau Haltende.«

Um etwa fünf Uhr nachmittags waren sich Stanley und Gibson sicher, dass sie ein Fischereischiff gesehen hatten, einen großen kommerziellen Trawler. Und auch Flugzeuge hörten sie. Dann, endlich, mehr als 24 Stunden, nachdem die WINSTON CHURCHILL untergegangen war, tauchte ihre erste echte Hoffnung auf Rettung auf. Erst hörte, dann sah Stanley ein Flugzeug nördlich des Floßes. Er winkte verzweifelt, wurde aber nicht gesehen. Etwa 20 Minuten später kam das Flugzeug zurück, bemerkte aber das Floß wieder nicht. Dies bestätigte, wie schwer die Reste ihres Floßes auf einem so schrecklichen Ozean zu sehen waren.

Jedoch irgendwann später wurden die Anstrengungen Stanleys belohnt. Er sah, wie ein großes Flugzeug direkt auf sie zukam und schrie Gibson zu, er solle ihm seine gelbe Rettungsweste herüberreichen. Stanley packte sie und schwenkte sie in großen weitgreifenden Bögen über seinem Kopf. Er hoffte verzweifelt, dass die Weste sich besser gegen die See abheben würde als das schwarze Floß. Er winkte immer heftiger, als das Flugzeug sich näherte, und war überglücklich, als er sah, wie die Lichter an den Tragflächen blinkten – aber das Flugzeug flog weiter!

Sie blieben als zwei kleine Punkte in den sturmgepeitschten Weiten des Ozeans. Aber etwa eine Stunde später stiegen ihre Hoffnungen erneut: Das Flugzeug kam zurück. Diesmal in Begleitung eines Hubschraubers – und beide flogen direkt über sie hinweg. Stanley und Gibson waren nicht gesehen worden. Der Hubschrauber war unterwegs, um die vier anderen zu retten!

Völlig am Boden zerstört, sahen Stanley und Gibson, wie die Dunkelheit ein zweites Mal über sie hereinbrach. Sie hatten weder Essen noch Trinken, und doch gelang es ihnen irgendwie durchzuhalten.

Plötzlich regte sich am Nachthimmel neue Hoffnung. Die beiden wurden vom Dröhnen eines Suchflugzeugs aus ihrem komaähnlichen Zustand geweckt. Als nächstes sahen sie in der Dunkelheit seine hell blinkenden Navigationslichter. Gibson hatte ein Blinklicht, Stanley eine Maglight-Lampe, und beide funktionierten. Sie zielten damit auf das Flugzeug, das zu ihrer großen Freude zu kreisen begann. Dies tat es 10 Minuten, die beiden hatten keine Zweifel daran, gesehen worden zu sein. Aber so beruhigend das auch war, wussten sie noch immer nicht, wie oder wann sie gerettet werden würden.

Kurze Zeit später kam die Antwort. Über dem Grollen des Sturms dröhnte das tiefe Brummen eines großen Hubschraubers, der sich näherte. Es wurde lauter und lauter. Dann tauchte ein klobiger Navy-Seahawk mit eingeschalteten Suchscheinwerfern aus den Wolken.

Die Tatsache, dass sich die HMAS NEWCASTLE, eine Fregatte der Royal Australian Navy, mit einer Notbesatzung im Gebiet aufhielt, sollte sich für Stanley und Gibson als das Sprungbrett zurück zur Zivilisation erweisen, denn auf der Fregatte konnte der Seahawk-Helikopter, der von Lieutenant Nick Trimmer geflogen wurde, wieder auftanken. Er und seine Mannschaft hatten fast den ganzen Tag vor der Küste nach manövrierunfähigen Yachten und vermissten Seglern gesucht.

»Es war dunkel und wir waren unterwegs zurück nach Merimbula«, erinnert sich Besatzungsmitglied Leading Seaman Shane Pashley. »Wir hörten über Funk, wie eine Air Force PC-3 Orion – die offenbar mit Infrarotgeräten auf Suche war – die AusSAR in Canberra benachrichtigte, dass sie ein Licht, ein Blinklicht, im Wasser gesehen hatten, und dass jemand mit einer Taschenlampe auf sie gezielt hatte. Wie es schien, handelte es sich dabei nicht lediglich um ein verlassenes Rettungsfloß, sondern dort unten im Wasser waren Menschen und noch am Leben. Aber er konnte es mit seinem Infrarotgerät nicht genau genug erkennen. Außerdem hatten sie nahe dem Ziel, das wir querab unseres Kurses nach Merimbula vermuteten, einige Fackeln ins Wasser geworfen, vermutlich etwa 20 Meilen südlich. Wir warteten darauf zu hören, ob weitere Flugzeuge in der Nähe waren, und als es sich zeigte, dass dies nicht der Fall war, meldeten wir der PC-3, dass wir den Kurs ändern und nachschauen würden. Als wir uns dem Suchgebiet näherten, warf die PC-3 für uns einige Fackeln ins Wasser, ganz in der Nähe des Floßes. Dann begannen wir in der Dunkelheit den Schein einer Taschenlampe zu sehen. Es war noch einige hundert Yards entfernt und nur schwer zu erkennen, aber es war da.«

Nun musste die Mannschaft an Bord der Seahawk die effektivste Rettungsstrategie ausarbeiten. Sie wussten, dass sich die beiden treibenden Segler schon einige Zeit im Wasser befanden, möglicherweise waren sie verletzt und ganz bestimmt ermüdet. Es war also ausgeschlossen, eine Rettungsschlinge herunterlassen und die Männer dort unten sich selbst sichern zu lassen. Die einzige Möglichkeit bestand darin, Pashley in seiner allerersten nächtlichen Rettungsaktion, noch dazu bei unvorstellbar schlechtem Wetter, mit der Winde herunterzulassen. Zudem fürchtete Pashley von einem Hai angegriffen zu werden. Er landete mit einem Platsch im Wasser und ging geradewegs unter. Dann tauchte er wieder auf, paddelte zum Floß hinüber, hievte sich hinein – und tauchte erneut unter! Er hatte nicht bemerkt, dass es keinen Boden hatte.

»Ein gelenkiges Kerlchen war das, wie er so über den Floßrand hüpfte – direkt ins Wasser«, sagte Stanley. »Ich musste ihm zurufen: ›Pass auf, Kumpel! Es gibt keinen Boden. Vorsichtig.‹ Ich sagte ihm, dass er Gibbo wegen seiner Hände zuerst nehmen solle, und schon waren sie weg. Plötzlich sah ich, wie sie richtig schnell und heftig seitlich weggerissen wurden. Ich ging davon aus, dass der Pilot es so gewollt hatte, bevor er anfing, sie nach oben zu holen. Egal, ich muss sagen, dass der Kerl, der sich Gibbo geschnappt hatte, und der Pilot einen prima Job machten.«

Dazu meint Pashley: »Gerade als ich dem ersten Mann die Rettungsschlinge umlegte, hatte die automatische Steuerung des Hubschraubers einen Aussetzer und er rutschte ein wenig zur Seite. Als sich das Seil spannte, wurden wir seitlich weggezogen und aus dem Floß heraus. Es fühlte sich so an, als habe man sich ein Seil um den Leib und an ein Auto angebunden und als sei dann das Auto mit großer Geschwindigkeit angefahren. Wusch, weg war man. Gibbo flog irgendwie rückwärts und zur Seite, während ich vorwärts und auf ihn drauf fiel. In diesem Moment verhakte sich das Messer, das ich außen am Bein meines Neoprenanzugs trug, in der Seite des Floßes und bohrte sich in mein Knie – so tief, dass ich danach operiert werden musste. In dem Augenblick aber hätte ich mein ganzes Bein verlieren können, vermutlich hätte ich es überhaupt nicht gemerkt. Zudem wusste ich, dass, wenn einer von uns in diesem Moment im Draht verwickelt gewesen wäre, er ein Körperteil verloren hätte. Der Draht ist ganz dünn und hätte uns ziemlich schnell einen Arm oder ein Bein abtrennen können.«

Inzwischen schwebte der Hubschrauber mit Handsteuerung, und Gibson und Pashley wurden aus dem Wasser hochgezogen. Sie legten Gibson auf den Boden der Maschine, deckten ihn mit einer Iso-Decke zu, gaben ihm zu trinken und untersuchten ihn kurz. Dann war die Rettung John Stanleys an der Reihe. Aber als sich Pashley daran machte, sich herunterzulassen, wurde ihm mitgeteilt, dass man den Plan geändert habe. Die Hubschrauber-Mannschaft war der Meinung, dass es zu gefährlich sei, Pashley wieder herunterzulassen, und dachte, es sei besser, zwei Mann an der Winde zu haben. So bediente Pashley die Winde, während ein anderer von der Mannschaft neben der Tür stehend die Maschine mit Handzeichen in Position dirigierte.

»Ich war überrascht, dass der Kerl nicht mehr mit dem Seil zu mir herunterkam, um mich zu holen«, sagte Stanley. »Sie ließen nur einen Ring zu mir herunter, und so dachte ich, dass sie annahmen, dass es mir gut gehe. Sie ließen die Schlinge direkt neben mir herunter, und ich fing an, sie mir umzulegen. Ich steckte Arme und Schultern hinein, aber dabei muss ich ein Seil vom Rettungsfloß mitgenommen haben.

Er begann mich hochzuziehen, und plötzlich schaute ich

nach unten und sagte zu mir: ›Das Floß kommt mit hoch. Ich muss mich in einem Seil verfangen haben.‹ Als ich auf etwa 25 Fuß war, dachte ich: ›Oh nein, das wird gefährlich.‹ Also nahm ich die Arme hoch, ließ mich aus der Schlinge gleiten und direkt ins Wasser zurückfallen. Als nächstes ließ der Kerl die Schlinge etwa zwei Fuß von mir entfernt herunter, und wieder legte ich sie an. Ich erinnere mich, dass ich schon früher Rettungsvorgänge beobachtet hatte. Man fasst dabei nicht mit den Händen an den Draht, sondern legt sie unterhalb der Schlinge ineinander.«

Angesichts ihres 30-stündigen Martyriums waren Stanley und Gibson in bemerkenswert gutem Zustand. Sie berichteten der Navy-Mannschaft alles, was mit ihren drei Kameraden in der vorigen Nacht geschehen war, verzweifelt hoffend, dass sie noch lebend gefunden würden. Pashley und sein Kamerad auf der Seahawk, Lieutenant Aaron »Wal« Abbot sprachen unaufhörlich mit den beiden, weil sie wussten, dass es lebenswichtig war, sie wach und munter zu halten, um den Schock möglichst gering zu halten, der einsetzen könnte, bevor sie in den Händen der Ärzte an Land wären.

Winning und seine drei Mitüberlebenden aus dem Rettungsfloß waren bereits nach Mallacoota, einer kleinen Stadt südlich der Grenze zwischen New South Wales und Victoria, zurückgeflogen worden. Dort angekommen merkten sie gleich, dass hier der Gemeinschaftsgeist ausnehmend groß war. Von dem Augenblick an, als man ihnen aus dem Rettungshubschrauber herausgeholfen hatte, nass und benommen wie sie waren, beruhigte man sie und machte es ihnen so bequem wie möglich. Jedem Überlebenden wurde ein Einheimischer zugewiesen, dessen Rolle es war, ihn zu trösten und zu umhegen. Auch das Rote Kreuz und die örtliche Gruppe der freiwilligen Küstenwache standen zur Hilfe bereit.

»Sie waren unglaublich«, sagte Gould. »Diese Gastfreundschaft und die Art, wie diese Gemeinde zusammenstand, es war einfach fantastisch.«

Sie nahmen unsere Namen und Telefonnummern auf, damit sie unsere Familien anrufen und ihnen versichern konnten, dass es uns gut geht, während wir noch von einem Arzt untersucht und dann zu den Duschen gebracht wurden. Dann erhielt jeder von uns trockene Kleidung. Nichts war ein Problem.«

Auf die Freude, mit den liebsten Menschen zu telefonieren, folgte am selben Abend die Nachricht, dass auch das zweite Floß gefunden worden sei.

»Optimistisch, wie wir nach unserer Rettung waren, gingen wir davon aus, dass sich alle fünf an Bord befanden«, sagte Gould. »Wir wussten nicht, wie oder wann sie aufgefunden oder wo sie hingebracht worden waren. Und so genehmigten wir uns zur Feier ein Bier. Dann, weil wir kaum noch die Augen offenhalten konnten, gingen wir zu Bett. Es war das Wunderbarste auf der ganzen Welt an diesem Abend, nachdem ich so lange mit drei anderen in einem Rettungsfloß eng aneinander gelegen hatte, dass ich mich endlich mit meinen über 1,90 Metern in voller Länge in einem verdammt großen Bett ausstrecken konnte.«

Am nächsten Morgen stand Richard Winning sehr früh auf für ein Interview mit einem nationalen Fernsehsender. Noch immer wusste er nicht, dass drei Männer seiner Mannschaft vermisst wurden – bis es der Interviewer versehentlich verriet. Mike Bannister und John Dean, zwei seiner engsten Freunde seit den Tagen, in denen sie als 10-Jährige im Hafen von Sydney mit Dingis herumgesegelt waren, waren verschollen. Auch Jim Lawler, mit dem er erst seit Kurzem befreundet war, war nicht mehr am Leben.

Winning senkte den Kopf. Schwer schockiert kämpfte er mit seinen Gefühlen. Dann stand er auf und verließ das Interview.

Über den Autor

Rob Mundles Leben dreht sich seit je her um das Segeln. Es ist sowohl sein leidenschaftlich betriebener Sport als auch der Mittelpunkt seiner beruflichen Laufbahn. Er hat alles gesegelt, von Windsurf-Brettern und 18-Fuß-Jollen bis zu Maxi-Yachten und großen Hochsee-Multi-Hulls. Er gewann Segelwettbewerbe auf lokaler, bundesstaatlicher und gesamtaustralischer Ebene.

Neben seinem internationalen Bestseller *Fatal Storm* (dt. *Tödlicher Sturm*, Delius Klasing Verlag, 2000), der in sechs Sprachen veröffentlicht wurde, hat er sieben weitere Bücher geschrieben, einschließlich der autorisierten Biografie über den hochgeachteten australischen Unternehmer Alan Bond, der genehmigten Bestseller-Biografie *Sir James Hardy, an Adventurous Life*, *Ocean Warriors* (die Geschichte des Volvo Ocean Race um die Welt im Jahre 2001/2002) und *Life at the Extreme*, dem offiziellen Bericht über das Volvo Ocean Race um die Welt im Jahre 2005/2006.

Rob Mundles berufliche Karriere umfasst alles, was mit Journalismus zu tun hat, mit Werbung für Unternehmen, Veranstaltungsmanagement und Bootsbau. Seine berufliche Laufbahn begann er als Juniorjournalist bei der Zeitung *The Australian* in deren Büro in Sydney, später arbeitete er beim Fernsehen, erst als Reporter, dann als Kommentator und eine Zeitlang als Wettermoderator in den Hauptnachrichten. Er hat über sieben America's Cup-Regatten berichtet (einschließlich der Live-Übertragung des historischen australischen Sieges im Jahre 1983), über vier Olympische Spiele und mehr als 30 Mal über die Sydney–Hobart-Classic-Regatta, an der er selbst drei Mal teilgenommen hat. Und er hat die Laser- und J/24-Segelbootklassen in Australien eingeführt.

Er ist das einzige australische Mitglied im America's Cup Hall of Fame Selection Committee, Direktor der Australian National Maritime Museum's Maritime Foundation und Botschafter der Cure Cancer Australia Foundation. Im Laufe der letzten 17 Jahre hat er Projekte koordiniert, die der Foundation fast 1,5 Millionen Dollar für Forschungszwecke einbrachten.